聂耳·上海记忆

陆林森——著

上海文化出版社

聂耳

（1912 年 2 月 14 日—1935 年 7 月 17 日）

是记忆，也是纪念

（自序）

写作《聂耳·上海记忆》，缘于几年前的一次约稿。《新民晚报》副刊编辑王瑜明打电话给我，约我给“上海珍档”写点什么，我一下想起了聂耳。

在共和国历史上，聂耳是与“国之歌”联系在一起的。前些年，我在上海大剧院看上海歌剧院演出《国之当歌》，演员谢幕时，台上台下，同声高歌《义勇军进行曲》，那激动人心的一幕，恍如眼前，怎么也忘不了。演出前，我采访了上海歌剧院一位副院长，我的感受很深。我想告诉读者，国之当歌，民之当歌。八十多年前的一天，黑人歌王保罗·罗伯逊在一次晚会上说：“今晚，我要唱一首歌，献给战斗的中国人民！”话音甫落，充满激情的《义勇军进行曲》随即在广场上空响起，影视资料上的这一幕，同样给了我精神上的震撼。我想，音乐是没有翅膀的，但是它会飞翔，而且会飞得很高、很远，不是吗，保罗·罗伯逊的歌声，不是将《义勇军进行曲》以及聂耳的名字，带向世界了吗？一首战歌，传遍世界，这是我们中华民族的骄傲。

我的学生时代，天天在中华人民共和国的国歌声中，向着冉冉升起的五星红旗，举手、敬礼！上了初中，看彩色故事片《聂耳》，剧情波澜起伏，银幕上响起了《义勇军进行曲》，我的热血沸腾了。著名影星赵丹饰演的聂耳形象，从此就深深地植入了我的脑海。我们这一代人，可以说，是在国歌声中长大，在国歌声中踏上社会的。

那天，我接受了约稿，查阅了许多资料，又去了好几个地方，寻找聂耳在上海留下的足迹。我将自己的感受，诉诸文字，投寄晚报“上海珍档”，文章以《聂耳在上海的最后五年》为题，整版发表，在读者中引起了反响。

资深策划林伟平先生看到了这篇文章，打电话告诉我，央视正在拍摄《百年巨匠》系列，聂耳是“音乐篇”中的一位。他邀我去中华艺术宫主讲聂耳在上海的故事，让更多的人学习聂耳、深入了解聂耳。我接受了邀请，花了很多时间，作了很多准备，我和林伟平先生很快商定，邀请作家潘真为嘉宾，以现场对谈形式，为听众介绍聂耳在上海如何工作，如何生活，又是如何进行音乐创作的。我去主讲的题目，也是《聂耳在上海的最后五年》。林先生是一位经验丰富的策划人，为了使讲座达到生动活泼、引人入胜的效果，他特地邀请了上海音乐学院教授邱曙苇，带领男女两位优秀的上音学生，按照我主讲的线索，在现场演唱聂耳和安娥、田汉等人合作创作的歌曲。由于主讲活动的形式新颖活泼，听众深受感染。感谢林伟平先生构建了一个宣讲聂耳的平台。讲座结束后，有听众跑到我面前，对我说，聂耳在上海，原来还有这么多故事啊！《义勇军进行曲》，原来是在上海响起第一声的啊！使我颇感荣幸的是，原中宣部副部长龚心瀚，那天也来到中华艺术宫，和听众一起听讲，并希望我继续学习和研究聂耳。他的话，激励了我，鼓舞了我。

从一篇文章，到在中华艺术宫主讲，以及后来应邀又到其他地方的几场主讲，再到现在的这本书，我都定位于“聂耳在上海的最后五年”，这是为什么？原因很简单。聂耳的一生是短促的，他的生命只有二十四个年轮，从十八岁到二十四岁，这是他在上海工作和生活的五年。他将生命的最后五年，也是他生命中最具华彩的五年留在了上海。他的音乐创作始于上海，也终于上海。五年间，他写下了四十二首充满激情的歌曲。因此，他在上海的最后五年，是我写作这本书的立足点。

上海，是党的诞生地，聂耳和田汉合作创作的《义勇军进行曲》，也是首先在上海响起。这首歌是怎么创作的？这或许是很多人不知道，但又想知道的一件事。我写这本书，是想为党的一百周年生日献上一份薄礼，同时也想告诉读者，当聂耳来到上海，他的命运就已注定，他将生命中的“最后五年”交给了上海这座英雄的城市。为了写好这本书，我做了必需的准备，先后查阅了大量有关聂耳生平的书和文献资料，访问了相关专家学者，但我知道，“纸上得来终觉浅，绝知此事要躬行”。我先后两次去了云南，在昆明、玉溪，我走访聂耳故居、祭扫西山聂耳墓地、参观聂耳纪念馆、去聂耳图书馆，还去了翠湖旁的陆军讲习所。走在聂耳音乐广场，我好像行走在历史的深处，耳旁一次次响起雄壮、激昂的《义勇军进行曲》！

我开始进入写作阶段。不巧的是，我因患眼疾，不得不暂时停止写作。孰料，我这眼疾，时好时犯，竟然好几个月不见痊愈。所幸，眼疾渐渐好转，我立即重续写作，坚持写完了这本书。

我十分感佩王瑜明老师独到的选题眼光，感佩林伟平先生非凡的策划水平，他们用历史的眼光，挖掘了一个非常好的题材，不仅使我，也使读者和听众进一步熟悉聂耳、了解聂耳，光大聂耳的爱国情怀和爱国精神。同时，我也要感谢潘真老师，她在中华艺术宫的精彩提问，深化了我主讲的主题，赢得了听众的掌声。

上海是一座有温度、有情怀的城市，写聂耳，是为了留住“记忆”，更是为了永恒的纪念，因此，修改书稿时，我将书名改为了《聂耳·上海记忆》。

我深知，一本书，不足以反映一位时代的歌手，我将继续学习、研究，将聂耳的形象和精神传承下去。

2022 年 3 月

目录

第一部

到上海去，音乐人生的起点

西山青青，浦江滔滔，云南和上海山水相连。聂耳为了躲避云南反动当局的迫害，跋山涉水，只身来到上海。陌生的上海滩，灯红酒绿、纸醉金迷，将会带给他什么？他不知道。脚下的路，又将伸向哪里呢？

第二部

回上海去，再续生命的弦歌

以时间为“分水岭”，聂耳在上海的五年，可以分成两个“时光片断”：1930 年 7 月到 1932 年 8 月，这是聂耳在上海的最初两年，也是他经历了失业、再就业的两年。经历了生活和工作的变化，他感受到了社会的动荡不安。1932 年 11 月到 1935 年 5 月，这是聂耳在上海的最后三年。这时的他，音乐创作日趋成熟，尤其是 1933、1934 两年，是他音乐创作的“丰收年”。1935 年，当淮海路上一幢三层小楼夜半响起《义勇军进行曲》的第一声，聂耳在上海写下了他音乐创作生涯中的“生命绝唱”。这首《义勇军进行曲》，划破夜空，唱响了中华民众血色黎明的“前奏曲”。

并非尾声

上海记忆，穿越天穹的音符

聂耳是一座丰碑，高耸在民族之林，也高耸在我们的精神世界。不论是老是少，不论是男是女，也不论走到哪里，每当听见《义勇军进行曲》响起，我们就会心潮澎湃，就会万众一心，向着远方，坚定前行。

第一部

到上海去，音乐人生的起点

西山青青，浦江滔滔，云南和上海山水相连。聂耳为了躲避云南反动当局的迫害，跋山涉水，只身来到上海。陌生的上海滩，灯红酒绿、纸醉金迷，将会带给他什么？他不知道。脚下的路，又将伸向哪里呢？

第一章 惜别昆明城

1930 年 7 月 24 日，从香港开往上海的“长江号”客轮，缓缓地拐进了吴淞口，拉响了船笛：“呜——”，继续向着外滩码头航行。

黄浦江，波连波，浪叠浪，江面上有几只白肚黑背的江鸥在飞翔，它们扑腾着双翅，追逐着“长江号”船尾，忽而贴着船舷，箭一般，飞向高高的蓝天，忽而从高空俯冲而下，落在江面，随着江涛一上一下地浮动，好像是在迎接远道而来的“长江号”客轮。

离外滩码头越来越近了，从船上望出去，影影绰绰的，已经可以望得见黄浦江两岸上海本土特色的房子了。这时，“长江号”开始减慢航速，庞大的船体，像一张巨大的树叶，在黄浦江的江面上漂浮，不一会就到了外滩码头。经过几天几夜的海上航行，“长江号”似乎疲倦了，在江心颠簸着、摇晃着，接着一个大转弯，又是一声长鸣：“呜——”，庞大的船体徐徐靠上了码头。

“上海，上海到了！”船上的乘客嚷嚷着，有的人站起身，有的人提起行李，还有的人迫不及待地走到船舱门口，闹闹嚷嚷，纷纷杂杂，等候着下船。

“哗啦啦”，一个很大的铁锚，从“长江号”船尾抛下，溅起了一片水花。大铁锚猛地扎向江底，稳稳地生了根。

在船上憋闷了几天几夜的旅客，像飞出笼的鸟儿，蜂拥着，争先恐后地，“呼啦啦”

早期上海外滩码头

走出船舱，跨上长长的跳板，晃晃悠悠地，踏上了江岸。人群中，有一位年轻人，提着一只半新不旧的皮箱也上了岸，此刻，出现在他面前的是一个完全陌生的世界，那些高大的外国经典建筑，沿着黄浦江岸线，成扇面状地散了开去，高高低低，错落有致，煞是壮观。以前，他还只是在书本上读到过上海，现在呢，上海就在眼前了，他已经站在繁华的上海滩了。这一切，仿佛是梦境，真是想不到啊！

一辆有轨电车，像个绅士似的，摇摇摆摆，从他身边驶了过去，洒下了一地的铃声："叮当，叮当！"清清脆脆，听得这位初到上海的年轻人着迷了。望着眼前的景象，他有点儿迷茫，想起就要在这个陌生的世界开始新的生活，刹那间，他的心里涌起了一种莫名的感觉：大上海，人海茫茫，自己在这座城市无亲无友，往后的生活，将会是怎样的呢？"叮当，叮当！"又是一辆有轨电车，从他身边擦过，向前慢慢驶去。清脆的电车铃声，将他从迷茫中唤醒。他看了看那辆有轨电车，来不及细想，急忙提起皮箱，匆匆离开了外滩码头。

这位青年，是谁？

他，就是聂耳，二十年后中华人民共和国"国歌之父"。但这时候的他，还不叫聂耳，而是叫聂守信。这是父亲给他起的学名。来上海前，他在昆明一直使用聂守信这个学名。

聂守信怎么会改名聂耳的呢？让我们慢慢从头说吧。

绕了一个大圈子

昆明，中国西南边陲的一座城市，四季如春，终年不见冰冻，也极少有飘雪，所以，素来就有"春城"的美誉。然而，20 世纪二三十年代的云南，是较为闭塞的地方，境内外的交通很不方便。昆明有点特别，城里有一条铁路，不是通向中国其他各省，而是通向中国境外，弯弯曲曲，延伸到越南北部的沿海城市海防。这条铁路，就是历史上著名的滇越铁路。

滇越铁路是一条有故事的铁路，它是昆明，也是云南的一条重要交通“大动脉”。查阅历史，可以读到有关滇越铁路的记载，别看这条铁路“古老”得像个古董，它可是中国历史上的第一条国际铁路。多少年过去，滇越铁路如同历史的遗存，袒露着筋骨，迎来送往，给沿线民众带来了出行方便。掐指算来，连接中越两国的滇越铁路，已经有一百多年历史了。

云南，地下矿藏丰富，人称“有色金属王国”，金属矿、非金属矿如铅、锌、锗、铟、铊、镉、磷、蓝石棉、锡、铂、银、钾盐、砷、硅灰石、水泥配料用的砂岩、硅藻土、铜、镍、钴、锑、化肥用的蛇纹岩、盐矿等，不胜枚举。个旧锡矿、东川铜矿，以及储量名列全国前茅的钛矿，更是著称于世。

越南沦为法国殖民地以后，法国将侵略势力逐步向中国境内扩张，为了将掠夺而来的云南矿藏运输出境，法国人造了这条跨越中越两国国境的铁路。回想当年，在高山峻岭之间建造铁路，绝不是一件容易的事情。1898 到 1910 年，法国人用了整整十二年时间，才完成了勘探、设计、施工建设，打通了中国云南到越南海防的这条陆上“大动脉”。其间的建设难度，可想而知，在世界铁路史上留下了佳话。

据相关文献记载，滇越铁路是一条跨国铁路，整条线路分为两段，在中国云南境内的一段称“滇段”，长 465 公里，在越南境内的一段称“越段”，长 394 公里。时间上，“越段”先于“滇段”开工。具体开工时间是 1902 年，第二年完工。接着，“滇段”开工建设。云南的地层结构极为复杂，高山起伏，峻岭连绵，更兼河流湍急，山洪奔泻，给筑路带

在高山峻岭中运行的滇越列车

来了很大难度。相比“越段”，“滇段”的建设周期要长得多，前后共花了四年多时间。为了防止沿线山体滑坡、岩石滚落、路基塌方，“滇段”沿线有长长的防护墙、路基加固体和棚洞。隧道、峡谷、棚洞，前后衔接，浑然一体，形成了一道奇特的山间景观。当建设中的“滇段”曲折蜿蜒到云南屏边县，建设难度更大了。这里，山高谷深，地貌险恶，工程技术人员算了一下成本，如果按常规施工，用石料建设一座跨越高山峻岭的高架桥，不但耗资巨大，而且工期非常长。

保罗·波登，这位法国桥梁设计大师将自己的筑路才能发挥到了极致，他的“人字桥”方案，成功地化解了施工难题。经过二十多个月紧张施工，保罗·波登设计的“人字桥”，高高地耸立在险恶的崇山峻岭间，宛若张开的钢铁巨臂，稳稳地托起了离谷底一百多米、来往穿梭的滇越列车，一辆辆“钢铁长龙”在“人字桥”上呼啸而过，在世界铁路建筑史上，保罗·波登的天才设计，不能不说是创纪录的人间奇迹！

一百多年后，滇越铁路入选第一批“中国工业遗产保护名录”，“人字桥”被列入了中国“全国重点文物保护”名录。滇越铁路成为和巴拿马运河、苏伊士运河齐名的一条跨国境的铁路，英国《泰晤士报》发表文章，称滇越铁路是世界建筑的“三大工程奇迹”之一。

19 世纪的世界，是一个不太平的世界，弱肉强食，东南亚地区有不少国家沦为法国殖民地。为了扩张和掠夺其他国家的资源，法国人在殖民地国家修造了多条铁路，但限于自然条件和人力物力，这些法国殖民地国家的铁路，路轨都很窄，轨距也只有一米宽，所以有个很专业的名称：窄轨铁路。沿线民众形象地称其为“米字铁路”。滇越铁路也

又窄又长的滇越铁路路轨

是一条米字铁路。云南民间流行有一句话："云南十八怪，火车没有汽车快，不通国内通国外。"说的就是这条滇越铁路。行驶在滇越铁路的列车，时速只有三十多公里，所以有了"火车没有汽车快"的说法。在滇越铁路上行驶的列车，虽然没有汽车跑得快，但在抗战时期，滇越铁路却是中国西南地区的一条重要国际通道。一百多年过去了，直到今天，它仍然是云南境内的一条"经济动脉"。

历史的车轮隆隆有声地向前驶去，新世纪构筑的路碑赫然在目。随着中国高速铁路快速发展，已然形成了令世界惊叹的现代化交通"路网"，动车、高铁，纵横交错，城市与城市的时空距离，不再遥不可及。论时速，论路况，滇越铁路确实衰老了，落伍了，可在当地，它仍然以钢铁的筋骨，以历史的喘息之声，沟通着南来北往的商贸交流，成为云南境内不可缺少的交通要道。一百多年来，山乡巨变，不变的却是"一站一集市，逢站必乡街"的当地习俗，这已经成为滇越铁路沿线一道独特的人文景观。生活在附近的村民，身背箩筐，跨上滇越列车，将成群的活鸡、成箩筐的大米、成捆的甘蔗，还有黄绿相间的菠萝，以及刚从树上砍下的一串串香蕉，塞满了一节又一节车厢，任凭车轮在窄窄的米字路轨上"咣当当，咣当当"慢慢前行，山民们怀抱希望，将物产从这个车站送往另一个车站，在集市上换钱换物。

聂耳离开昆明，并没有直接到上海，而是绕了一个很大的圈子，搭乘的就是滇越列车。从"滇段"到"越段"，到达海防后，他要换乘轮船去中国香港，再在香港换船，前往上海。因此，从离开昆明，到抵达上海，他在路上长途跋涉了将近两个星期。

弃学，当兵去！

聂耳已经不是第一次搭乘滇越列车了。就在离开昆明到上海去的一年多前，他在昆明读书，是云南省立师范学校的一名学生。这年冬天，国民革命军第十六军湖南郴州驻军来到昆明，招募新兵。消息传开，聂耳很想去当一名学生兵。可他知道，弃学从军，母亲、哥哥和姐姐无论如何是不会答应的。他非常理解亲人，家里的经济条件很差，母亲、哥哥和姐姐都希望他读师范，毕业后去当教师，有了职业，也就有了经济收入，可以减轻母亲肩上的生活重担。为了顺利成行，聂耳瞒着家人去报了名。这绝不是他一时的情绪冲动，而是经过深思熟虑后的选择。社会太黑暗了，生活太压抑了，没有活力，没有热量，看不到希望，看不到前途。聂耳常说，理想是一条直线，但要轻轻松松地沿着这条直线实现理想，不现实。生活呢，那就是一条曲线了，要用毅力，如翻山越岭般，走出曲线，去改变现实。他是个不甘平庸，也不愿平庸的青年学生，走出去，到外面的世界去闯一闯！离开昆明，前途究竟如何？谁也不知道，也无法预料。生活的道路不会一马平川，他要沿着曲线向前、向前，去冲破沉闷的社会，改变压抑的人生。

聂耳早就有这样的想法了，只是没有机会。现在，机会来了，难道眼睁睁地放弃吗？不！他不愿意。留在昆明，继续读书？还是弃学，当兵去？这是一个十分痛苦的两难选择，长痛不如短痛，他毅然作出了决定：弃学、当兵！带着理想，塑造未来，活出精彩，这才是有价值、有意义的人生！

聂耳没有透露一点口风，家里的人当然不知道他下了决心。要是知道聂耳决定弃学当兵，说什么也不会同意：当兵？太苦了！母亲、哥哥和姐姐，都不舍得他去军营吃苦。再说，读完了师范，有一份教师职业，有什么不好呢？

母亲知道自己疼爱的儿子当兵去了，那还是以后的事情了。这时，身在军营的聂耳给母亲写了一封信，告诉她，自己之所以选择弃学当兵，完全是因为受到环境的支配。他在给母亲的信中说——

> 使我不能不这样做，我感觉到云南不是可以发展的地方。谈到读书，外面挂了高级师范的名而没有高级师范的实。我想，现在我已经从中学毕业，入了三学期的高师，还有三学期又是高师毕业学生，究竟拿得出什么实学来呢？不是我一个人是这样，实在是云南教育界的根本问题。

聂耳的二哥聂子明，在楚雄县邮局做事。昆明和楚雄，相距一百多公里，聂子明也不知道聂耳弃学当兵去了。聂子明后来知道这件事，着实吃了一惊，身在郴州军营的聂耳写信告诉他——

> 你不是说此次我到湘的动机究竟在何点？说起来非常复杂，但是总非家庭

之对我有所苛刻。你想我那亲爱的母亲和兄嫂们，对我的厚爱，就旁人看来和就我的本心自问，是敢对天地的，是我一定不会忘记的。“是否嫌学校生活不佳……改途进行”？这也不是的。学校生活是极佳不过的，极神圣不过的。不过云南的学校生活，我实在是嫌它不佳了。只管混日子，实学在哪里？……我很想脱离这挂着假招牌的云南学校，美名的云南学校，去到外省的一个极好不过的学校生活，神圣的学校生活——它的动机实在复杂。总之，不过是环境所致。

选择，总有选择的原因

国民革命军第十六军是一支什么样的军队？聂耳对这支军队为什么“情有独钟”，且抱有很高期望？

历史，翻到了20世纪初这一页。人们读到的是：中日甲午战争，以中国战败，割地赔款为终。中国在流血，人民在流血。腐朽的清朝政府，捂着战争伤口，也感到了伤口之痛。终于，清廷开始酝酿组建新军，以提升军力，对抗外侮。之后，清廷敕令全国编练“新军”，设立了36个镇（师）。1909年2月，云南新军被编成一个镇，授予第十九镇番号，云南巡防队改建为营制，一共有62个营。

中国资产阶级民主革命运动蓬勃兴起，革命党人在新军阵营频频发动宣传攻势，向军人灌输民主革命思想。在强大的舆论宣传攻势和革命党人的策动下，云南新军中

左：云南陆军讲武学校
右：云南陆军讲武堂南楼

有一部分人开始“向左转”，立场发生了变化，当然，有的人是“向右转”，两股力量，很快向两极分化，而绝大部分新军开始反正，宣布脱离清朝政府，继而成为辛亥云南“重九起义”的一支重要武装力量。

国民革命军第十六军的母体，正是这支云南新军！这是聂耳之所以看好，寄希望于国民革命军第十六军的主要原因。聂耳看好这支军队，还有另外一个原因：国民革命军第十六军军长范石生，系云南陆军讲武堂出身。云南陆军讲武堂，赫赫有名的军事学校，由护理云贵总督兼云南藩台沈秉堃创办于清末民初。学校位于昆明承华圃，东临翠湖，1909 年建成，占地面积七万多平方米，规模之宏大，建筑之雄伟，居当时全国各地“讲武堂”之首。从“讲武堂”走向社会的热血军人，大多是爱国保家，很得民心的军人。建校后，培养了大批能征善战的滇军军官，中国工农红军领袖、后来的中国人民解放军总司令朱德，杰出的军事人才、后来的中国人民解放军十大元帅之一叶剑英，当年也都是“讲武堂”的学员。

辛亥革命后，创办者受资产阶级民主革命新思想启发，将云南陆军讲武堂改成“云南陆军讲武学校”。从“讲武堂”到“讲武学校”，虽只一字之改，却反映了当时的军界学风：由“旧学”开始走向“新学”。毋庸置疑，这是跨越旧时代、走向新时代的进步。“讲武堂”改为“讲武学校”后，办学思路、办学方式前进了一大步，办学者不再满足于学校固守一隅，而是走出云南，在全国各地广设分校，创下了中国军事学校在外省设立分校之先河。

1910 年 4 月 1 日，竣工后的滇越铁路通达昆明。法国人越境筑路，引起了“讲武

左：云南陆军讲武堂机关枪兵科学员
右：云南陆军讲武堂值日官

堂”爱国军人的强烈不满。通车典礼当天，“讲武堂”创办人之一李根源（“讲武堂”监督）召集学员“训话”。全体学员肃立在操场上，李根源神情严肃地说：“法国人将铁路修到了昆明，可我们国家不唯修不起铁路，甚至将国家主权也拱手让给了外国人。我辈军人，有守土卫国之责，大家在校，应努力学习，将来誓必雪此耻辱。”说到这里，李根源泪如泉涌，悲怆之情溢于言表。他的演讲，深深地打动了学员，大家激愤不已，有的人当场失声痛哭起来。

在李根源等教官带领下，学员们高呼“打倒列强”“还我河山”等口号，结队前往车站抗议示威，法国人为之深感震惊。事情还没有结束，第二天国文课，教官以《看滇越铁路通车后有感》为题，布置作文，再次激发了学员们的家国情怀，感觉上了一堂深刻的爱国主义教育课。

1910 年，云南爆发大规模的反抗法国经济侵略斗争，社会各界爱国人士成立“保护云南矿会”，集会、游行，敦促清政府收回采矿权。这年 8 月 11 日，“讲武堂”有一部分学员前往云南省咨议局请愿，声援社会各界人士，要求废除卖国的“七府矿务开采权”。学员赵慎修、杨越当场写下血书，“誓争矿权”“七府矿约不废，则我等命脉已亡”，表示“不达目的，绝不罢休”！学员们的呼声，得到了广大民众的坚决响应，反帝斗争很快波及全国各地。在中国人民的强烈反抗下，英、法帝国主义者在云南的侵略行径开始有所收敛，清政府也不得不考虑，如果任凭外国列强继续开矿，不仅财源严重外流，而且很可能会引发民众更大的反抗行动，于是以巨额赔款收回了“七府采矿权”。

从 1902 年开始的这场反抗外国列强掠夺的斗争，持续进行了近十年，终因“讲武堂”学员奋起抗争而画上了句号。在声势浩大的反帝斗争中，“讲武堂”学员们表现了大无畏的爱国主义精神。以反帝反封建为宗旨的爱国主义思想教育，不仅在云南陆军讲武堂师生中持续“发酵”，而且辐射到了社会。

聂耳是一个有抱负、有理想的热血青年学生，对于云南陆军讲武堂的爱国情怀，怎能不肃然起敬？对于第十六军军长范石生，又怎能不刮目相看？因此，他有充分的理由相信：加入范石生麾下的第十六军，应该是不错的选择。

将帅辈出的军事家“摇篮”

“讲武堂”给聂耳的印象是深刻的，选择“讲武堂”反映了一个青年学子追求进步、向往革命的志向。说起这所著名的军事学校，确也帅星闪烁，名将云集。仅“讲武堂”丙班，就培养出了 49 位将军和元帅，朱德和范石生是其中的两位，他们既是同班同学，又都是上将军衔。

朱德并非云南人，1909 年 11 月，他以非云南籍学员的身份参加考试，被“讲武堂”录取，为丙班（后也称第三期）学员。同年冬天，朱德秘密加入同盟会，组织成立“五华社”。第二年 7 月，因新军亟需补充军官，“讲武堂”决定从丙班中挑选一百名学员组成特别班，朱德是其中之一。

1911 年 8 月，特别班学员提前毕业，朱德分配到蔡锷领导下的新军 37 协（相当于旅）74 标第二营左队担任排长。辛亥革命爆发后，朱德积极投身其中。他在云南整整奋斗了十三年，在“讲武堂”培养下，成为著名的滇军名将和护国将领。

1917 年夏，叶剑英和九十个华侨子弟从马来西亚回国，报名入学，被云南陆军讲武学校录取。叶剑英是“讲武学校”第十二期学员。入学后，叶剑英给其弟叶道英写信说：“当今天下混乱，乃英雄吐气之时。有胆识、有军事技能者为前驱，有文才、有谋略者为后盾。”以此表达从军报国胸怀。1921 年 4 月，中华民国军政府在广州成立，孙中山被推举为非常大总统。就任后，孙中山组织力量，开始进行北伐前的准备工作。叶剑英邀集二十多名“讲武学校”毕业的华侨同学，联名向孙中山请缨，要求参加北伐战争。

左：讲武堂第三期学员朱德
右：讲武堂第十二期学员叶剑英

1922 年 6 月，陈炯明叛变革命，叶剑英邀集十多位“讲武堂”毕业的华侨同学，以云南陆军讲武学校全体华侨学生的名义发表通电，声讨陈炯明，从此开始了戎马生涯。

从 1909 年成立到 1935 年，办学历史二十六年的云南陆军讲武堂（亦即后来的云南陆军讲武学校）培养了 8300 多名学员（1935 年云南陆军讲武学校改编为“黄埔军校昆明分校”。对于曾经的“讲武堂”而言，这是一次脱胎换骨，称得上是“划时代”的裂变。从此，由云南陆军讲武学校变身的“黄埔军校昆明分校”，成为“近代中国三大军事家摇篮”之一，另两所是黄埔军校、保定军校），这个数字还不包括黄埔军校昆明分校培养的上万名学员。

数百位杰出的军事统帅和将领，从云南陆军讲武堂（学校）脱颖而出。他们中除了后来成为中国人民解放军十大元帅的朱德、叶剑英等一大批高级将领，还有红军第九军团团长、新四军副军长罗炳辉，抗日英雄、东北抗日联军创始人、东北民主联军创始人、副总司令周保中（总司令为林彪），中国人民解放军军事法院院长、最高人民法院副院长陈其涵上将，红军第十一军参谋长严凤仪，红军第四军第十一师副师长邓允庭，红军第十军军长周建屏，红军第三十二军军长毕士悌，琼崖红军东路总指挥徐成章，以及广西百色起义领导人，红军第七、八两军总指挥李明瑞等，还有中华民国 8 位一级上将、34 位二级上将、99 位中将，以及云南都督、护国军第一军总司令、四川都督蔡锷（上将），贵州都督、云南都督、护国军第三军总司令、孙中山大元帅府副元帅唐继尧（上将），驻粤滇军总司令、北京国民政府农商部长、代总理李根源（上将），护国军第二军总司令、孙中山大元帅府参谋总长、江西省主席、国民党中央执行委员、国民政府常务委员兼军

讲武堂毕业的部分将领
前排左起：金汉鼎、李雁宾、朱德、胡瑛

事委员会常务委员李烈钧（二级上将），孙中山大元帅府驻粤十三省联军总司令、国民党第一届中央执行委员杨希闵（上将），护国军第一军总参谋长、署理四川督军罗佩金（上将），云南省省长、北伐滇军总司令顾品珍（上将），国民革命军北伐军第五路军总指挥、国民党中央执行委员、国民政府常务委员兼军委常务委员朱培德（一级上将）等，人才、将才和帅星之多，不胜枚举。

据历史记载，新军大多数团级以上的军官，均出身于云南陆军讲武堂。他们在“讲武堂”求知、习武，受过良好的军事教育，新军营长、连长、排长，绝大多数也由云南陆军讲武堂的师生担任。另据记载，“讲武堂”前后共培养了2万多名优秀的爱国将士。不仅如此，云南陆军讲武堂还为好几个国家培养了优秀的军事人才，原越南政府主席、越南革命老一代领导人武海秋，原越南国防部长武元甲大将，原朝鲜最高人民会议常务委员会委员长、抗联名将崔庸健，原缅甸联邦最高军事委员会史文主席、享有“缅军之父”之誉的吴奈温将军，也都是云南陆军讲武堂的学员。

翠湖是聂耳最喜欢去游览的地方，每次去翠湖，都会情不自禁地看上一眼近旁（翠湖西路22号）的云南陆军讲武堂。他想当一名军人，对于“讲武堂”，他和当地的民众，尤其是青年学子，充满了敬仰之情。他想，范石生和红军缔造人朱德，都曾经在“讲武堂”接受过军事培养，范石生领导的第十六军，不就是一支革命的军队吗？这样一想，怀抱青春理想的聂耳，能不看好国民革命军第十六军吗？

别了，可爱的故乡

对范石生及其率领的国民革命军第十六军抱有好感的，并非聂耳一个人，不少青年学生“雾里看花”，对范石生的这支军队都抱有好感，尤其是向往革命，很想有所作为的青年学生，也都愿意成为一名真正的军人，国民革命军第十六军到昆明招募新兵的消息传开后，他们坐不住了，纷纷走出校园，前往应征，希望从此改变自己的人生。然而，少有人想到，从军之旅，包括将来的戎马生涯，这可是一条充满变数的人生之路啊！正处在青春期的聂耳，也没有去考虑这样的问题，对于一个有理想的青年学生，怎么能苛求呢？

经过考核，聂耳的愿望实现了，顺利应征入伍，成为一名学生兵了，激动之情，自不待言。快要离家出走了，从感情上说，他确实舍不得。生在昆明，长在昆明，除了去过故乡玉溪，他还没有离开过昆明呢，更不要说到湖南郴州那么远的地方去了。

集结号快要吹响，出发前一天，聂耳回了家，他要看看母亲，看看生他养他的母亲，实在舍不得啊，但是，为了理想，为了前途，他只能偷偷去报名，悄悄应征入伍了。

聂耳的母亲不知道小儿子第二天就要离开昆明，前往湖南郴州那么远的地方去，她像平时一样，张罗着，做饭做菜，小儿子回来啦，再怎么说，总得烧点好菜给小儿子吃啊！

聂耳见母亲忙忙碌碌的样子，忽然伤感起来了，心想："也许，上帝已经给了我母亲一个预知了吧，难道这是我们最后一次会面了？"但是，他还是没有告诉母亲，自己已经弃学从军，而且明天就要离开家，开赴湖南郴州军营了。

吃过晚饭后，聂耳摸黑回到了学校。熄灯号响了，学生们进入了梦乡。皎洁的月光从窗外照进宿舍，照见了一张年轻人的脸，想到第二天就要离开学校，离开昆明，离开母亲和亲人，聂耳在床上翻来覆去的怎么也睡不着，他开始在心里默数："一只羊、二只羊、三只羊、四只羊……"——忽然，他看见母亲，还有三哥聂叙伦，急急忙忙地赶到了学校，不由分说，一把扯住他，说什么也不让他弃学从军，让他立刻跟着他们回家！聂耳吓了一跳，努力挣扎，却怎么也挣扎不了，脱不了身，不由吓出一身冷汗！猛地，他惊醒过来——原来是一场梦啊！他翻身坐起，划了一根火柴，凑着微弱的火光一看，啊，夜深了，快两点钟了。睡吧，睡吧，明天要早起呢，一歪身子，迷迷糊糊地，他再次进入了梦乡……

一线光亮钻进了学生宿舍，天开始蒙蒙发亮，聂耳起了床，匆匆洗漱，拿起简单的行李，离开了学校。他和学生兵们一起，踏上了前往郴州的从军之旅。

这天，1928 年 11 月 30 日，是聂耳终生难忘的一天，他和几十个学生兵，登上了滇越列车。

"呜！"列车拖长了汽笛声，车轮开始缓缓启动，聂耳的心里，升腾着，升腾着一种莫可名状的感觉，就要离开昆明，离开云南，离开亲人，离开温暖的家了。列车上的他，思绪翻滚，多想说一声："离别了，妈妈！离别了，我可爱的故乡！"

列车开始加速，两条已被车轮磨得锃亮的路轨，传来了"咣当当，咣当当"的巨响，头也不回地向着远方奔驰。车窗外，掠过了绿色，掠过了河流。一棵棵树，一间间陋屋，在快速向后隐退。长长的米字路轨，被列车远远地抛在了后面，前面出现的，还是长长的、望不到头的米字路轨。

聂耳和学生兵们开赴湖南郴州军营，实在是一次艰难的“长途奔袭”。从昆明到郴州，直线距离其实并不遥远，由于交通不方便，滇越列车带着这些年轻的学生兵，绕道越南海防，再从越南海防返回中国，颠簸，还是颠簸，奔波，还是奔波，简直是一场“炼狱”式的长途行军，聂耳哪里想到，艰难的从军之旅，才刚刚开头呢……

“孤雁”远远飞

聂耳去上海，是第二次乘坐滇越列车了，想起此番远走上海，竟然又坐在曾经坐过的滇越列车上，不无感慨，人生，真是不可预测，也难以预测啊！一年多前，去郴州军营的景象，历历在目，恍如就发生在眼前：自己乘坐的，不就是绿皮车，不就是绿色的车厢吗？耳畔听到的，不就是一声声穿越大江大河、高山峻岭的车笛声吗？多么熟悉啊，简直如同在梦境中一样呢！狭窄、拥挤的车厢里，有两排长长的座位，都是木板做成，硬硬的，面对着面，一点也没有生气。这样的情景，很像上海滩行驶的有轨电车，那扇沉重的铁栅栏车门，被售票员用力一拉，“哗啦啦啦”，发出一阵响，门拉开了，乘客们跳上车。“哗啦啦啦”，又是一阵响，门“咣当”一声关上了。前后两节电车车厢，

拥挤的车厢

中间有两圈弹簧牵系着，软软的，往下垂着，也跟着前行的电车一起摇晃。车厢里，也是两排木板做成的条凳，面对着面，几乎和车厢等长，在车厢两壁生了根。长条凳上，稀稀拉拉地，坐着三三两两的乘客。司机是站着驾驶的，电车沿着两条路轨，像个蹒跚老人，向前方“晃荡晃荡”开去。

行驶在滇越铁路上的列车，车厢里也固定着两长排木条凳，也是面对着面，可就完全没有了行驶在上海滩的有轨电车的诗意了。车厢里，拥挤不堪，过道里摆满了杂七杂八的行李物品。喧哗声、鸡叫声、鸭叫声，恍如一部混声大合唱！空气呢，浑浊不堪。那就打开车窗换换空气吧！可是，车窗不是玻璃窗，而是用木板做成的，密封着，要打开，得用木梭子扳动，好不容易将车窗费力地打开，“呼啦啦”，车头巨龙似的黑烟，带着煤屑粒儿，翻滚着而来，直往车厢里灌，灌得人一头一脸的煤灰！

一年多前，前往郴州的从军之路，历经了千辛万苦，聂耳已经习惯了滇越列车上的景象，这回去上海，感觉就完全不一样了。一年多前，他是怀着青春的理想，是为了改变人生道路，去郴州军营当兵。这一回，却是为了躲避昆明当局抓捕——他被昆明当局盯上了——不得不又一次背井离乡，像一只孤雁，远飞大上海！他的心情，怎么能平静，也难以平静啊！

君问归期未有期，何年何月，才能重返昆明，再见亲友呢？出发前的一天晚上，母亲在家里张罗着做饭做菜的情景一下出现在聂耳眼前了，难道，这回远走上海，果真是一次生离死别？无法预料，真是无法预料啊！

列车，有节奏地运行着，“咣当当，咣当当！”从米字路轨上传来的车轮撞击声，

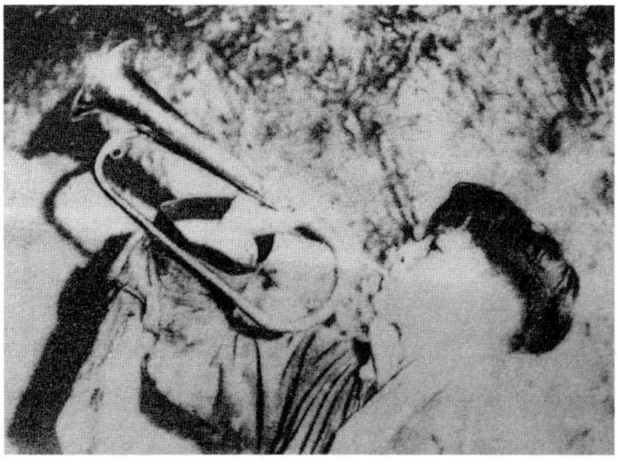

聂耳在吹奏军号

一声又一声，声声入耳。望着车窗外掠过的景色，聂耳沉思着，离别昆明时的情景，如影像般，浮现在面前——

1930 年 7 月 9 日，为了安全，聂耳没有住在学校，也没有住在家里，而是借宿在一位朋友的家中。曙色微露，他起了床，急急往家赶。母亲已经为他准备好了行李。儿行千里母担忧，做母亲的心疼啊！可是，不走行吗？刚才还有朋友冒着危险摸黑前来，让聂耳快快离家呢，好心的朋友一个劲催促：“千万、千万不要再耽搁了，要不，就要惹上大麻烦啦！”聂耳拉着母亲的手说：“妈妈，您别难过！我会回来的，我会报答妈妈的养育之恩。我们全家，也一定会团聚的！”话没说完，他的两眼就湿了。

母亲一边流泪，一边叮嘱聂耳：“儿啊，到了上海，要好好工作，一定要走正路啊！”

聂耳立下了誓言：“不论前程有多么艰难，多么曲折，我一定会坚定地向前走，绝不后退，绝不堕落!”他向母亲挥了挥手，“妈妈，再见了！您保重啊！”

在三哥聂叙伦护送下，聂耳走出了家门。街上，冷冷清清的，回望家中，一灯如豆，可以看见家里惨淡的灯光，那样的微弱，那样的无力。

昆明城，笼罩在一片白色恐怖之中。

聂耳真没有想到，这一别，从此和家人天各一方，他更没有想到，这竟然是和母亲的永久离别!

昆明火车站，警察在挨着个儿检查，凡是觉得可疑的旅客，立刻扣下，严加盘问。聂耳有点儿紧张，幸好，他有上海“云丰申庄”的聘请函，警察看了看，检查了行李，没有发现有什么可疑的地方，也就放行了。

三哥聂叙伦、好朋友张庚侯，以及聂耳的一些亲友，赶到车站送行。大家互道珍重，聂耳又一次登上了滇越列车。

一声长鸣，车轮启动，列车缓缓驶出昆明站。聂叙伦、张庚侯等目送着列车渐渐远去、远去，一会儿就在眼皮下消失不见了。

聂耳走了，永远、永远地走了。

思乡情缘

我们暂且将聂耳远行上海的话题按下，回到他的从军之旅。

今天，从昆明到郴州，倘若搭乘高铁，也就是几个小时的事情。可是，在 20 世纪二三十年代，交通很不方便。聂耳和学生兵们，先是国内，后是国外，接着又从国外，回到国内，颠簸辗转，经过千辛万苦的跋涉，他们终于到达了目的地——湖南郴州驻军营地。未及休整，学生兵们就投入了军事训练。起床号吹响了，穿衣、戴帽、束皮带，奔向操场。口令声中，学生兵们列好队，开始操“洋操”。12 月，郴州的天气特别冷。凛冽的寒风中，来自春城昆明的学生兵们，很不适应，勉勉强强地完成了规定的军事训练。带队的军官一声令下：“解散！”学生兵们立即冲锋似的奔向食堂，谁也不能落后，都以“加速度”向前、再向前，为的是去军营食堂“抢饭吃”！谁要是落后，谁就抢不到饭吃，只能“饿饭”。聂耳自嘲“抢饭本事不佳”，所以也就常常只有“饿饭”的份了。

第三天，军事训练的课目由慢步走，换成了正步走，这“活儿”，对于离开学校不久的学生兵们，着实够呛，更累的还有，那就是跑步。训练量，不断加大，教官们异常严酷，学生兵们经受着刻骨铭心的皮肉之苦。

聂耳在日记中写道——

聂耳（右一）与第十六军友人

> 听见起床号急忙爬起来；点名后预备出操；决定上正操或特别操；到操场只希望少走几步；收操时看着菜饭不敢顽皮；厨房内抢食锅巴；吃饭时要有计算……

训练之苦、生活之苦，成了学生兵们的“不堪忍受之痛”。军营中，不满情绪在蔓延，有人“开小差”“逃营”了。军部将大队长召去，严厉地训斥了一顿，并且罚去做苦力。聂耳也没有幸免，也被罚过，教官惩罚他，让他做“特别操”。什么是“特别操”？说白了，也就是“八字慢步”。八字、慢步，形象得很。这对于聂耳，简直是侮辱！

聂耳在日记中说，“特别操”使他“深受打击”，“流了无数的伤心泪”。吃不饱饭，“饿饭”，军被单薄，不温暖，军规严酷，军纪混乱，旧作风盛行，这哪里是一支革命的军旅啊？

怀着一腔热血，弃学当兵的聂耳，陷入了失望的谷底——

> 我已知道我的事业，我的希望，都同冬日的积雪遇到日光消溶；夏日的游丝，遇到罡风飘逝了。
>
> 异乡作客本是不堪忍耐的，况且又是在这种卑污下贱的生活里——录事——更是不可多日逗留的。我时常总是这样想：看花的时光，故乡总比客地好看，比客地来得赏心。

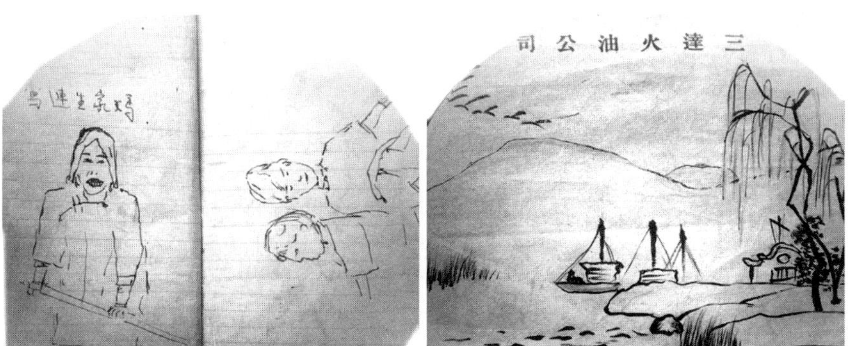

聂耳中学时代的绘画

聂耳想起了母亲，想起了哥哥和姐姐，想起了家，日子一天天过去，他的思乡之情也越来越浓了。后来，经疏通，聂耳由特务队（所谓特务队，原不过是担任司令部警卫特别任务的部队）调去当文书，军衔是上士。特务队发给每个月的伙食津贴费是十二元，文书的津贴提高了，每个月十六元。比起在特务队，也有了空闲时间，聂耳爱读书，爱写作，可以做他喜欢做的事情了。除了写日记、写诗，他还尝试写小说，在郴州军营，他完成了两个短篇小说，一个是《薄暮》，还有一个是《碎煤》。这两个短篇小说，都没有公开发表过。查阅现存的档案材料，也没有发现聂耳这两个短篇小说的手稿。

《碎煤》，取材于真人真事——

那天，列车带着学生兵们，一路奔驰，第二天到达开远站。开远是一个很小的火车站。全体学生兵下车，在站台上等候，换乘另外一趟车。

突然，人声鼎沸起来，发生了什么事情？原来，停在月台对面的一列货车碾倒了一个拾煤炭小女孩。大家赶紧跑去，一看，铁轨转弯改道处，有个小女孩躺倒在地，膝盖以下，血肉模糊，骨头破碎。小女孩痛不欲生，撕心裂肺地叫着：“妈妈，妈妈！”可她的手里，还是紧紧地挎着一个小竹篮，里面装着半篮子的碎煤。

小女孩躺在地上，哭喊着，哀求着：“你们谁有枪，快些、快些把我杀死吧！我受不了啦，我不愿受罪！”

有人实在看不下去了，高声叫喊：“列车员，快过来！赶紧将小女孩送往医院急救！”可是，看热闹的人多，冷漠无情的人更多。有人熟悉小女孩家的情况，说是“这丫头无票乘车，死了也白搭”！还有人说，小女孩的家离车站不远，她家是农民，田不多，生活困难，为了帮助父亲母亲，懂事的小女孩每天来车站拾碎煤，拿去卖了，换几个小钱。家穷，没钱买车票，她只能扒车，跳上跳下，趴在两节货车车厢的连接处，日子久了，倒也练出了扒车的本领。不料，就在这天，一脚踏空，小女孩从车厢连接处摔了下来，偏偏，货车这时候启动，“轰隆隆，轰隆隆”，车轮碾压了她的腿。

车站上，看热闹的人多，谁也没有理会小女孩，任凭她哭喊。聂耳的心揪得紧紧的，他想帮助小女孩，可是，学生兵们被催促着快上车，部队，马上就要开拔了。

聂耳很是忿忿不平：“这是什么世道啊！为什么小女孩的命运如此悲惨！为什么社会如此冷漠！”这一幕，深深地刺痛着他的心，也深深地留在了他的脑海里，他要将小女孩的悲惨遭遇，写成小说，控诉黑暗的社会，让更多、更多的人知道。这——正是他创作《碎煤》的原因！

…………

日历，像树枝上的枯叶，随风而逝。聂耳在郴州军营有些日子了，对于家乡的思念之情越来越浓，家书抵万金啊，可真是望眼欲穿啊，盼着，盼着，什么时候出现绿衣使者的身影呢？

1929 年 2 月 21 日，聂耳在盼望中收到了二哥聂子明的来信。这时，距离他弃学从军、与家人“不辞而别”已经有近三个月时间了。读了没几行，他的眼泪就“唰”地流了下来。二哥在信中告诉他，他离家出走，母亲悲伤极了，几乎昏倒在地。聂耳心如刀绞，深深地自责：当初，为什么要瞒着家人去报名当兵呢？那天从“省立师范”回家，为什么没有告诉母亲，第二天自己就要奔赴郴州军营了呢？是的，聂耳的自责不无道理。但他担心家人阻拦他弃学当兵啊！不是吗，那天他不是在梦中看见母亲、哥哥追到学校，拉着他回家，不让他去当兵的吗？

当天晚上，他就给二哥写了一封长信。一个月前，他给家里写过信，千里之外的他，在信中向母亲“跪禀”——

> 亲爱的妈妈，我这次的出外，完全是环境的支配，使我不能不这样做，我感觉到云南不是可以发展的地方。……谈到做事，云南的纸币这样低落，即使一人每月有几十元的进款，不但不能补助家庭，就是维持一人的经济独立也怕困难。……所以我看到这点，决意要到外省发展；不论读书、为工、为商、为军，都要向外发展。

“向着光明的前途走去！”

聂耳在家信中所说的“云南的纸币这样低落”，是当时云南物价飞涨的“缩影”：当局滥印纸币，滇币严重贬值，以彼时的币值，四元多滇币只能换回南京国民政府发行的一元法币！

物价飞涨，民不聊生，聂耳有切肤之痛。要改变自己的人生，寻求一个光明的前途，他选择了弃学当兵。郴州军营的现实告诉他，弃学当兵完全理想化了。不是吗，他不是早就思考过了的吗？理想是一条直线，现实呢，那可就是一条曲线了。说起弃学当兵，他的愤懑之情溢于言表："现在不知道也知道了，什么军事院校……简直就是来当兵。"这与他原来想象中的国民革命军第十六军，差距实在太大、太大了。

黄天石是香港《大公报》总编辑，聂耳弃学当兵前，黄天石到过云南省立师范学校，在校园里发表过演讲，鼓励有志青年积极向上，努力进取，务实奋进。听了黄天石的演讲，聂耳很有感触，去拜访过黄天石。从越南海防到中国湖南郴州，要在香港换船，先到广州，然后从广州去郴州。这就是说，他们这些学生兵将会在香港逗留，这不是去拜访黄天石的机会吗？聂耳准备好了，见了黄天石，他打算向他讨教自己如何发展，然后好好规划人生，向着理想目标前行。

不料，聂耳的计划落空了。

盼望着，盼望着，轮船好不容易到了香港，聂耳和学生兵们正想上岸，突然被告知，谁也不准离开，换乘轮船，立刻前往广州。聂耳失望了，心里有一种难以言说的感觉。到了郴州，又有一次机会，聂耳听说，昆明英语学会的李廷壁在湖南，他想去寻访李廷壁，请李廷壁指点指点。聂耳的想法是实际的，他以前常常去英语学会补习英语，李廷壁不正是英语学会的老师吗？可是，到处打听，就是寻访不着李廷壁。一次次希望，一次次失望，聂耳不由感慨了："这是我的计划失望的第一步！""以前的一切希望，现在只是投入失望的海底。""我的希望是水中月，我的事业是镜中花。"

一腔热血，付诸东流，聂耳深深地陷于失望、迷茫之中。常言说，诗言志。在军营，聂耳写诗，将自己的情感寄托在诗中。写好了诗，他将诗贴在墙上："多雨的湘郴，伴着我流泪！卑湿的湘郴，伴着我忧郁！"尤其是在如此莫名其妙的环境中，他觉得更是不可多日逗留，1929 年 2 月 11 日，他写了一首诗——

一个卑湿污浊的荒岛上
站立着一个初离母巢的孤雁
他那细长的头颈，不住地转向后看

看不见他可爱的故乡
他那细长的头颅，又不住地向前望
只望见他的前途茫茫
渐放光明的东方
突起一轮通红的太阳
残暴怒吼的洪涛巨浪
一阵阵地涌上他的身旁
他知道这是他的穷途末路
只好挣开了他那柔弱的翅膀
预备着奔向他的自由之乡
啊！自由之乡

农历新年快要到了，想起在家里过年的情景，离别之情，思乡之情，一起涌上了心头，聂耳给二哥聂子明写了一封信——

亲爱的二哥哟！异乡作客本是不堪耐的，尤其是在逢年过节的时候，更是使人难堪的。我虽在这里过年，但是我的心灵，无一时不在家里打围，弄乐器，这里的年究竟像什么我都不晓得。我一天只是坐在屋里，桌子便是我的好伴侣。在过年的这几天里，实在苦闷极了！

然而，聂耳心里的苦闷，并非消沉，而是在寻求突破！他继续写下去——

你不要以为我是消极，我并不消极的。我的英勇，我的热血，还是继续地沸腾着，决意向着光明的前途上走去。

言为心声。

聂耳被困郴州军营，在心中发出了呐喊：“向着光明的前途上走去！”

走，去黄埔军校！

窗外，下着冰冷的雨，淅淅沥沥，似无情的手，打在窗玻璃上，冷飕飕的，了无生气。这雨，一阵阵，一阵阵，下得人的心都凉了。

聂耳站在窗边，看那窗外的雨，非但没有停止的迹象，反而越下越大、越下越密了，忍不住问窗外冷冰冰的雨："你是不是阻碍我们前途的妖魔，是不是我们计划成败的先知？"面对困境，他没有退却，而是在心中呼唤光明之神，"请你施给我们一部分的恩惠，放给我们一线的曙光，巩固我们的意志，从黑暗的牢狱里，达到光明的彼岸。"

这里，要写上几笔黄埔军校。1924 年 6 月 16 日，黄埔军校在广东创建，校名"中国国民党陆军军官学校"，孙中山为校总理，蒋介石为校长。黄埔军校昆明分校，是黄埔军校九个分校之一，前身是云南陆军讲武学校延续下来的滇军教导团，1935 年被改编为"中央陆军军官学校昆明分校"，1938 年按黄埔军校系列，定名为"中央陆军军官学校第五分校"。

无趣、单调、乏味、压抑。三个多月过去，聂耳等来了一次机会。于他，不啻希望之神降临——郴州驻军有部分军官，奉调前往广州，编入第八路军总司令部管辖的军官学校。这所学校，就是著名的黄埔军校。此时，国民革命军第十六军已整编为第八路军第五师了。

黄埔军校，不就是中国的"西点军校"吗？聂耳的眼前一亮，事不宜迟，走！到中国军事家"摇篮"黄埔军校去！他立刻去找范石生，要求和部分奉调军官一起前往广州。

国民革命军第十六军军官教导团证章

范石生不同意，说聂耳不是军官，不能前往广州。聂耳坚持自己的想法：报考黄埔军校！他对范石生说了很多理由，甚至搬出了和范石生都是云南老乡的身份说服范石生，在聂耳的再三恳求下，范石生被他的至诚感动，终于松了口，同意放行。

聂耳高兴极了，和奉调前往广州的军官离开了郴州军营。他看见，自己的面前，希望的光环在升起，引着他向前。经过几天几夜的长途跋涉，他和部分奉调军官到达了广州。然而，迎接他的，并不是什么希望的光环，而是又一次失落：黄埔军校无情地将他拒之门外！

什么原因呢？

聂耳不是军官，没有军衔，也没有文凭，黄埔军校要收编的，都是原国民革命军第十六军的在编军官。聂耳没有入学的资格，他只是一个“上士”，与他一同被遣散的有七八百人，每人遣散费七十五元，离校迁入旅店。回郴州，不可能了，难道要流落在广州街头吗？除了身边的七十五元遣散费，再无其他经济来源了。光凭七十五元遣散费，又能维持多少日子呢？

正在聂耳一筹莫展的时候，有消息说，广州有所航空学校招收学员，但又听说，正式招录要几个月后。他不愿放弃“一日千里之势的航空事业”，决定暂时逗留广州，等报考航空学校后再作打算。这时，一张街头广告引起了他的注意：广东戏剧研究所附设演剧学校招考公费生。他的心头一动：音乐是自己心仪的艺术，何不前去一试？

说起广东戏剧研究所，先得说说著名作家，戏剧、戏曲、电影艺术家欧阳予倩，这位中国戏剧界的重要人物，一生与戏剧有缘。解读他的艺术档案，可以清楚地读到他的戏剧艺术人生——

1902 年，欧阳予倩离开故乡，前往日本东京成城中学读书，第二年在该校毕业。1905 年，他与一部分留学生返回中国。次年，重返日本，进入明治大学学习商科，后转入日本著名的早稻田大学学习文科。1907 年，欧阳予倩加入春柳社，在话剧《黑奴吁天录》中饰演角色。同年，参演独幕剧《生相怜》。

春柳社是文艺研究团体，由李叔同（息霜）、曾孝谷等中国留日学生于 1906 年冬天在东京创建，主要从事文艺研究。春柳社建有演艺部，在中国话剧创始期产生了重大影响。1907 年 3 月，在日本东京留学的曾孝谷读了小说《黑奴吁天录》，欧阳予倩与同窗好友李叔同等人将小说改编成剧本。6 月，春柳社将自编自演的五幕新剧《黑奴吁天录》搬上了日本东京本乡座舞台。此举意义非凡，宣告了中国话剧的诞生。李叔同、曾孝谷、谢抗白、吴尊等为主演，欧阳予倩等人都参加了该剧演出。1911 年，欧阳予倩结束留学生涯，从日本返回中国，与陆镜若组织新剧同志会、春柳剧场，演出鼓吹革命、反对封建主义的新剧，1918 年在南通组建伶工学社和更俗剧场，培养戏曲人才。

欧阳予倩写有很多剧本，其中，独幕话剧《泼妇》《回家以后》《屏风后》，具有强烈的反封建主题意识。他的作品，有的揭露旧道德伪善，有的宣扬妇女解放、个性解放。第一次国内革命战争时期至左联时期，他的代表作有《同住的三家人》《不要忘了》。1926 年，欧阳予倩加入南国社，进入中国电影界，主创的影片有《玉洁冰清》《三年以后》《天涯歌女》等。在《三年以后》《天涯歌女》两部影片中，他扮演了主要角色。

1931 年，欧阳予倩加入左联。春柳剧场解散后，欧阳予倩投身京剧事业，创作、导演、演出《鸳鸯剑》《馒头庵》《潘金莲》《哀鸿泪》等，享有北梅（梅兰芳）南欧之誉。他导演的《怒吼吧，中国！》产生了强烈的社会反响。1932 年，他创作了大型话剧《不要忘了》、独幕话剧《同住的三家人》。1934 年，创作了电影剧本《新桃花扇》等。1935 年，欧阳予倩编导影片《清明时节》《小玲子》《海棠红》。1937 年，上海沦为孤岛，欧阳予倩和洪深等人主持上海戏剧界救亡协会，演出《梁红玉》《渔夫恨》《桃花扇》等京剧，编写电影剧本《木兰从军》。1938 年起，欧阳予倩赴桂林对桂剧进行改革，导演话剧《流寇队长》《钦差大臣》等，1941 年创作优秀历史剧《忠王李秀成》。1944 年，他和田汉等人举办西南第一届戏剧展览会，演出话剧、戏曲、木偶戏等六十余部，为宣

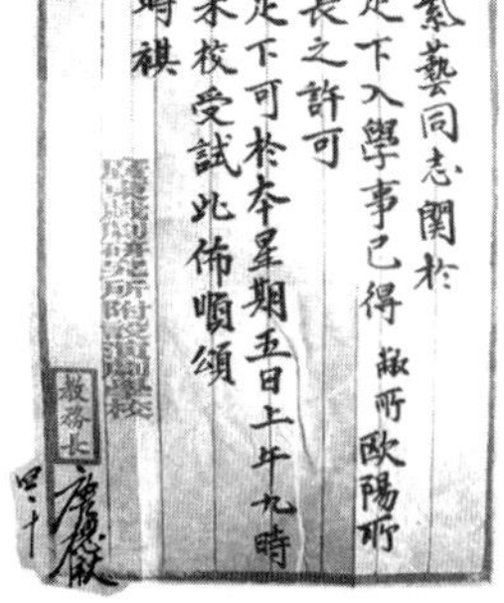
廣東戲劇研究所

紫藝同志閣於
足下入學事已得 敝所歐陽所
長之許可
足下可於本星期五日上午九時
來校受試此佈順頌
時祺

教務長

广东戏剧研究所给聂耳的“准考通知”

传动员民众、检阅抗战戏剧发展做出了贡献。欧阳予倩毕其一生，留下了大量作品，创作和改编的话剧有四十多部，导演话剧五十余部，创作、改编、修改戏曲剧本近五十部，编导影片十三部。他的作品与时代脉搏相通，话剧作品中含有戏曲精华，戏曲作品中含有话剧特色。

广东戏剧研究所为欧阳予倩创办。读了他的艺术人生，可以想见，这所专业戏剧研究所，在当时的中国，是不可多得的，其旗下之演剧学校，聂耳如何不怦然心动？再说，航空学校的招录还需要等上好几个月，眼下，工作没有着落，生活需要继续，唯其如此，去演剧学校，实实在在地说，是一条生路，足可解决燃眉之急。

聂耳主意已定，立刻去了广东戏剧研究所附设演剧学校，向教务长表示了报考意愿。教务长此人倒也爽快，给了聂耳一份“准考通知”：“紫艺同志：关于足下入学事，已得敝所欧阳所长之许可。足下可于本星期五日上午九时来校受试。”

“准考通知”中的“紫艺”，是聂耳的艺名。聂耳为什么要给自己取名“紫艺”？前已叙述，当他呱呱落地，父亲给他起了学名聂守信，字“子义”。紫艺是“子义”的谐音。一个艺字，同时也表明了聂耳从艺的心迹。

凭借良好的音乐基础，聂耳顺利通过了考试。音乐艺术之门，向着失望中的他徐徐打开。

广东戏剧研究所附设演剧学校规定，入学者必须递交一份入学保证书。聂耳根据规定，写了一份入学保证书，为他作保的人是一位杨先生。说来，这位杨先生倒是个热心人，聂耳在广州，人地生疏，能遇到杨先生，也是一件幸事。几十年过去，我们可以在档案

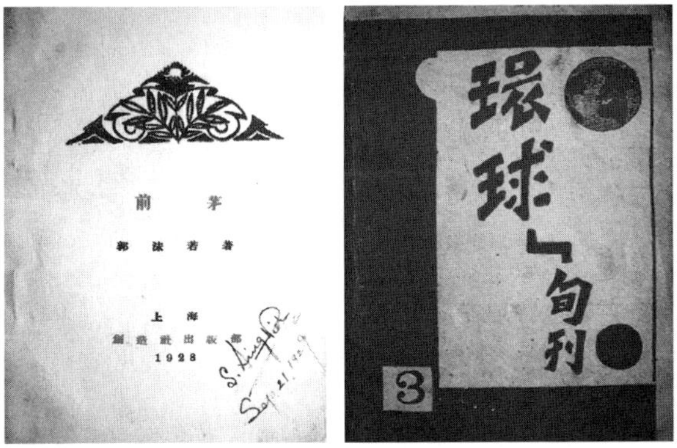

聂耳 1929 年阅读的杂志和郭沫若诗集《前茅》

馆读到杨先生写的“保证书”：“今保得学生聂紫艺在广东戏剧研究所附设演剧学校肄业，恪遵校内一切规章布告，并不中途退学，如有不合情事，保证人愿担负规章内所明定之责任，具保证书存查（以下，杨先生和聂紫艺分别签字）。”

入学考试也很顺利，聂耳如愿以偿，跨进了广东戏剧研究所附设演剧学校。哪里料到，命运女神并没有给他带来新的希望，恍若一瓢冷水，兜头而下，他又一次陷入了失望的泥淖。

广东戏剧研究所附设演剧学校，是一所专为粤剧和京剧服务的艺术学校。聂耳在写给二哥聂子明的信中说：“是一个造就广东戏子的机关，所学的就是广戏和京戏。所谓音乐班就是学广戏锣鼓、丝弦，你想我怎么能插足在这里呢？”第一天入学，第二天他就递交了一份退学申请，离开了学校。他给母亲写了一封信，倾诉心里的苦闷，“这是我计划中的第二次失望”。聂耳写信给母亲，除了倾诉心里的苦闷，还希望母亲尽快寄一些路费给他，他想家，要回家，可自己身边没有钱了。真是无巧不成书，在广州街头，聂耳遇见了教官阮守诚，他也是云南人，因第八路军第五师收编而被遣散，也要回昆明。相见之下，聂耳向阮守诚说了自己的困境。阮守诚听说聂耳没有回昆路费，答应顺带他回昆，并借给他二十元法币。

1929年5月6日，聂耳终于回到了昆明。掐指算来，离开昆明整整半年了，尝尽了半年来的颠簸流离之苦，跨进军营、报考黄埔军校、流落广州街头，一幕幕景象，历历在目。但是，广州之行，他并非没有收获，尽管在广东戏剧研究所附设演剧学校逗留的时间很短，但他和欧阳予倩的“一面之交”，为他后来东渡日本留下了伏笔。到了日本的聂耳，得到了欧阳予倩朋友的热情帮助。当然，这是后来的事情了。

经历了半年多坎坷，聂耳加深了对于现实社会的理解，他写了一首《不敢谓之曰“诗”》，在诗中抒发心声：失望的军旅生活，结束了！

曾经多次点燃的希望之灯，一次次被无情地掐灭。教训也好，历练也罢，经过这一番闯荡，聂耳的视野拓展了，社会阅历丰富了，在品尝生活之痛的同时，他更多地接触了社会，更深地认识了社会。回到昆明，他向云南省师范学校提出了复学申请。

重返校园的聂耳，思想激进，积极从事进步学生运动，一年后被昆明当局盯上了。为了不致遭到当局毒手，在朋友、家人帮助下，聂耳这才第二次离别昆明，远走上海。

这次离家，时间更长，在上海逗留了五年。这五年，竟然是他生命中的最后五年——从此，他再也没有回到昆明，再也没有见到自己的亲人！

当我在那波涛滚滚的浪海中，漂浮无定的时候
空幻的理想，始终不能给我畅达
恶劣的环境，总是不能被我战胜
走吧！上海，留逗着几千个失业者的上海
住吧！广州，向例排外的广州
回头吧！故乡，可恨可爱的故乡
这便是我最后决定的最后一途了

第二章 黑名单“二号人物”

历史的车轮，隆隆有声，驶入了20世纪第一个十年。此时，中国社会正发生着急剧动荡。山雨欲来风满楼，一场摧枯拉朽、急风暴雨式的革命，不可避免地发生了。

“当当当！”江汉关的钟声敲响了。

这一天——1911年10月10日，中国农历辛亥年八月十九日。武昌城里，突然响起了一阵密集的枪声，改变中国历史的辛亥革命爆发了。

生在兵荒马乱年月

辛亥革命的枪声，惊醒了昏睡许久的中国社会，万众奋起，国民踊跃，一场摧枯拉朽的革命运动由此爆发。这一场革命运动，得到了全国各地民众的响应，如浪潮般，迅速蔓延开来。仅一个多月，全国就有十四个省相继反清独立。10月30日，昆明城里的一批同盟会革命党人，揭竿而起，宣布“反正”，脱离清廷。这一天是中国农历九月初九，坊间称之为“重九节”，因此，昆明城里的这场革命运动，也称“重九起义”。起义声中，象征腐朽没落的清王朝“龙旗”倒下了，五色旗（中华民国第一面法定国旗，旗面按顺序为红、黄、蓝、白、黑五色横条，分别代表汉族、满族、蒙古族、回族、藏族五个民族）在昆明城内到处飘扬。12月29日，南京十七省代表会议选举孙中山为临时大总统的消息传到昆明，万众瞩目。时隔几天，亦即1912年元旦，南京临时政府成立。紧接着，“临时政府”颁布一系列政策法令，其中最重要的一条是：成立临时参议院，通过《中华民国临时约法》。2月12日，清朝末代皇帝宣统被迫宣布退位，长达二百六十多年的清封建王朝专制统治从此结束。

辛亥革命的胜利，开创了中国近代民族民主革命的先河，紧闭许久的封建主义闸门被打开。中国社会，渴望着，期盼着，告别愚昧、落后、闭关自守的封建社会，从此走上民主、走向进步的坦途。然而，这仅仅是盘亘在民主人士心头的一种良好愿望，中国社会的发展道路还将更长、更艰难，也更加曲折。

1912 年 2 月 14 日，昆明甬道街 72 号。这里是一个中药铺，铺号“成春堂”。

一个新生儿呱呱坠地，降生在成春堂中药铺——他，不是别人，正是聂耳。

现在，得说一说成春堂店主聂鸿仪了。

新生儿一落地，聂鸿仪就轻轻抱起，像是对他，又像是对自己，感慨地说：“兵荒马乱年月，不早不晚，孩儿呀，你偏偏就在这个时候来到了我们聂家！”说完，聂鸿仪放下新生儿，轻轻地叹了一口气，想了想，给新生儿起了个名字：聂守信。

聂鸿仪对刚刚落地的新生儿寄予莫大期望，给他起了学名，还给他起了个乳名叫“嘉祥”。聂鸿仪的意思是，嘉祥，嘉祥，希望这孩子降生，会给聂家带来吉祥如意。同时，聂鸿仪也在为这个新生儿祈福：富贵、长命。但他压根儿没有想到，实际上也不可能想到，“嘉祥”这个孩子，长大成人，以一曲慷慨激昂的“进行曲”鼓舞着中华民族“前进、前进、前进、进”！而他，却并没有如聂鸿仪所祈愿的那样“富贵、长命”，而是在异国他乡的海滨溺水身亡，时年二十四岁！

聂守信之前，聂家已经有了几个男孩，他们的名字依次是：聂守拙，字古愚；聂守诚，字子明；聂守先（后改名聂叙伦），字子仁。聂守信是聂家的第四个儿子，也是聂家最小的一个孩子。除了四个儿子，聂鸿仪还有两个女儿：长女聂兰茹、次女聂蕙茹。聂守拙、聂兰茹是聂鸿仪和前妻王氏所生。王氏病故，聂鸿仪续弦，娶彭寂宽为妻，夫妇俩生有三子一女。

年年过年年年难过

昆明是聂耳的出生地，但并非他的祖籍，而是他的第二故乡，他的祖籍是云南玉溪。父亲聂鸿仪饱读经书，年轻时参加科举考试，中了个廪生。按照清朝科举制度，凡是通过省内各级考试而进入府、州、县学习的人，统称秀才。秀才分三等，成绩最好的为廪生，廪生之后为增生和附生。中了廪生，一概由当朝逐月发给粮食，增生和附生不能享受这项补贴。

照理说，聂鸿仪考上廪生，一只脚已经迈进了仕途之门，沿着这条路走下去，日后可以谋取一官半职。然而，生不逢时，聂鸿仪生活的时代，社会动荡不安。聂鸿仪无心仕途，打算出国留学，随朋友到了昆明，参加出国留学考试。遗憾的是，一考不中，出国无望，便改学中医。他的旧学底子深，加上刻苦自励，学得了一手好医术，以此谋生，养活一家人。在云南玉溪，聂鸿仪悬壶济世，给人号脉看病，兼及炮制药丸，因为诚信，更兼治病有方，很受当地民众好评，夸奖他是“着手成春”。这“着手成春”，是何意思？说白了，也就是妙手回春。

聂鸿仪医术高，口碑好，收入却并不丰盈，玉溪是个小地方，人口本就不多，找他看病的人更少，仅仅依靠为人看病抓药而获得的一点收入，充其量只够勉强维持一家四口人的温饱。有好心人建议聂鸿仪，还是去昆明吧，毕竟，昆明是个大城市，挣钱比玉溪容易得多。这话，说得聂鸿仪心动，他便带着家人来到昆明，先是租下昆明城里的端仕街 44 号，开了一家中药铺，取名“成春堂”。这个店名，也有点意思，玉溪人不是

左：玉溪聂耳故居
右：成春堂，下为中药柜

给了他“着手成春”的美誉吗？他想，取其“成春”之意，将中药铺取名“成春堂”，不正是顺理成章的一件事吗？于是乎，端仕街上就新开了一家中药铺，专为人看病，兼及抓药。

成春堂开张后，聂鸿仪不再“游医”，而是坐堂问诊了。小小的店铺里，放着板凳，专供病人候诊，还有一张桌子，用来给病人号脉开方，此外，还有不大也不小的几个药柜，柜子里放有各种中药材，方便给病人抓药。成春堂虽然简陋，但因聂鸿仪医术精良，而远近闻名。然而，一人行医，养活全家，绝非易事。再说，聂鸿仪续弦后，彭寂宽生了四个孩子，家里人丁兴旺，日子呢，却是过得更加紧巴巴了。端仕街是一条冷清清的街，前来成春堂看病的人不多，而病人是聂家的主要经济来源，为了能够招徕更多病人，聂鸿仪搬过几次家，后来在甬道街租下72号整幢老屋，取的铺号，仍然是“成春堂”。

这里——甬道街72号，就是聂耳（聂守信）呱呱坠地的地方。

要说这甬道街72号，倒也是有点来历的。这幢老屋，上下两层，以前是清政府的“官房”，因为面街而建，清政府将它改成了商铺。聂鸿仪将它租下，坐堂问诊，给病人号脉抓药。按照他的想法，城里人多，要治病的人肯定不少，但是，来到昆明城，经济不但没有改善，反而更加捉襟见肘了。

生在乱世，长在乱世，聂耳长大成人以后，仍然清楚地记得，童年时代的他，曾经听母亲说过一件事情。

那年，昆明城里的社会秩序糟透了，“先是东边一枪，然后西边又一枪”，如炸豆般，吓得她赶紧将屋子里的窗统统关上，抱着家里最小的儿子跑下楼，躲在桌子底下。不料想，一颗子弹从窗外飞进，不偏不倚，“啪”！子弹头掉在桌子下的一个洗脸盆里了。彭寂宽紧紧地抱着儿子，脸色呢，早就吓得煞白煞白了。

童年，是一张白纸。母亲的描述，给聂耳留下了很深、很深的印象。

中国农历春节快要到了，甬道街上的年味，越来越浓了。“兵荒马乱”之际，家家户户不忘传统，左邻右舍怀着对来年的祈福之情，忙碌着，准备着，张罗着，准备辞旧迎新过大年。

聂鸿仪一声太息，年年过年年年难过。他们家，过年就是过“年关”啊！

是啊，聂鸿仪如何能笑逐颜开、欢欢喜喜地迎接新年呢？

艰难岁月

聂耳的母亲彭寂宽，出生在云南峨山一户贫穷人家，其父彭寿山是个思想守旧的老人，恪守传统道德观念，认为“女子无才便是德”，无须进学堂读书。彭寂宽从小跟着哥哥学文化，识了很多字，通读了《百家姓》《三字经》等中国传统蒙学读物，从中汲取文化营养，日积月累，无师自通，为日后行医打下了基础。结婚后，彭寂宽跟丈夫学习中医理论，就是因为自学打下的文化底子。成家后的彭寂宽，用肩膀，用传统的中国妇道人家坚韧和吃得起苦的品格，支撑着家庭。聂耳从小在母亲身边长大，母乳、母爱，还有母亲坚强的品格和自励精神，如流淌在山间的清清溪水，养育了他，滋润了他。

彭寂宽是傣族人，她和聂鸿仪是怎么组成家庭的呢？中国人自古就有“千里姻缘一线牵”的说法。彭寂宽和聂鸿仪有缘，她和聂鸿仪因父亲彭寿山的病而结缘。那年，彭寿山一场大病，几乎死去，“着手成春”的聂鸿仪，上门为他看病，竟然奇迹般地“起死回生”，渐渐痊愈了。彭寿山很是感激，听说聂鸿仪的妻子病故了，遗下两个孩子，聂鸿仪既要替人看病，又要操持家务，很不容易。彭寿山动了恻隐之心，想着要报答聂鸿仪。如何报答呢？他想成全聂鸿仪，将彭寂宽许配给他。时年，彭寂宽十七岁。彭寂宽成婚后，相夫教子，操持家务，聂鸿仪坐堂问诊，彭寂宽做他的助手，接方抓药，在聂鸿仪的传帮带下，彭寂宽由初涉医门，到掌握中医理论，再到独立坐堂问诊，其间留下了一位不为贫困屈服的中国妇女自励自强的人生轨迹。行医，当然需要获得官方认可的资质，经审核，彭寂宽凭借扎实的中医基础，获得了中医资质，成为昆明城里第一个

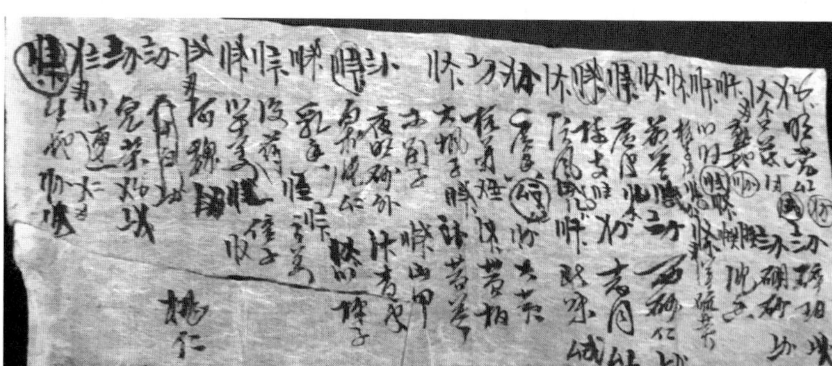

成春堂中药方

左：昆明甬道街 72 号成春堂原貌
右：昆明甬道街 72 号门面

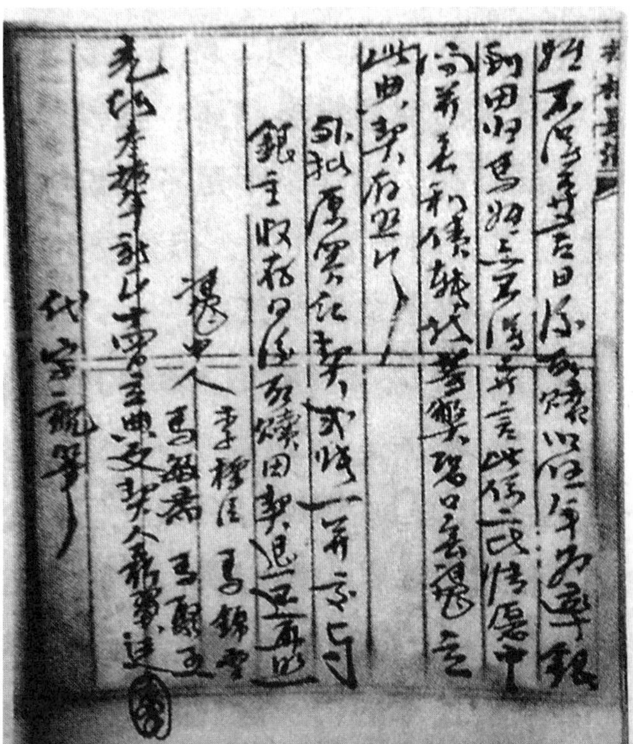

聂家典当契约

拥有资质、坐堂问诊的女中医。

聂家迁居甬道街 72 号以后，果然赢得了一丝生机，这儿比较热闹，前来成春堂看病的人也明显增多，对于依靠行医度日的聂家，病人是衣食父母，自然是一桩好事。聂鸿仪天天忙个不停，很少休息，由于操劳过度，加上营养不良，患上了肺结核。犯病之初，尚能勉强坐堂，带病行医，发展到后来，渐渐感到体力不支，终于卧床不起。聂鸿仪一病半年多，收入减少了，聂家的生活日趋困难。聂守拙是聂家长子，但并非彭寂宽所生。聂鸿仪续弦，另组家庭，聂守拙大学毕业，有了工作，名义上和聂家保持着关系，却很少来往。重病中的聂鸿仪强打精神，拿起笔，写了一封信给聂守拙，希望他回家看看，或者寄点儿钱补助补助家里的开销，聂家的经济状况本就不好，太需要钱用于生活了。真是父盼儿子迟迟归啊，哪怕是回来见个面也好。可是，聂守拙没有回来。聂鸿仪非常生气，病情不见好转，反而愈发加重，终因不治，抱病西去。此时，与聂耳同父异母的大姐已经出嫁，二姐才十二岁，聂耳呢，更小，还不满五岁。聂鸿仪留下的，除了一个陈旧的八音钟、一些医药书，以及药柜和一些中草药，就再没有什么钱物了。

聂家的顶梁柱倒下，生活更加困难了。彭寂宽挑起了一家人的生活担子。聂耳是个非常懂事的孩子，很想为母亲分挑一点重担。可是，一个年幼孩子，虽然懂事早，但要出手相助，怎么可能呢？有一年，快要过年了，二哥、三哥上街去写春联，将卖得的钱交给母亲贴补家用，聂耳也跟着上街了。那年，他刚满七岁，也想要帮助母亲苦渡生活难关。

白天，彭寂宽仍然坐堂问诊，晚上呢，也不闲着，忙于切片、熬制中药，以便第二天给病人看病时用，日夜操劳，终于也累得倒下了。病情，越来越重，看来是很难痊愈，不久于人世了，一家人十分悲伤，开始给她准备后事。但是，奇迹发生了——中医上门来了，号脉抓药，一连服了好多天药，彭寂宽竟然与死神擦肩而过，渐渐好转起来。

家庭生活的不易，母亲的坚强性格，影响了聂耳。幼年时代的他，默默地许了个愿："等我长大，一定要让母亲过上好日子！"

彭寂宽以天然的母爱，呵护孩子，拉扯着，看着他们一点点长大。她对孩子的爱，并非溺爱，而是言传身教，给孩子们讲《安安送米》《孟姜女哭长城》《董永卖身》等民间故事，要孩子们记住："人穷，志不穷""少壮不努力，老大徒伤悲""一寸光阴一寸金，寸金难买寸光阴”。

后来，聂叙伦带着深沉的感情，回忆彭寂宽的教诲，他清楚地记得，母亲经常挂在嘴上的一句话是：“小孩子就像树苗一样，如果不好好灌溉，就会枯死！”

对于孩子的教育，彭寂宽还立下了家规：要按时起床，按时读书、写字；要有礼貌，对长辈要尊敬；不准打人、骂人，不准抽烟、饮酒，不准赌博、说谎，不准随便接受别人的钱财。若有违反，必当严责。有一次，聂耳要买书，当着客人的面，向母亲要钱，客人掏钱给了他。彭寂宽不便发作，客人一走，聂耳遭到了严厉教训，从此他再不敢当着客人的面向母亲要钱了。

彭寂宽在傣族地区长大，接触的是傣族文化，耳濡目染，会唱民歌，会吟洞经调、花灯调、扬琴调。襁褓中的聂耳，是在母亲的吟唱声中入睡的。聂叙伦回忆说，小时候的他们，经常听母亲吟唱，特别是晚上临睡前，母亲吟着、唱着，在她富有节奏的吟唱声中，他们几个兄弟渐渐进入了梦乡。彭寂宽会讲故事，而且很有特点：手拿一本木刻版唱本，用七字或十字组成的花灯曲牌，边唱边讲，既通俗易懂，又流畅顺口。聂耳常常听得着了迷，他是聂家最小一个儿子，彭寂宽对他有个昵称，喊他“老儿子”。彭寂宽为什么称最小的儿子为“老儿子”，也许，冥冥中，她是希望聂家最小的儿子“长命百岁”吧？

“老儿子”聂耳爱听母亲吟唱，爱听母亲讲故事，彭寂宽对“老儿子”呵护有加，充分体现了她宽厚、慈祥的母爱。“老儿子”呢，对母亲有一种特殊的情感，见母亲日夜操劳，知道母亲累了，就伸出小手，给她捶背，安慰说：“妈妈，别难过！我长大了，挣钱，让妈妈过好日子。”

有关这些，聂耳研究学者崎松在他的书中都有描述。

生活，宛若一块磨刀石，聂耳在艰苦的家庭生活中出生、成长，在生活的磨刀石上，他在经受着岁月的洗礼。

从小学到中学到师范学校

聂家的经济能力有限，幼年聂耳没有去幼稚园，而是在家里跟着父亲看图识字。聂鸿仪文化底子好，又熟读医学书，国文相当不错，小时候的聂耳，天分高，在父亲启蒙教育下逐渐开窍，认识了很多字，父亲去世那年，聂耳还不足五岁，已经识得五百多个汉字了，这在同年龄的孩子中，并不多见。到了六岁那年，该上小学了。可是，家境不好，钱从哪来？彭寂宽只好东拼西凑，勉强凑足学杂费，将聂耳送进了学堂。这时的聂耳，认识的汉字更多，已经有一两千个了，学习基础自然要比其他孩子好得多。

昆明虽说是个城市，实际上学校并不多，有的学校条件也很差。聂耳上的是昆明师范附属小学分校，教学设施更差。旧学制小学（完小）一般是“四二制”，也就是初小四年，高小二年。聂耳那时的小学是“四三制”，他在“年谱”中也这样说。聂耳在昆明师范附属小学分校上了四年学，初小毕业了，品学皆优，照理可以直升昆明师范附属小学本部。昆明师范附属小学有个规定，凡是直升学校本部的学生，必须参加童子军，服装自备。聂家没有这个经济能力，只能放弃直升，退而求其次，选择学杂费低廉的小学：求实小学。

这是一所私立学校，用今天的话说，也就是民办小学。求实小学的校长叫苏鸿钢，是一位热心人，热爱教育事业，求实小学是他自掏腰包，并募集了一部分社会资金办起来的，这样的小学校，教育设施可想而知，连课堂都设在孔庙内，那还是向孔庙商量借用的，陈旧的课桌、陈旧的凳子，也没有操场。两个祠堂，就是孩子们读书的地方了。

苏鸿钢热情办学，精神可嘉，不必多说。要说的是，苏鸿钢对于来上学的孩子，定有“金科玉律”，遵守校规，不违反校纪：第一，踏实做人；第二，好好读书。因此，求实小学的校风很好。苏鸿钢一不为名，二不图利，对于贫困家庭的孩子，网开一面，只要品行端正，认真读书，酌情收取学杂费。家庭经济特别困难的，免除学费。他的“十年树木，百年树人”办学精神，令人肃然起敬。

聂家的经济，以及聂耳的品行和成绩，苏鸿钢是了解的，学费自当减免。聂耳珍惜苏鸿钢校长给予的“特殊待遇”，一如在昆明师范附属小学分校读书，品学皆优，还担任了学生自治会会长。

开学不久，求实小学发生了一件事：孔庙方面借口要修祠堂，让孩子们搬出去。苏鸿钢不得不另想办法“过渡”。满以为，祠堂修好后，孩子们就可以重返孔庙读书了，哪知道，孔庙方面反悔，不同意求实小学回搬。苏鸿钢极为不满，这不是要将孩子们赶出去吗？不，不行！苏鸿钢力争，要求孔庙方面收回“成命”，双方僵持不下。

孩子们不知如何办才好，聂耳非常气愤，对大家说：“太无理了，我们要搬回孔庙，我们要读书！”

孩子们一听，唧唧喳喳地嚷开了：“对呀，我们要读书！”

聂耳领头，带领同学们走上了街头。

“我们要读书！”

“我们要搬回孔庙！”

孩子们的诉求，引起了社会关注，群情激愤，孔庙方面不得不让步，答应苏鸿钢，求实小学搬回孔庙。

这次较量，显示了正义的力量，孩子们兴高采烈地走进了课堂。祠堂内，又响起了读书声！

聂耳不畏强权、维护正义，得到了赞扬，求实小学特地给他颁发奖状：《云南私立求实学校褒状》——

书曰：业精于勤荒于嬉。西儒曰：健全之精神宿于健全之身体。查本校高级三年级生聂守信本学年请假未逾六小时，成绩甚佳，品行高尚，非勤于业而具有健全之精神者，曷克臻此？爰照校规，授以褒状，冀更加勉，是为至要。

左：昆明孔庙（求实小学旧址）
右：右一聂耳（时年十一岁）、左一聂叙伦、左二聂子明

时光如水，聂耳从求实小学毕业了。他想，家里的经济条件不好，母亲实在太辛苦，自己应该去找一份工作！

三哥聂叙伦也早有这样的想法了，聂耳对他一说，聂叙伦立刻表示赞同。

说找就找，聂耳和聂叙伦一起外出，去找工作了。

这是两个尚未成年的孩子啊，聂耳十岁，聂叙伦十二三岁，小小年龄，工作找得到吗？当然不会找到，兄弟俩处处碰壁，无功而返。

求实小学的老师们知道了这件事，叹息着：“守信这孩子不去升学，实在太可惜了！”

苏鸿钢安慰聂耳：“孩子，还是去读书吧！我会帮助你升学。”

其他教师也说：“对，我们帮助你！”

聂耳打消了不再读书的想法，在苏鸿钢等人的帮助下，以优异的成绩考入云南第一联合中学。1927 年，他从云南第一联合中学毕业，报考云南唯一的公费学校——云南省立第一师范学校（现昆明学院），录取在高级部国语组。聂耳在日记中详细记录了他所读的课程：文学史、诗文选、小说及小说读本、翻译。他的专业是英文，为他后来在上海入职百代唱片公司并得到公司老板赏识打下了基础。此外，他选择日文为第二外语。

聂耳为什么要将日语作为第二外语？

聂叙伦在昆明远东皮革行任职，被派驻在日本大阪，聂耳的想法非常实际，以后总得去日本走走，看看三哥。如果不通日语，很不方便。哪里知道，冥冥中似乎有一双看不见的手，早就为聂耳做好了安排：几年后，他果然从上海东渡扶桑，去了日本！但这

左：求实小学给聂耳的褒状
中：聂耳指挥求实小学乐队用的《琴学新编》
右：聂耳云南第一联合中学毕业证书

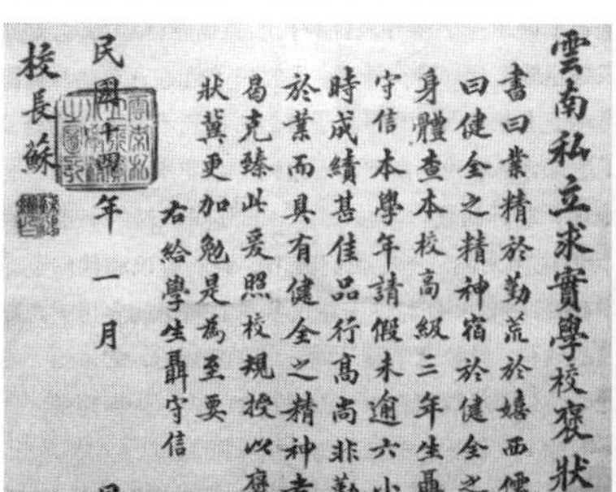
雲南私立求實學校褒狀
書曰業精於勤荒於嬉西儒曰健全之精神寓於健全之身體查本校高級三年生聶守信本學年請假未逾六小時成績甚佳品行高尚非勤於業而具有健全之精神者曷克臻此爰照校規授以褒狀冀更加勉是為至要
右給學生聶守信
民國十四年一月　日
校長蘇

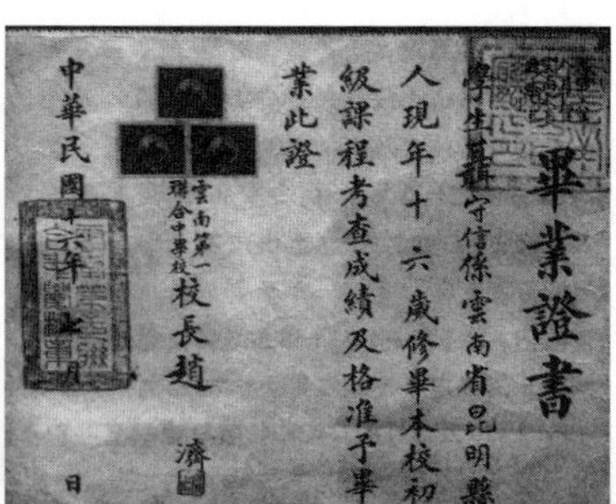
畢業證書
學生聶守信係雲南省昆明縣人現年十六歲修畢本校初級課程考查成績及格准予畢業此證
雲南第一聯合中學校校長趙　濟
中華民國十六年七月　日

时候的聂叙伦，已经不在日本，而是回到昆明了。而且，聂叙伦为聂耳东渡提供了经济上的帮助。聂耳当然不会想到，也不可能想到，几年前在云南省立第一师范学校读书时的想法，竟然会成为现实——只不过，这都是后来的事情了！

“五卅惨案”

1925 年，是中国民众追求光明，民主运动蓬勃兴起的一年。这一年，中国发生了很多重要事件：1 月 11 日至 22 日，中国共产党第四次全国代表大会在上海召开；2 月到 4 月，上海、青岛等地的日本纱厂工人组织数万工人大规模罢工，遭到日本帝国主义和北洋军阀残酷镇压；5 月 14 日，上海日本纱厂工人抗议日本资本家无理开除工人而再度罢工，日方竟开枪打死工人、共产党员顾正红，打伤工人十多名。日方的野蛮暴行，激起了上海工人、学生和广大市民的强烈愤慨。中共上海地委立刻委派李立三了解情况，并迅即形成决议：开展反日运动。5 月 28 日，中共中央与中共上海地委召开联席会议，决定 30 日下午在上海闹市地段举行演讲和游行示威活动。30 日，上海三千多名学生聚集南京路，发表演讲、散发传单，高喊“打倒帝国主义”等口号。公共租界当局立刻出动巡捕，拘捕了一百多名示威学生。下午，租界老闸捕房周围聚集了大量民众，公开谴责租界当局，要求立即释放被拘捕的进步学生。上海民众的抗议活动，遭到公共租界当局

五卅烈士墓碑

的血腥镇压，英捕头爱荷生下令向抗议人群开枪，当场射杀十三人，重伤数十人，拘捕五十多人。同时，租界当局调集大批军队在现场弹压，宣布戒严——震惊中外的“五卅惨案”发生了。

当天晚上，中共中央召开会议，决定进一步扩大斗争规模，号召上海人民以“三罢”（罢工、罢课、罢市）斗争，抗议英帝国主义大屠杀。6 月 1 日，上海全市总罢工、总罢课、总罢市。上海的抗议活动得到了全国各地民众响应，北京、天津、南京、青岛、杭州、开封、郑州、重庆等各大城市和几百个城镇的人民，纷纷游行示威，罢工、罢课、罢市，通电、捐款，支援上海人民反帝斗争。全国各地，怒火燃烧，掀起了反帝斗争浪潮。大规模的群众性爱国反帝运动，提高了全国人民的觉悟，为北伐战争打下了基础，从而揭开了 1925 至 1927 年中国大革命的序幕。

在中共云南党组织领导下，昆明学生纷纷成立自治会，开展反帝宣传活动。十三岁少年聂耳和同学们走上街头，高唱《国际歌》《国民革命歌》《黄埔军校校歌》《工农兵联合歌》，声援上海工人罢工。回到学校，他写了一篇作文：《近日国内罢工风潮述评》——

> 自五卅惨案发生以后，国内罢工之风潮，纷纷四起。始自上海之纱厂，次则商务、中华二书局，而最近有电局及汉阳铁厂之罢工……此为何也？盖受资本家之压迫，生计之日高，工资不敷之故也……吾人欲免除罢工之患，非打破资本阶级不可。

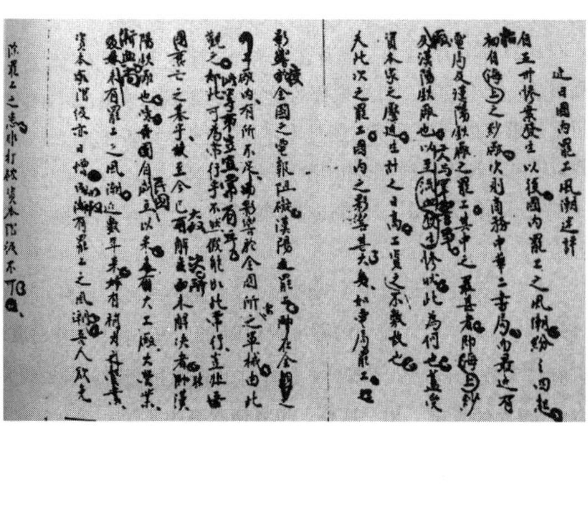

聂耳评论文章《近日国内罢工风潮述评》

“生计之日高，工资不敷”的社会现状，激起了聂耳强烈不满，他在心底呐喊：“非打破资本阶级不可！”

之前，聂耳随母亲回了趟玉溪老家，社会动荡、民不聊生的社会现实，引起了他的思考。他的胸中，地火在奔涌，激情在燃烧，真想大喊一声：“打倒黑暗社会！”

在云南省立第一师范学校读书期间，聂耳参加了共青团外围组织“读书会”，阅读了大量进步书刊。入学第二年，他在学校秘密加入了共青团，走上了革命道路——

> 我的身心锻炼并不是要讲它这样地锻炼，只有将下面这几项锻炼了，随时都不忘我的身心就可以了。1. 身体健康；2. 人格伟大；3. 意志坚强；4. 智慧灵敏；5. 忠诚；6. 友爱；7. 互助；8. 勇敢。（《我的年假生活》）

聂耳在这篇题为《我的年假生活》作文中，清楚地表达了积极向上、追求光明的情怀。

“打倒恶社会，建设新社会”

读初中时，聂耳写过一篇作文：《我之人生观》。他在这篇作文中解剖自己，抒发对生活的感受。然而，也许是年龄关系吧，他在作文中流露了消极情绪。进了师范学校，加入了共青团外围组织“读书会”，读了很多进步书刊，他对生活环境和人生观进行了思考，思想发生了很大变化，反思曾经走过的路，以及在《我之人生观》流露的消极情绪，他又写了一篇同题作文，明确表示：“因环境的变迁而使人生观改变这话对吗？对的，我认为是对的。”读初中时，正如他所说，“因为受了社会和朋友的影响”，确实在作文中流露过消极情绪，但“现在有了新的认识”，对于自己所处的恶劣社会环境，他表示强烈不满：“恶劣的社会快要和我们有为青年交战了——每一个人都是处在社会里的。既然人人都是在社会里过生活，当然要获得个人的生活。但是我们可以觉晓我们的自由究竟得着多少？完全是在几个军阀政客包办的政府手里。他们喜欢怎样，完全是听便的。还有种种的恶俗和许多不能适应新社会的旧礼教，仍然存在二十世纪科学时代的社会里，这些都是我们应当打倒的。”他的心是滚烫的，他想振臂一呼，打倒恶社会，建设新社会！

聂耳心中的新社会是怎样的？他在后来的作文中没有描述，但他怀着革命理想，热情地呼唤着新社会到来："我的个性很喜欢工业，假使我有升学的机会，我希望入工科。我自己相信我稍有一点艺术天才。从我个性去发展，所以我要研究艺术。还有我也希望做一个游历家（并不是鲁滨孙那种个人主义的思想），游历世界一周，由实地观察之所得以建设新的社会。"

聂耳在思考：什么是人生？什么是光明？什么是资本家剥削？为什么会产生社会问题？学校有一份《社会科学》试卷，他在分析了"每个劳动者的工资很有限""还要受资本家这样的剥削"之后，在试卷上写道："资本主义的结果，间接可以引起社会问题的发生。换言之，就是自由竞争与私有财产的扩张没有限制的原（应为"缘"——作者注）故。"

读书、求索、进步、向往光明，这便是一个师范生——聂耳的学习生活。

聂耳说："无论你从哪一条路跑，你对于哲学的基础不稳定，终究是难得走通的。""脑筋若无正确的思想的培养，任他怎样发达，这发达总是畸型的发达，那么一切的行为都没有稳定的立足点。""新的脑子的培养不是用一个模型一套便一次铸成永不会腐败的，它正如一棵嫩小的植物树随时需要合理的灌溉，你若天天不给它应得的养料，或不平均的给它，忽饿忽饱，它的一生总是枯萎不正的。"

翻读聂耳留下的笔记本，见上面有这样一段文字："Karl Marx（1818—1883），犹太人，其父为律师。1824 年由犹太教改信基督教。1835 年入波恩、柏林两大学，初习法律，

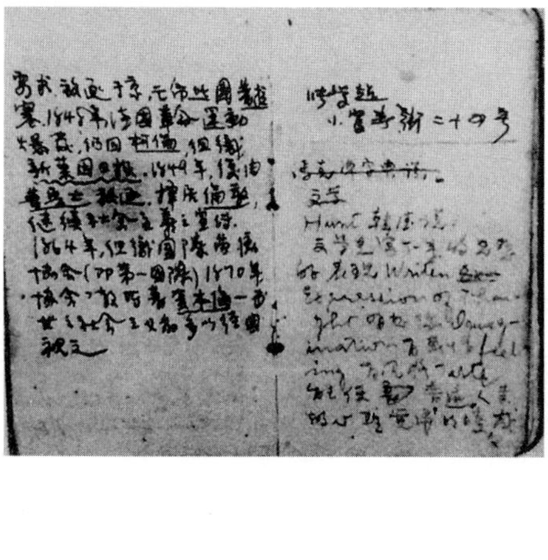

聂耳笔记本（抄录马克思生平）

后习历史、哲学等科。1841 年得哲学博士学位，欲以大学教授为生，其性激烈，有所不许。1842 年遂为《莱茵时报》的记者，1848 年受政府压迫，避地巴黎。潜心于社会政治、经济之学，因普鲁士政府之要求放逐出境，亡命比国布鲁塞尔。1848 年德国革命运动爆发，仍回科隆，组织《新莱茵报》。1849 年复由普鲁士放逐，择居伦敦，继续社会主义之宣传。1864 年组织国际劳动协会（即第一国际）。1876 年协会解散。所著《资本论》一书，世之社会主义者多以经典视之。”这是他认认真真抄录的一段马克思生平。

聂耳阅读了马克思有关阶级斗争、唯物史观、剩余价值等论述，对马克思学说产生了浓厚兴趣。在他的笔记本上，还有多处类似的摘录，都是马克思的原话。即使在广州，在他最为失落的时候，他也在研究唯物史观，阅读马克思学说，他在日记中写道：“马克思说，阶级斗争是社会进化的原因。要有阶级斗争，社会有进化，阶级斗争是社会进化的原动力。”“马克思说，资本家所得的利益，是剥夺劳动者的过剩劳动产生的剩余价值。”“马克思说，资本集中是资本主义自己造坟墓。”

上了“黑名单”

1929 年 7 月 11 日，一个平平常常的日子。

谁也没有料到，昆明城里响起了震耳欲聋的爆炸声：“轰隆隆！轰隆隆！”浓烟冲天，刹那间，瓦飞屋倒。突然发生的爆炸声，吓懵了街上的行人。一时间，人们慌不择道，四处奔逃。

爆炸缘何而起？

事情，要从两大派系的军阀之斗说起——

周西成，贵州军阀，此人颇富传奇色彩。当年，周西成只是个名不见经传的士卒，由于善于经营人生，他从底层开始一步一步向上爬，最终将贵州军政大权揽于自己的手掌间，成为一方诸侯。北伐战争开始，周西成因表现出色，深得蒋介石赏识，被任命为国民革命军第二十五军军长。周西成不负蒋介石所望，亦步亦趋，紧随其后，后被委以贵州省政府主席要职。旧时代的贵州地区，是穷山恶水的贫瘠之地，更兼匪患成灾，民众苦不堪言。周西成上台后，推出了一系列治理措施，肃清匪患、惩治贪腐、防患兵灾，着力改革财政、兴办教育、修路筑桥、厉兴实业，贵州得以振兴，尤其是，贵州的荒蛮之貌得到了改变。站在历史的角度评价，平心而论，周西成称得上是一个治理一方天下的有为之士。但是，随着周西成势力的日益扩张，蒋介石不放心了，担心周西成“有变”。蒋介石很有心机，先是想方设法拉拢周西成，欲使周西成臣服，拜倒在他的脚下。却不料，此时的周西成，羽翼已丰，并不领蒋介石之情，也不买蒋介石之账，甚至表现出了分庭抗礼的姿态。对于周西成的前恭后倨，蒋介石大为恼火，却又鞭长莫及，奈何不得周西成。

黔军和滇军，两军素来不和，积有宿怨。军阀龙云，系国民党滇军高级将领、国民革命军陆军二级上将，时任云南省国民政府主席，权倾一方，人称云南王。龙云曾被蒋介石任命为国民革命军第十三路军总指挥，一直心存感恩之情。于是，蒋介石想出了一条毒计：借刀杀人。主意已定，蒋介石火上浇油，离间黔系和滇系两军关系，唆使龙云秘密出兵，征剿周西成。龙云答应了。

1929 年 4 月，蒋介石任命龙云为讨逆军第十路军总指挥。接到蒋介石密令，龙云立即出兵贵州，讨伐周西成。谁知，两军酣战之际，有消息传来，部下胡若愚、张如骥等人，因不满他的强权政治和霸道独裁，乘其出兵在外而举兵叛变。龙云得悉“后院起火”，大惊失色，慌忙回兵云南，击退了胡若愚、张如骥。孰料，士兵搬运炸药，一不小心，引爆了炸药，遂酿成昆明“七一一”爆炸惨案。

这次爆炸事故，伤亡极其惨重。史载：爆炸升起的浓烟“凝黑如漆”，响声“震惊百里”，巨大的爆炸力，摧枯拉朽，“房无立椽，椽无完瓦，砖飞掷地，有远至数里

云南省主席、讲武堂校长龙云

外者；沙烟飘落，有远至数十里外者”。当时的情状是，“地震山摇，砖飞石掷，黑气冲霄，天日变色。满空尘土，遍地死尸，血肉横飞，身首异处。雕梁画栋，弹指成瓦砾之场；白叟黄童，吞声入幽冥之路”。有案可稽的伤亡人数是：死三百二十多人，重伤五百八十多人，受灾房屋三千二百户，受灾总人数（不包括死亡和重伤者）一万二千多人。人员伤亡的惨况，使昆明变成了人间地狱。

这次大爆炸，波及地域之广、伤亡民众之多、房屋财产受损之巨，在昆明实属前所未有。为了安抚难民，云南省政府成立了“救济委员会”，民间迅速成立“七一一青年救济团”，作为自救。“救济团”名“七一一”，正是为了牢记大爆炸这一天。

聂耳是“七一一青年救济团”主要成员之一。在救险的日子里，几乎天天奔走在帮扶第一线。然而，他们的帮扶活动，受到云南当局的严密监视。当局认为，“七一一青年救济团”是一个反政府组织，背后肯定有中共参与。南京国民政府更是视“七一一青年救济团”为眼中钉、肉中刺，必欲置之死地而后快，爆炸发生后，立即“特别派遣”国民党陆军中将、云南籍高官李宗黄，以慰问受灾百姓为名，急赴云南视察。实际上，这是蒋介石借慰问之名，行严密监视“七一一青年救济团”活动之实，甚而至于，蒋介石连龙云也不放心了，将他也列入监控名单，严加防范。

李宗黄到了昆明，地方政府迅即召开大会。李宗黄演讲时，人群中突然爆发“打倒国民党！”“打倒蒋介石！”等革命口号。同时，爆竹声大作，硝烟弥漫，现场一片混乱。昆明当局着了慌，立即出动大批军队“弹压”，当场逮捕七人，不久就将他们全部杀害。

昆明城里，白色恐怖笼罩，“七一一青年救济团”立即遭到解散。聂耳是进步学生运动的积极分子，本就引起了当局注意，“七一一”爆炸事件发生后，他的处境就更加危险了。一天深夜，几个宪兵冲进云南省立第一师范学校，抓走了三名进步学生。不料，共青团组织内出现叛徒，被抓的三个学生中，有一人供出了聂耳，聂耳出现在当局的“黑名单”上了。

聂叙伦有个朋友叫李同文，在昆明当地一家银行任职。李同文父亲是昆明地方法院院长。那天，其父回到家里，将一份机要文件放在桌上。乘父亲不在屋内，李同文看了看桌子上的文件。真是不看不知道，一看吓一跳：这是一份抓捕名单，聂耳名列其中，而且是名单上的“第二号人物”！

李同文慌了，急忙向聂家赶去。他要将这事告诉好朋友聂叙伦，让他赶紧想办法。巧的是，聂叙伦前些日子已从日本大阪回到了昆明，准备向远东皮草行述职，见李同文慌里慌张赶来，不知发生了什么事。

李同文顾不上寒暄，将黑名单的事“捅”给了聂叙伦。

聂叙伦大吃一惊：“什么？抓捕守信！”

聂叙伦不了解聂耳在师范学校的具体表现，也不知道聂耳在学校加入了共青团，但他知道，聂耳是一个追求光明，常常参加社会活动的进步学生。见聂叙伦一时没有反应过来，李同文催促说，时间紧迫，来不及多说了，赶紧想办法，让聂耳离开家。要不，就危险了。

说完，李同文慌里慌张地离开了聂家。

聂叙伦心急如焚：这可怎么好啊！必须赶紧想办法，让聂耳躲起来！

前已所叙，聂耳大哥聂守拙、大姐聂兰茹，和聂耳是同父异母，他们和聂家的关系比较疏远，平时也很少往来。聂耳二哥聂守诚，在云南楚雄县邮局做事，让他回来商量，不现实。家里只有母亲和聂耳二姐聂蕙茹。事不宜迟，聂叙伦立刻和她们商量起来。

聂蕙茹说，让守信赶紧走，回玉溪老家，当教师去。

聂叙伦说，不行！玉溪离昆明近得很，当局要抓捕，易如反掌！

说着说着，聂叙伦忽然有了主意：自己从日本回来，不是要去远东皮草行述职吗？老板不也正打算要将他派往上海吗，何不……

第二天，聂叙伦去了皮草行，说完了在日本大阪的皮草买卖，接着就向老板提了个

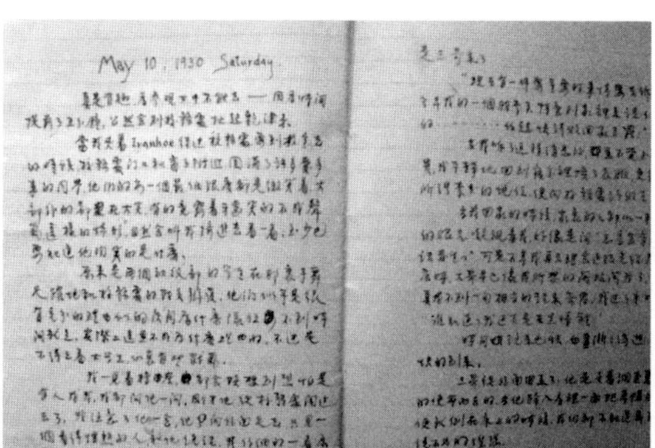

May 10, 1930 Saturday

聂耳写于 1930 年 5 月 10 日的日记，记录了因参加学生运动而被当局列入“黑名单”

要求，让自己的弟弟——聂耳——代替他前往上海。

远东皮草行为什么召回聂叙伦，打算派他去上海?

原来，日本的皮草市场跌宕多变，远东皮草行设在大阪的分公司，经营难以为继。老板打算改做烟草买卖，已经将远东皮草行改为昆明云丰商行了。为了拓展烟草业务，云丰商行在上海设立了一个批发站：“云丰申庄”，作为昆明云丰商行的分店。万事俱备，只差一人，老板正打算派聂叙伦前往上海，任职“云丰申庄”会计。当下，聂叙伦对老板说，自己家的几个兄弟，工作的工作，读书的读书，母亲的年岁渐渐大了，平时少有人照顾。自己从日本回来，也想去上海，但自己一走，母亲就更没有人照顾了。他恳切地对老板说：“我弟弟守信，年轻有为，有文化，是一个合适人选，还是由他代替我前往上海。”

聂叙伦说得老板心动了，聂耳这才辗转来到了上海。

…………

“长江号”由香港直航上海，聂耳买的是统舱票，比船上的房间差多了。他躺在帆布床上，想着此去上海，会是怎样的情景?

起风了，海涛汹涌着，翻滚着，“长江号”颠簸得十分厉害。他坐了起来，铺开信纸，在帆布床上给好友张庚侯写了一封信，告诉张庚侯，自己已经离开了海防，正在驶往上海的“长江号”上。写完信一看，他不由苦笑了，信纸上的字，歪歪扭扭的，简直像“狗的脚迹”一样。他将信投进了船上的邮筒，心想：张庚侯什么时候才能收到自己写的这封信呢?

第三章 同春里31号

威尔斯桥（现外白渡桥）宛如一头雄狮，蹲伏在苏州河入江口，迎来送往，有轨电车一路“叮当”，从桥上驶过。向南越过威尔斯桥，那里就是外滩源，由南到北跨过桥，就是百老汇路（Broadway Road，今大名路）。

百老汇路，西起威尔斯桥，东止惠民路，过了惠民路，就是今杨树浦路了。据考，百老汇路由旧上海公共租界工部局筑建，时间大约在 1864 年前。1877 年，虹口港外虹桥以东的一段百老汇路，改称东百老汇路（East Broadway Road），1943 年改称东大名路。

百老汇路是上海最早形成的一条五金街。当年，黄浦江畔一侧，商号林立，创建于 1862 年的“老顺记”，是上海的第一家五金商号。“五口通商”后，外轮渐多，经过远洋跋涉，驶进吴淞口，靠上码头，需要补充给养，“老顺记”商号应运而生。

“老顺记”的问世，为百老汇路五金一条街打下了第一块基石。继“老顺记”后，又有“新顺记”开张，新店老铺，由原来的船舶小五金买卖，向船舶大五金、造船五金、制造五金、交通五金等扩张，由此形成了一张硕大的五金销售网络，大批订单相继“花落”新、老“顺记”。“老顺记”创始人叶澄衷，因而被誉为沪上的一位“五金大王”。“顺记”五金号赚了“第一桶金”，吸引了商人，纷纷来到百老汇路，相继打出五金行旗号，百老汇路五金一条街渐渐成形。

百老汇路（今大名路）

第一次世界大战结束，德国将民用工业生产转为军工用品生产，以英、法、美为首的协约国，亦步亦趋，加紧军事部署，对外减少输出钢铁等军需物资，为我国民族工业发展带来了机会，机器厂、面粉厂、棉纺织厂等大量出现，为百老汇路五金街带来了难得的商机，生意兴隆，上海五金行业成了上海百业之首。

百老汇路，留下了聂耳在上海的足迹。五金街的兴起，造就了沿江而筑的码头、堆栈、仓库，为聂耳日后的音乐创作，提供了丰富的素材。他在上海的音乐创作，有不少作品就是以码头为背景，《扬子江暴风雨》《大路歌》等，都取材于码头工人的劳作场面，公平路码头、扬子江码头，都是他经常去体验、汲取创作灵感的地方。

公平路码头在公平路尽头，过了威尔斯桥，沿着百老汇路五金街，一路向东北方向走，要不了多少时间，就到了与百老汇路相交的公平路。

福兴公寓二楼

公平路不长，路两旁大多是一些简陋的低矮瓦平房，这些建筑，也不知是哪个年代造的了。

同春里是一条老式弄堂，位于公平路与东百老汇路交叉口，弄堂里也有很多老建筑，一式的砖墙结构、木门、木窗，楼上楼下两层，海派风格。几十年风雨侵蚀，那些石库门建筑，原先油漆得乌黑发亮的两扇木门，斑斑驳驳，变成了灰褐色。上海石库门结构独特，两扇大门上有两个兽状黄铜门环。那两扇大门，不论白天，还是黑夜，一直关着，很少有人进出。这是因为，大门后面就是天井，属客堂间人家所有，要是从两扇大门进进出出，浑如穿堂入室，犯了大忌。所以，包括客堂间人家，石库门所有人家，一般都从后门进出。如此，那两扇大门，终年关闭，让人觉得有一份神秘感。

上海的石库门，是个空间有限、拥挤的世界，里面有客堂间、前楼、后楼、亭子间，因为住户多，有的石库门，连晒台也住了人，搭成一间屋子，像是一座“炮台”，居高临下，成了一道非常奇突的上海景观。

同春里也是一条陋巷，水泥铺成的地面，年代久了，粗粝，凹凸不平。同春里31号，也叫福兴公寓，它是同春里诸多石库门中的一幢，外形与周围的老建筑几无二致，木门木窗，不一样的是，这幢老屋已被租借，楼上楼下，都是做生意的人。“云丰申庄”在福兴公寓二楼。楼下，还有一家商户，福建人，买卖杂货。

石库门是了解老上海最好的“读本”，同春里的烟火气，为聂耳了解上海、熟悉上海打下了基础。石库门里，有一个面积不大的公用厨房，上海人称之为“灶披间”，被楼上楼下的人家等分成一个个空间，煤球炉、简易小桌、锅碗瓢盆，生活味儿十足。每当薄暮时分，公用厨房就热闹起来了，男男女女，挤在一起，烧饭烧菜。这时候，话也特别多，穿衣戴帽，吃喝拉撒，闺女出嫁，儿子发财，都成了楼上楼下人家的谈资，说到兴头上，饭烧焦，菜也烧烂了。

租界、半租界时期的上海，石库门里的亭子间，鲁迅称之为“且介亭”，形象，风趣，充满调侃意味。亭子间铺的是木地板，隔不断楼下“灶披间”里五六只，抑或七八只煤球炉的热量。到了晚上，菜烧好了，饭烧熟了，晚饭也吃过了，公用厨房冷静了下来。但有的煤球炉，不熄火，主人家将煤球炉的炉门一关，炉口铺上薄薄一层湿煤灰，利用余热，“焐”一壶水，“焐”到第二天早上，炉子启封，余热辐射到亭子间人家；特别是每年农历端午节，公用厨房里，所有的煤球炉，“焐”一锅粽子，待到早起，石

左：聂耳居住的同春里离公平路码头仅一箭之遥
右：旧上海时期的公平路

库门里粽子飘香，亭子间呢，却成了一只大蒸笼！

同春里是聂耳在上海的第一个“落脚点”，在这里生活了半年。上海的石库门与昆明的甬道街，是两个风景迥异的世界，反映了两座城市不同的生活习俗，聂耳在上海的音乐人生，从同春里起步，在福兴公寓的生活，是他在上海的早期生活，他从这里认识上海，融入上海，弥漫四周的烟火气，使初到上海的他，对上海有了感性的认知。云丰申庄专为昆明云丰商行服务，将采购的卷烟发往昆明。采购的卷烟主要以南洋烟草公司生产的“大联珠”牌为主，此外也还采购一些洋品牌卷烟，如“大英”牌、“老刀”牌等。

公平路与南洋烟草公司近在咫尺，出同春里，拐弯，就是百老汇路，南洋烟草公司就在百老汇路上。公平路附近，有码头，有邮局，邮寄、托运，都很方便。昆明云丰商行在同春里设立批发部，占尽了天时地利之便，可见，昆明云丰商行老板很有商业头脑，然而，“聪明反被聪明误，到头来害了卿卿性命”！恰恰是昆明云丰商行老板的这一份精明，最终，落得关门打烊的结局——这，留待后面再说。

“洋品牌”卷烟入侵中国市场

中国人很早就有吸烟的习惯了。但是，中国人的吸烟习惯不尽相同，有钱人家吸的是水烟，当然也有吸鼻烟的，那是有身份的，寻常百姓没有这个“福分”，吸的只能是旱烟，惯见的是，将竹子做成长长的烟杆，一端是用黄铜做成的烟锅，下面坠着个大烟袋，另一端是烟嘴。吸烟时，从烟袋中取出少许烟丝，装入烟锅，用手指压实，点燃，用嘴咬住烟嘴，一吸一吐，吞云吐雾，过足烟瘾。如此情状，在中国农村中非常普遍。

云南地处中国西南边陲，是盛产“云烟”的地方，烟草供应并不短缺，为什么昆明云丰商行老板舍近求远，要在上海设立批发站，专门为之采购香烟呢？盖因当地卷烟加工能力极为有限，市场上也只有当地生产的“重九”牌卷烟。且不说卷烟品种少，供应的数量也不多，至于香烟的口味，那就更不用说了，远远不如南洋烟草公司生产的“大联珠”，以及其他品牌。

南洋烟草公司历史悠久，“老上海”，特别是“老资格”的上海烟民，都知道上海的这家香烟厂——

1890 年，上海市场开始出现洋品牌卷烟，它就是美国“晋隆洋行”卷烟公司生产的机制“品海”牌卷烟，这不仅是上海，而且是在中国烟草市场上出现的第一个洋品牌卷烟。“品海”牌卷烟的出现，使抽惯了旱烟的中国烟民开了眼界，莫不啧啧称奇：“原来，烟丝还可以这样卷着抽啊！”

美国“品海”牌机制卷烟敲开了中国烟草市场的大门，洋老板大发其财，美国和其他国家的烟商垂涎三尺，纷纷步其后尘，抢滩中国烟草市场：1897 年，美国纸烟公司进入上海市场；1902 年，英美烟草公司所属分公司遍及世界各地，中国是其中最大的，也是英美烟草公司最为看重的烟草市场；1903 年，英国烟商在上海开设卷烟厂。三年后，英国烟商选址浦东，扩建烟厂，卷烟产量骤增，每天从这家卷烟厂输往中国市场的卷烟，数量竟高达160箱以上，如按每箱5万支计，每天从生产流水线“吐”出的卷烟，数量惊人！

上海浦东烟厂原为花旗烟草公司创办，英美烟草公司甫一成立，将浦东烟厂收购旗下，不断扩张，在中国烟草市场所占份额越来越大，公司生产的“哈德门”“天桥”等品牌，充斥中国卷烟市场。1902 到 1919 年，仅仅在这近二十年间，英美烟草公司中国企业的资本就高达 1.2 亿美元，相比其在中国烟草市场最初的投资，暴涨了六百多倍！

1919 年以后，英美烟草公司继续加大在中国烟草市场的扩张速度，从 1920 年到 1938 年，仅在上海新建的烟厂就有榆林路烟厂、通北路烟厂等好几家。到了 1937 年全面抗战爆发前，英美烟草公司在上海、天津、沈阳、哈尔滨、武汉、香港等地加速扩张，卷烟生产规模占了中国烟草市场总额的百分之七十以上。洋品牌卷烟入侵，改变了中国

南洋烟草公司品牌之一大前门香烟广告

烟民的抽烟习惯，烟杆、烟袋渐渐被机制卷烟取代，卷烟市场消费量随之暴增，仅 1900 年，中国市场的卷烟消费量就达 3 亿多支，二十年后，居然创纪录地超过 70 亿支！

继 1899 年中国人在湖北创办茂大卷烟制造所之后，1902 年天津也开始创办卷烟厂，它就是名噪一时的北洋烟草公司。其后，山东也开始创办卷烟厂，不多时，山东一地出现了很多卷烟厂，如仁增盛烟草厂、恒利纸烟厂等。上海本地卷烟厂也开始相继崛起：1905 年，上海出现了中国纸烟厂；之后，又有中国四民纸烟厂、三星烟草厂等。洋品牌卷烟入侵中国烟草市场，卷走了大量真金白银，引起了当局不安，中国广大民众亦发出抵制洋烟的呼声，“抽国烟”“不吸美制香烟”成为民众的心声，中国民族卷烟企业赢得了发展机会，上海渐渐成为全国民族卷烟工业的集中地。

南洋烟草公司是中国民族卷烟企业最具代表性的卷烟厂之一，由简照南、简玉阶兄弟于 1905 年在香港创办，初名广东南洋烟草公司，生产“双喜”“飞马”等品牌卷烟，销路很好，“双喜”“飞马”等渐渐成为中国著名卷烟品牌。南洋烟草公司的崛起，为日后中国卷烟与洋品牌卷烟的激烈竞争埋下了重要伏笔。

中外烟商激烈较量

简照南、简玉阶创办广东南洋烟草公司，声名鹊起，在中国卷烟史上留下了重要一笔。由于公司初创时期管理不善，技术力量薄弱，在激烈的市场竞争中，敌不过英美烟草公司，生产经营出现严重亏损，勉强维持了三年，宣布关门停产。两兄弟憋着一股气，秣马厉兵，重整旗鼓。1909 年，广东南洋烟草公司重组，改名南洋兄弟烟草公司，对内强化企业管理，提高产品质量，对外围绕市场运营，奋力打开卷烟市场，在南洋地区争取华侨支持，号召“中国人吸中国烟”，终于打开了局面，在卷烟市场的激烈竞争中站稳了脚跟。以后，简氏兄弟继续寻求扩张之路，1916 年在上海设立分公司。此后，上海分公司生产规模由小趋大，改组成立南洋兄弟烟草公司总厂，市场份额一步步扩大。随着生产流水线完善，公司广招工人，最多时，在公司生产线上的工人有一万多名，成为我国民族资本经营规模最大、设备最完善的一家卷烟厂。

南洋烟草公司广告

左：“大联珠”烟标
右：大世界顶上的烟草广告

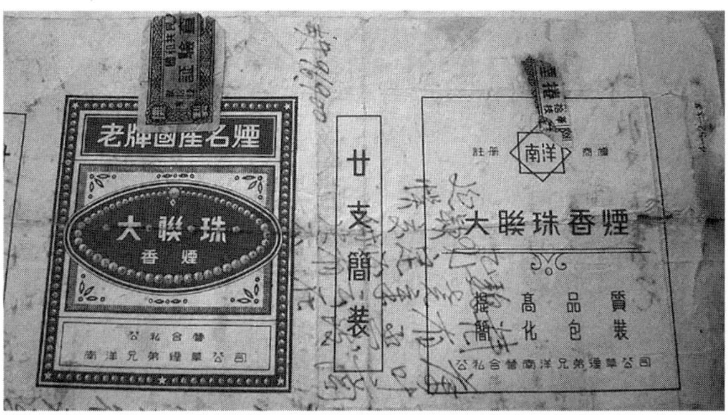

南洋兄弟烟草公司在发展，我国民族卷烟工业也在发展。在上海，除了有南洋兄弟烟草公司，还有大达、华北、千祥、华昌等二三十家烟厂。第一次世界大战期间，中国民族烟业有了喘息机会，发展速度很快，中外卷烟竞争也在加剧。英美等洋品牌卷烟在中国市场一度占了上风，占有的市场份额令人咋舌，竟然高达百分之九十以上！

1925年5月30日，“五卅惨案”发生，上海民众同仇敌忾，声讨帝国主义暴行，罢工、罢课、罢市，得到了各地响应，全国工商界掀起了抵制外货运动，出现了许多用“五卅”做商标的国货，有的将平时穿的东洋服当街焚烧，更有广大烟民，将吸洋品牌卷烟视若可耻的“卖国”行为。南洋兄弟烟草公司将产品命名为“新爱国”牌香烟，在市场上打出“请吸廉美上等国货‘新爱国’香烟”“打倒一切劣品，挽回外溢利益，巩固实业基础，倡吸国产名烟”等广告。公司的爱国行动，赢得了大量民众赞赏，不少卷烟厂竞相呼应，在报上推出整版广告，呼吁“中国人请吸中国烟”“市面不景，百业萧条。外货侵略，岌岌可危。中流砥柱，惟龙独尊。同胞猛醒，挽回利权”。这场抵制外烟的爱国运动，一直持续了好多年。

1927年1月12日，南洋兄弟烟草公司刊登《大联珠香烟 中国特产》广告：“联珠香烟，为国货之特产，久为人士之欢迎。吃‘联珠’香烟者，无不珠联璧合，有美皆臻。以之络感情，尤能联欢，尽以邦君子既塞外溢之金钱，可得提倡国货之荣誉。”在激烈的中外烟商竞争中，公司以实力赢得了市场，1930年代的“南洋”产品，如“双喜”牌，在市场上享有很高声誉。

昆明远东皮草公司老板之所以改行做起了卷烟生意，一方面固然是因为皮草生意难做，另一方面也是因为南洋兄弟烟草公司生产的“大联珠”“飞马”等品牌卷烟，在昆明地区十分畅销，因此，商行老板在上海设立云丰申庄，在卷烟生产厂批发卷烟，运回昆明销售，赚取差价。精明的商行老板，还通过逃税、瞒报销售等手段，赚取高额利润，不料，却因此埋下祸根。

聂耳来上海前，云丰申庄已有两个职员，一个是掌柜段维善，年约四十岁，中等身材，穿一件长衫，戴一顶瓜皮帽，蓄八字胡，一副旧商人打扮。他是昆明云丰商行老板薛振卿的妻舅。受薛振卿委派，坐镇上海云丰申庄。云丰申庄还有一个职工，姓高，名瑞昌，回族人，高个子，也是穿一件长衫，他比聂耳大几岁，聂耳戏称他“老头”。此外，云丰申庄就再无其他职员了。

云丰申庄三职员：坐者为段维善，左为“老头”高瑞昌，右为聂耳

离开昆明之前，亲友们写了几张关系条子，让聂耳到上海后，按照字条所示，找一下关系，谋求一份更好的职业。到了上海，聂耳按图索骥，去找关系，要么“得到的多为敷衍之词”，要么找不到关系，一连奔走了十多天，一无所获。他想，既然在茫茫人海中找不到关系，那就暂且在云丰申庄待上一段日子再说。可是，家里给他的钱，多半花费在来上海的船票上了，口袋里所剩不多。这些天在上海四处奔走，又用去了不少钱，身边只剩八个“铜板”了。不管怎么说，云丰申庄毕竟有地方住，在上海有了一个落脚之处。不久，昆明云丰商行给上海云丰申庄发来一函，正式聘聂耳为“驻申稽查员”。这样，聂耳也就无须为自己在上海的衣食问题到处奔走了。

历史上的北外滩

外滩，原本是纤夫流着汗，唱着“纤夫曲”，用赤裸双脚踩踏出来的一条纤道。历史用一双粗粝之手，在岁月的开开合合中，磨平了当年的纤道，留下了外滩源头，这就是后人所说的外滩源。

今天的北外滩是外滩的延伸，位于苏州河和黄浦江交汇处，东起大连路、秦皇岛路，西止河南北路，南起黄浦江、苏州河，北止海宁路、周家嘴路，面积约 3.66 平方公里，沿黄浦江、苏州河岸线 3.53 公里。数十年后，聂耳曾经居住和工作过的公平路、东大名路一带，已被定义为北外滩地区，这里是虹口区的一个重要“段落”。匆匆而过的历史，书写着北外滩的变迁。

1882 年，武昌路乍浦路口的东南转角处，英商投资创办上海第一家发电公司，规模并不大，只有一台小型发电机，是年 7 月 26 日，英工部局电气工程师毕晓浦，用一台 10 马力蒸汽机作为驱动力，带动自激式直流发电机发电，点亮了上海滩第一盏弧光灯。自从这第一盏弧光灯亮起后，位于百老汇路上的招商总局中栈码头、苏州河河口韦尔斯桥（外白渡桥），相继竖起了电线杆，逐渐向外滩地区和大马路（即今天的南京路）延伸，一到晚上，沿线大放光明，很多市民沿韦尔斯桥、百老汇路，一路走，一路看弧光灯，大放光明的弧光灯成了上海一大看点。

除了上海滩第一盏电灯，北外滩还创造了好几个近代上海，乃至近代中国的“第一”。许多年前，从提篮桥站坐8路有轨电车到新开河站，电车一路叮当，大约行驶二三站以后，卖票员一声喊：“庄源大（今旅顺路）到了！”今天很多年轻人，可能从没有听说过“庄源大”。“庄源大”为何物？原来，这是一家酒作坊，生产的“绿豆烧”（一种度数较高的白酒）闻名海上，有轨电车驶经这里，专门设立一个站头，站名就叫“庄源大”！

北外滩的“第一”，远不止上海滩第一盏电灯，当然也远不止“庄源大”一家，其他如“耶松船厂”，外资船厂第一家；“同文书局”，中国近代印刷第一家；“司麦脱”，中国衬衫第一品牌；“澄衷中学”，民族新学第一家；雷允上北号国药店，由其生产的六神丸享有“神药”之称；“黑白胶卷之父”，上海感光照相材料厂；前身为“明星香水肥皂厂”的上海家化厂；“中华”和“长城”铅笔之父中国铅笔一厂，等等。

北外滩面河（苏州河）临江（黄浦江），1845年，英商东印度公司在东大名路至高阳路，建造了第一座可供驳船靠泊的码头，史称虹口码头。此后短短几年，新建码头鳞次栉比，到了上海解放那年，沿江已有汇山、扬子江、公和祥等十多个码头，东大名路航运一条街已见雏形，为解放后，特别是改革开放后上海建设“四个中心”（国际经济中心、国际金融中心、国际航运中心、国际贸易中心）打下了基础。北外滩码头多，仓库和堆栈也多，解放初，百老汇路沿江有兄弟、沙逊等数十个仓库堆栈。高阳大楼是其中之一，它的建筑风格很不一般。据《虹口区志》记载，高阳大楼位于东百老汇路（今东大名路817号），该楼“坐北朝南，面向黄浦江，楼高五层，钢筋混凝土、无梁楼盖结构，典型的东南亚寺庙形式。其南立面沿街，横分三段，水平线条划分，规整对称。第五层立面一律券式窗，其余为平拱窗楣。顶层两端近女儿墙一侧，设计成塔楼作立面的构图中心。两端一对具有东南亚寺庙建筑风格的塔楼是这幢大楼的主要建筑特色”。高阳大楼曾经是著名的南洋烟草公司仓库。

聂耳常去南洋烟草公司采购卷烟，曾经的南洋烟草公司仓库，也就是后来改称的高阳大楼，是他经常去的地方。因此，阅读北外滩的昨天，有助于深入了解上海记忆中的聂耳，以及聂耳曾经在北外滩地区生活、学习和工作时的情状。然而，历史在造就旧时代上海滩畸形繁荣的同时，也在为百年后的上海工业结构调整埋下伏笔。沿江一侧，有码头，也有很多大大小小的仓库和堆栈。远远望去，可以看到码头上堆放的货物，还有停靠在江边的轮船。轰鸣的机器声、震天动地的劳动号子声，合成了一部东方“混声大合唱”，折射了上海别一种工业时代的文明。行走的历史，不经意间留下了缺憾，互不贯通的“断头路”，将虹口滨江分割成了好多相互割裂的地块。

进入新世纪，上海加大产业转型力度，虹口滨江岸线褪去了昔日光环，“升级换代”势所必然。晨色暮晖，旧式建筑渐次消失，高楼拔地而起，离昔日“庄源大”不远，浦西第一高楼“白玉兰广场”耸立。2004 年，虹口滨江绿地投入建设，这是北外滩地区规划建设的重要组成部分。主创者、设计者、建设者立足两岸公共空间开发利用的风貌整体性和历史文脉的传承性，着力提升公共空间的功能和品质，沿滨江岸线谋篇布局，以匠人之笔精心描画，以杨浦大桥为滨江公共空间贯通工程一期为起点，由北及南“拉伸”，一条昔日的“工业带”将要在匠人之手实现历史性的“华丽转身”。十多年后，随着虹口滨江建设提速，虹口滨江绿地建设取得了突破性进展。从公平路到高阳路滨江沿线，原来的港口码头“变身”为“城市绿吧”，面积约 13.6 万平方米的绿地，如一块巨大的绿色地毯，出现在虹口滨江岸线，树绿，草青，花香，这是黄浦江两岸综合开发以来上海启动的第一个滨江绿地建设项目。“都市森林，炫彩滨江”，是虹口滨江绿地建设的主线，它的特色是“生态绿林、林下休闲、健身游憩、色彩花带”，人与自然和谐共处。

历史在惊叹北外滩的沧桑巨变，也在深情地凝视如诗如画的北外滩地区，在 2.5 公里的虹口滨江主岸线上，昔日的“断头路”被打通，建投书局、公平路码头、露天剧场、彩虹桥、尚 9 · 一滴水，以及东西两头的秦皇岛路游船码头、上港邮轮城，一字儿排开，从公平路到高阳路，原先的码头和堆栈变成了“城市绿吧”。入夜，浦江两岸灯光璀璨，漫步虹口滨江，时尚之风扑面而来。午后的北外滩，每一棵树，每一株草，都可以入诗入画。一条长长的滨江岸线，蜿蜒在青翠欲滴的绿色中。

秦皇岛路渡口，市轮渡依然在拉响一个多世纪前的汽笛，迎来送往。这里，是虹口与杨浦的交界处，往东是大杨浦，往西便是积淀深厚的人文虹口了。沿秦皇岛路一路西向漫步，江面如镜，将视线穿透江面，江对岸陆家嘴金融贸易区倒映粼粼波光中，看那些大楼倒影，竟也是那般的雄伟壮观。

沿滨江大道缓缓而行，树影婆娑，一江碎金。江鸥，扑棱双翅，从江面上掠过，一飞冲天。黄浦江在诗意地流淌，历史和现实，在这里交会，江水涟漪，恍如一个个光圈，

“全景式”录下了虹口滨江岸线的“嬗变”。

将生活纳入“理想系统”

福兴公寓是聂耳融入上海的第一个“落脚点”，他从这里出发，走向上海深处，为血色黎明而歌，写下了激情澎湃的民族生命曲。

聂耳在福兴公寓住了半年，熟悉了具有海派风格的石库门，习惯了弥漫在小巷四周的烟火气，直到有一天，当命运女神为他推开另一扇窗口，他离开了同春里，从此再没有回到福兴公寓二楼。那时，云丰申庄已经不复存在。七十多年后，北外滩加大开发力度，同春里及其周围的危房简屋，已被夷为一片平地，这里被整合为上海的一道新景观。站在同春里遗址，恍若有烟云飘过，聂耳在同春里 31 号的生活情景，如影像般，一幕幕再现眼前。

当年，聂耳登上外滩码头，叮当作响的有轨电车，从定海桥方向开来的 8 路电车，到了同春里附近的提篮桥站，车上的铁栅栏门，哗啦啦啦，开开合合，电车继续沿着百老汇路的两条路轨，摇着，晃着，哼着，像个蹒跚老人，向着十六铺方向开去。乘客稀稀拉拉，不像滇越列车那般拥挤不堪。驾驶有轨电车的司机，在车厢最前端站着，将车开着往前走。手指般粗细的小铁链，浅浅弯弯，向下垂荡，将司机和乘客隔了开来。一个圆圆的木制方向盘，有一个垂直向上的木柄，司机用一只手握着转动，两眼看着前方，遇到有横穿马路的行人，用力一蹬，脚下就发出了“叮当，叮当”的铃声，反弹在路面，清脆、悠长。8 路电车由东及西，经过天潼路，一个转弯，到了百老汇路尽头，前面就是韦尔斯桥了。从北堍上桥，好似爬坡一样，看上去，8 路电车有点爬不动了。却不料，司机猛一用力，“叮当，叮当”，铃声从脚下钻出，洒在桥面，车子稳稳地上了坡，越过了外白渡桥。

聂耳看惯了这样的风景，云丰申庄在福兴公寓二楼，聂耳的住房也在二楼，站在小小的晒台上，望得见不远处的百老汇路，望得见来往的有轨电车，目力所及，甚至还望得见公平路码头。

聂耳住的是云丰申庄宿舍，和段维善、高瑞昌同住一室。小小的房间里，光线暗淡，白天也要开灯。房间外，有一个铁扶梯，年代久了，锈迹斑斑。沿着铁扶梯往上走，就是那个小小的公用晒台了，那是用来晒被子、晒衣服的地方。聂耳住下后，小晒台成了他练习小提琴的地方，不论严冬，还是酷暑，他常常在小晒台上拉琴，一站几个小时。

聂耳和段维善、高瑞昌天天挤在一间斗室，床挨着床，“老头”的床就在他的脚跟头。聂耳睡的是帆布床，坏了，拿出去修理，扛回来，继续使用。房间里，又闷又热，刚睡下，臭虫钻了出来，爬来爬去，咬得身上一个个疙瘩，又肿又痒，用手一抓，疙瘩破了，血流了出来，十分难受。

昆明云丰商行聘任聂耳为稽查员，主要是负责对上海云丰申庄的日常监督和检查。只有三个职员的小小批发站，稽查员一职，形同虚设，毫无意义。聂耳每天要做的事是记账、采购和邮寄，这与他的爱好，完全是“南辕北辙”。账本、算盘，寄托不了他的情怀。他常常去黄浦滩，看江景，听江涛。在写给张庚侯的信中，聂耳说：“我不畏难，不苟安”“只有暂时的混着吧”“离家以后，度过两次月夜，我的时间多半消磨在黄浦滩边”了。

聂耳的待遇不高，第一个月是见习期，“包吃包住”，没有薪水。见习期满，月薪十五元。初到上海的他，不像在昆明有母亲照顾。远离家，远离母亲，在上海举目无亲，人地生疏，饮食起居，必须完全自理。衣服不必经常买，一天三餐少不了，为了省钱，他买白菜煮白菜粥。衣服脏了自己洗。不要说到外面去吃上一回“宵夜”，就连看一场电影，他也认为是奢侈之举。来上海一个多月了，他只去了一次“大世界”，这还是云丰申庄给予他的一份大“人情”！如此省吃俭用，区区十五元月薪，到了月末，囊中羞涩了。有一回患了疟疾，买了奎宁药，钱夹里更加寥寥无几，他看了看钱夹，感慨地说：“现在唯一的五元，我是应当怎样的看重，还能比在云南吗？”

同春里，白天苍蝇飞，晚上蚊子叫。喧哗声、吵闹声、噼里啪啦的麻将声，组成了一部“大合唱”，聂耳刚到上海，对于这样的生活环境很不适应，日子久了，也就习以为常了。他像上海人家一样，去菜场买菜，去粮店买米，回到福兴公寓，生炉子、煮白菜粥。白天去南洋兄弟烟草公司采购“大联珠”，然后去邮局，去码头，邮寄托运，回到云丰申庄，做账、盘点。夜幕降临，福兴公寓沉醉在上海人的生活方式中，石库门人家，吃了晚饭，洗了碗筷，玩起了麻将。在嘈杂的环境里，他将业余时间花在读书、学习上。远在云南楚雄的二哥聂守诚来信关照他：孤身在外，要自强，要学会处世之道。聂耳觉得，二哥的影儿就在自己面前，二哥的声音就在自己耳边，他拿起笔，铺开信纸，给二哥写信："我虽然没有钱用，这是无所谓的，我只希望我的生活能随我理想的有系统。"他将自己在云丰申庄的情况告诉二哥，"现在我每天都在自修英日文，但时间很少，单烧火煮饭的时间就要占一大半，还要做所谓公事。不过，我都尽量找时间，做自己的工夫。"至于如何处世，他对二哥说，"繁华的上海，藏污纳垢，您的弟弟早深深地感到。请您像以前一样的相信他，他绝不会误入歧途的。"

初到上海的聂耳，有自己的生活"理想系统"，对于在云丰申庄的这份职业，内心是并不满意的，在写给好友张庚侯的信中，他流露了自己的"无奈"："您问我的商店生活能安适否？想来您是很容易猜想得到的。您想我平日的个性与它毫无干涉，现在偶然跑到算盘账簿的生活里，那样麻烦，那样琐碎……好在我不是一个畏难苟安者，任它什么苦我是不怕的。只有暂时的混着吧！"聂耳对女友袁春晖也说过，自己打算去报考上海暨南大学、国立音乐院。张庚侯来信问起过这件事，聂耳回信告诉他，自己确实想过，"别的学校也常注意"，但是，"问题未见简单，只是一阵梦想而已"。

同春里响起了《梦幻曲》

农历新年的钟声快要敲响了，上海的大街小巷，过年的气氛越来越浓，家家户户忙着准备年货过年。菜市场里，热闹非凡，年味儿十足。

这是聂耳第一次在上海过年。除夕，家家团圆，再穷的人家，说什么也得弄点吃的喝的，有钱人家呢，菜肴之丰盛，那就更不用去说了。

除夕到了，聂耳的"年夜饭"如何？他写有一首顺口溜："两盘两碗过新年，大口大气自开心！分明是'豆芽菜'、干'豆腐'，却以为壮'板鸭'、炒椒'肝'。"这首顺口溜，记录了聂耳在上海过年的状况，没有叹息，不是自嘲，而是心境平和，略带点诙谐。

新年过去，同春里又恢复了平时的生活状态，聂耳的业余时间，还是读书、学习。在昆明，他和张庚侯是邻居，两人是好朋友。20 世纪 20 年代的昆明，小提琴是稀罕物，一般人家没有见识过小提琴，也许是在云南省立师范学校附属小学当音乐教师的缘故吧，张庚侯家里有小提琴。从学校回来，每有空闲，张庚侯就拉起小提琴。聂耳很是羡慕，心想，什么时候，我也能像张庚侯一样，能用小提琴拉出曲子呢？他很想学拉小提琴，可是，家里的日子过得紧巴巴，哪有钱去买小提琴？他鼓起勇气，来到张庚侯家，对张庚侯说，自己想跟他学拉小提琴。张庚侯答应了。从此，聂耳常常来到张庚侯家，跟他学拉小提琴，日子久了，两人结下了很深的情谊。有时候，聂耳和张庚侯一起去昆明英语学会补习英文。那里有个外籍教师，叫柏希文，教他们英语，还教他们弹钢琴，读五线谱。张庚侯有个朋友叫廖伯民，也是音乐爱好者。廖伯民家境好，不但有小提琴，还有钢琴。经张庚侯介绍，聂耳和廖伯民也成了好朋友。他们组成一支小乐队，聚在一起，自娱自乐。廖伯民创办“生生保育园”，是昆明最早的一家全托制幼儿园。为了筹措经费，聂耳、张庚侯、廖伯民举办募捐演出，曲目有《月明之夜》《天鹅歌》《葡萄仙子》。人生，常常会有一些想不到的事，聂耳不曾想到，也不可能想到，他们演出的《葡萄仙子》，是上海滩赫赫有名的音乐家黎锦晖的作品，来到上海不久，自已进了黎锦晖创办的明月歌剧社，随黎锦晖学谱曲，那《葡萄仙子》呢，也不再是一支陌生的曲子了。

昆明一别，聂耳和张庚侯、廖伯民分别了，他们保持着书信往来，聂耳给张庚侯写了很多信。张庚侯、廖伯民在昆明创办了一家名叫“逸乐”的电影院，他们给聂耳来信，托他租一部电影拷贝。聂耳去了明星影片公司，“明星”答应由天一影片公司代为转

聂耳（右一）在公园里练琴

租，条件是，租借人必须承诺信守合约规定，而且一刻不得离开上海，对租借一事负全责。一番周折，聂耳办妥了租借手续，将拷贝寄往昆明。张庚侯、廖伯民十分高兴，汇来一百元，作为酬谢。对于月薪十五元的聂耳，这一百元，简直是天上掉下的“巨款”！他一直想买一把小提琴，可是没有钱，有了这笔“巨款”，他给母亲汇去了五十元，剩下的，添置过冬衣服，买书、买乐谱，还买了一把廉价小提琴！

从此，同春里31号，福兴公寓的小晒台上，响起了小提琴“练习曲”，响起了舒曼的《梦幻曲》。德国作曲家舒曼的《梦幻曲》，聂耳并不陌生。他知道，这是舒曼在用音乐语言，叙述儿时的美丽之梦。他和张庚侯拉过舒曼的这支曲子，张庚侯和他，还有廖伯民，也演出过《梦幻曲》。这是一首难度很高的乐曲，站在小晒台上的聂耳，尽管拉得手指发痛，却又正如他所说，小提琴拉得实在是“无弓法”“无指法”，但他觉得有了小提琴，以后的日子“够快活”！以前，他拉“练习曲”，不觉得有什么困难。到了上海，买了《音乐入门》和其他音乐教材，一下恍然了：手指、弓法，多么重要！尤其是练习《梦幻曲》，他更觉得自己的弓法过于“机械”。他不断地练习，练得手指结出了硬块，没等硬块褪去，新的硬块又长了出来，从中，他悟出了学习之道：“手指分家地持弓，现在才把它合作起来”“不曾用惯的小指，现在才学习运动”。他下了决心，要不断练习，反复练习，一定要拉出好听的乐曲，“诗歌般层层递进，但又有些微妙变化的律动感”“叙述儿时美丽的梦，抒发理想世界的温暖、深远与甜蜜”。

读书的快乐和带来的思考

云丰申庄以采购为主，店小，杂七杂八的事不少。聂耳奔走在南洋兄弟烟草公司、仓库、码头、邮局之间，几个月下来，他对上海滩不再陌生了。他觉得，自己已经融入上海石库门生活，熟悉和习惯石库门的烟火气了，他要将自己的生活纳入“理想系统”：工作、读书、学习。上海石库门生活，使他学会了生炉子、做饭。白天奔忙，晚上的时间呢，那可就属于他了。他可以坐下，读喜欢的书，还有，拉琴。他的周围，时不时传来吵闹声、嬉笑声、麻将声，可他已经习惯了。他爱读书，阅读面很广，书读得也很杂，《拓荒者》

《新流月报》，还有《日语读本》《日文典纲要》《英语周刊》《英语小丛书》，都是他喜欢看的读物。每个月薪水，除了吃饭和偶然添些衣服、购买必需的日常用品，剩下的，基本上都被用来买书、买杂志了。

聂耳还喜欢跑书店，商务印书馆、群益书店，都是他喜欢跑的书店，四马路（今福州路）呢，更是他逛得最多，也是最喜欢逛的马路，那里的书店特别多，在上海最初几个月，他几乎"逛"遍了四马路上所有书店。走得累了，反倒觉得精神很好，逛了一家书店，再逛一家书店，看见《读书月刊》摆满了书店橱窗，就会想起在云南省立一师读书会看过的《读书月刊》，兴奋、激动，情难自抑，希望自己"更充实起来，毫无畏缩地表示出我们的精神和态度""我们所需要的是更伟大、更根本的横在这个大时代面前的一把锁钥，能把握了这把锁钥，是什么问题都将迎刃而解的。这把锁钥是什么？即是所以使这个大时代所产生而且必然地会使这个大时代展开了的一种力——思想——知识""由于该时代的社会经济基础之特性，产生了依附于该社会经济基础之特殊的意识形态——思想、学说、理论等，而这意识形态——思想、学说、理论等，恰恰足以解决了当时代的社会问题"，他买了英语、日语教辅书，"心情高兴极了"，回到云丰申庄就看了起来。

云丰申庄派给聂耳的工作很是繁杂，待遇只够维持日常生活。生活虽然很清苦，空余时间也不多，聂耳每天还是安排得很满，读书、学习、拉琴，怀着对于生活的热望，追求着未来生活。离开昆明前，他将不能带走的一些"禁书"，藏在住房天花板夹层，用钉子牢牢地将它们钉死，委托三哥聂叙伦保管，要求三哥，千万不要让别人知道。离开昆明，来到上海，在福兴公寓最初的日子里，他写信给三哥，叙说自己在上海的生活

四马路（今福州路）文化街

和学习情况，他告诉三哥，自己在上海业余自学，生活很充实，因为学习，他觉得给生活带来了乐趣。

为进一步提高英语水平，聂耳在福兴公寓生活期间，去了“希平氏”夜校补习，结果，只上了一个晚上的辅导课，就再也不去了。他感到很失望，这所夜校，所谓的英语补习，水平实在一般，甚至还不如自己的英语水平！他有多方面的爱好，尤其喜欢音乐，也喜欢读哲学和文学作品。他曾经在“寒假日记”中写道：“今天早晨我读了几篇马克思的文章。”“我睡觉时约已十二点钟，睡觉前我读了一章《三国演义》。”“多注意在文艺方面，不关痛痒的话要少说些。”即使很不成功的军旅生活，他也没有放弃读书和学习，从广州返回昆明途中，他读《饮冰室》，读《阅微草堂笔记》，写下了评论：“意义丰富，笔墨流利”“词笔不深，深入浅出”。诸如此类的作品，带给他思考的营养：“什么是文学？”对于“什么是翻译”，他的回答是：“翻译的几个条件：对于原著有过深切的研究与了解；对于中国文化上有相当的贡献与需要；在该国的出版界是否有相当地位；对于原文与中国文是否有烂熟的了解与运用。”读了几位青年作家的翻译作品，他很不满意，写下了长长的心得笔记：“这是多么滑稽的事啊！他们对于原著有过研究、了解与否？以及对于中国文化上有相当的贡献、需要与否等等，我们暂时不管，只需我把他们介绍一下便可以知道的了。这些所谓青年作家——在学校里往往有文学家之称，大致是写小说写得厌烦了吧！——实际上，也不过是写过几篇我爱你，你爱我，无病的呻吟，自杀等的文字而已。而他们要改一改口味，从事起翻译工作来了。诸君！他们的原本不是辛克莱的巨著，也不是桂冠诗人的诗，而是图书馆里的几本洋文小说或由英文教员家

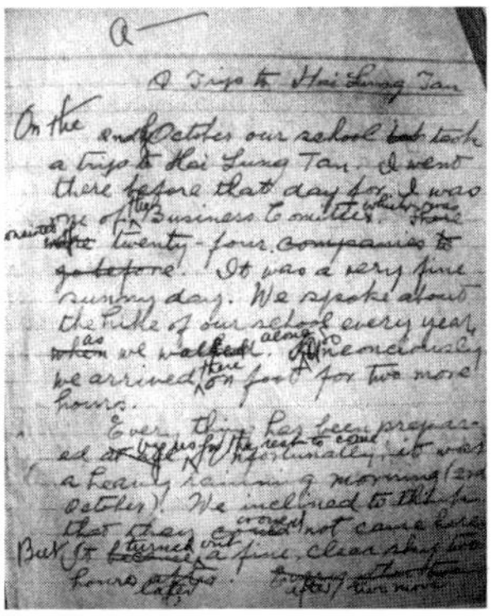
A Trip to Hai Lung Tan
On the end of October our school took a trip to Hai Lung Tan. I went there before that day for I was one of the Business Committee. There were twenty-four companies to go. It was a very fine sunny day. We spoke about the hike of our school every year as we walked along. We arrived there on foot for two more hours.
Every thing has been prepared ... Unfortunately, it was a heavy raining morning (2nd October). We inclined to think that they could not come here. But it turned out a fine, clear sky two hours later.

聂耳的英语作业

里借来，只要是英、美出版的小说或短诗等，得到手后便开始工作起来。我并不说非名诗人的巨著便没有翻译的价值，而是他们根本不知道翻译本身应有的条件和价值。他们只知道有一个‘某某译’的注脚刊出，在爱人眼里是多么值得荣幸的事。一个朋友S君，他也是这几位所谓青年作家之一，他也曾做过翻译。可是在他未看到他的‘某某译’的注脚刊出之先，不知他出了多少汗水去期待着，也不知出了多少汗水才把那篇东西弄了去，究竟是什么意思呢？说起来可怜得很，S君是在某高师三年级肄业，而他所编入的英文班级是用《天方夜谭》做教本的。然而这位S君，这位从事翻译的S君，却一天连翻生字都还嫌忙。由此，我们可以理会到在他翻译东西时是怎样地用那双惯于翻生字的手去翻着《英华双解字典》。其他的几位从事翻译的青年作家也未尝不是如此。”

好的作品，往往会使人在阅读时愉悦，产生感官冲动而欲罢不能，有的却完全相反，聂耳在他的心得笔记里，也有过这样的记录：“记得是在故乡的一个朋友家里，无意中见到《西部前线平静无事》，仅读了二十多页，便没有继续读下去。在此书未到滇以前，看见了某杂志书后的介绍，我是多么热烈地期望着它的早些到来……到沪后，看了《西线无战事》的有声电影，引起我再想找来看完……《西线无战事》这部有声片技巧上和表现上着实比别的伟大，对于观众的情绪上也要比别的来得紧张容易动人。但是，各人看后所遗留的印象也不过是枪声、炮声、冲锋的狂吼、血肉的搏战。总之观者得到的归结最大限度知道士兵是痛苦的，士兵的死是如杀鸡一样的容易，战争是万恶、残酷的，别的再感不到什么反应。至于它的煽动性就微极了。”

“七叔”郑易里

有一天，一位不速之客“不请自来”，出现在福兴公寓。其时，聂耳正在煮白菜粥。不速之客走上二楼，喊了声：“守信！守信在吗？”

谁？聂耳吃了一惊！未及回答，不速之客就来到了他的面前。

聂耳失声叫了起来：“七叔！是你？”

“七叔”是谁？为什么来到福兴公寓？真是人生漂泊无定数，却又何处不相逢啊！

“七叔”叫郑易里，字雨笙，云南玉溪人氏。论年龄，郑易里只大聂耳六岁，如若“论资排辈”，却长了聂耳一个辈分。那么，聂耳何以称郑易里为“七叔”？

郑易里在郑家排行第七，他有个哥哥叫郑一斋，其女儿到了谈婚论嫁年龄，郑一斋有意和聂耳家联姻，将女儿许配给聂叙伦。这样，郑易里就成了聂叙伦的“七叔”，聂耳当然也要跟着聂叙伦，称其为“七叔”了。

郑易里追求光明，向往革命，二十岁那年去了日本留学。中共党组织在日本建有“东京特别支部”，郑易里到了日本，在“东京特别支部”领导下从事革命活动，回国后继续从事革命活动。1930年年初，中共云南党组织遭到反动当局破坏，郑易里为了躲避白色恐怖迫害，辗转来到上海，住在南市云南会馆，和艾思奇等共产党人筹办“生活书店”，出版和发行了许多进步书刊。同年，聂耳也来到上海，但比郑易里晚到上海几个月。郑易里获悉聂耳也来到了上海，特地从南市来到虹口，叔侄俩一见面，郑易里感慨地说：“守信，不容易啊，真想不到啊，我们在上海见面了！”

虽说，聂家和郑家联姻，但聂耳和郑易里在昆明时见面并不多，谁能想到，远在千里之外的上海，他们俩却意外地相逢了。他乡遇故人，聂耳见了郑易里，怎能不喜出望外？望着眼前这位血气方刚的青年，郑易里更加感慨了：“守信，你可真是一个有志青年啊！”

正说着，郑易里突然发现聂耳在煮白菜粥，不由说道：“守信，你在上海的生活，原来是如此清苦啊！走，我们去外面转转！”不容分说，他一把拉着聂耳就往外走，找了一家饭馆，边吃边谈了起来。

郑易里落地上海较早，比聂耳熟悉情况，言谈间，他向聂耳说起了左联的文化活动，使聂耳初步了解了左联，为他后来的左翼文化活动打下了基础——

左联，中国左翼作家联盟简称，1930年3月2日成立于上海虹口多伦路201弄2号“中华艺术大学”，是中国共产党创建的文学团体，时任中共总书记瞿秋白是左联的负责人。左联坚守先进文化宣传阵地，团结上海文化界人士，与国民党反动势力，特别是白色恐怖下的“文化围剿”进行斗争。

在左联成立大会上，鲁迅发表讲话，题为《对于左翼作家联盟的意见》，第一次提出文艺要为“工农大众”服务。鲁迅指出，左翼文艺家要和实际社会斗争接触。之后，中国左翼戏剧家联盟、中国社会科学家联盟、中国左翼美术家联盟等左翼文化组织相继成立。1930 年 9 月 7 日，左翼文化团体联合发表宣言，抗议国民政府实施“文化围剿”政策。同年 10 月，八个左翼文化团体结成中国左翼文化总同盟，反对国民政府“文化围剿”，文化界统一战线由此形成。

1920 年代末，上海反帝斗争风起云涌，各界民众在中共党组织领导下，与帝国主义势力进行不屈不挠的斗争。1927 年 2 月，由法国著名作家、共产党员巴比塞，作家罗曼·罗兰，苏联作家高尔基和来自中国的宋庆龄女士等著名人士，在比利时首都布鲁塞尔共同发起成立国际组织“反帝国主义大同盟”（简称“反帝大同盟”）。1929 年上半年，在中共江苏省委组织领导下，反日大同盟、思想社等爱国团体联合发起成立上海反帝大同盟筹备工作，任弼时、潘汉年等为主要负责人。同年 8 月 1 日，在中国共产党领导下，“反帝大同盟”在上海成立。这是中国共产党领导下的爱国群众团体。“同盟”以反对帝国主义为根本宗旨，任何同意此宗旨的团体或个人皆可参加，盟内设党团组织。扈楚一为上海反帝大同盟第一任党团书记。

郑易里如此这般的介绍，如一丝亮光，聂耳不由情绪高涨起来，他觉得自己不再是飘落在上海滩的“孤鹰”了，至少，眼前的“七叔”，就是他在上海滩的亲人！

虹口和南市相距不远，郑易里每次和聂耳见面，都带来了很多消息，聂耳在感受着上海滩的躁动——这里，有灯红酒绿的光怪陆离，有社会底层的不幸生活，那是怎样的一幅生活图景啊，上海，大上海啊！

上海在喘息，灯红酒绿的背后，潜伏着激流！

三个多月后，郑易里介绍聂耳加入了上海反帝大同盟。他们的“叔侄”关系在悄悄发生变化。一天，郑易里对聂耳说：“守信，我们的年龄相差不大，应该彼此平等呀！以后，你就不要叫我‘七叔’，叫我‘老郑’吧。”

聂耳在日记中多次称呼郑易里为“老郑”，并记录了和“老郑”的来往，他觉得，一声“老郑”，多么亲切！郑易里到底是个脱离世俗的性情中人啊！

郑易里希望和聂耳的关系“彼此平等”，除了免俗，恐怕还另有一层深意：在动荡不安的社会环境中，他和聂耳都是遭到反动当局迫害而远走上海的进步青年，一声“老郑”，实际上也是意在确保彼此平安。

在那些“特别”的日子里

“十月革命”十三周年快要到了，为了纪念这个“特别”的日子，中国左翼文化总同盟策划组织，上海将举行一次大规模游行活动。

11 月 7 日，段维善从外面回到福兴公寓，带回一份当天的《申报》，聂耳一看，见上面印有“十一月七号”，他的心微微一跳，感觉“有如看一个周游全球的飞行家驾着飞机将要落地时一样的兴奋和愉快”。几天前，他就在关注上海纪念“十月革命”十三周年的消息了。他觉得，“十月革命”十三周年，这是一个“特别”的日子。“特别”的日子，当然要用“特别”的方式纪念！他怀着“特别”的心情，期盼这个“特别”日子的到来。前些日子，他在日记中写道：“‘十一月七号’已在我脑里荡漾了好几天！我对它有着无限的希望和高兴。报纸上边的日期往日不会十分引我注意的。”

当天，聂耳去了上海闹市中心，不是观光，也不是看热闹，来上海好多日子了，上海滩灯红酒绿的畸形繁荣，在他的脑海里留下了深刻印象。他之所以选择在一个“特别”的日子去闹市中心走走看看，是想近距离看一看上海滩。他的心里，藏着一个秘密，在这个“特别”的日子，他想要知道，上海如何纪念“十月革命”十三周年？

街上，出现了传单，纷纷扬扬，聂耳一边走，一边看手中的传单。走到繁华的英大马路（现南京东路），一幕幕景象出现在他的眼前，那是怎样的情景啊，（大街上）“拥挤着穿大衣的、披斗蓬的，还有穿单衫的、衣破露乳的行人；汽车急驰着，电车叮当着……”“浙江路口的车子，不小心便要碰倒；先施公司的皮货，陈满货橱，一千元一条的狐皮！”狐皮？一千元一条？他吓了一跳，灯红酒绿的上海滩，表面看似繁华，可它的背后，隐藏着多少贫富悬殊的故事啊！

从中午到日没，在闹市中心，聂耳边看边走，转过好几条马路，走出了一身汗，不知为什么，他竟一点不知道疲累。他好像在寻找什么，急切地寻找着。可是，满大街看去，并没有他要寻找的“什么”，甚至，连“什么”的迹象也没有。他奇怪了，怎么啦？“十月革命”十三周年，风云变幻的上海滩，竟然如此“平静”吗？在如此“特别”的日子里，上海滩怎么会平静，又怎么可能平静？只是，聂耳不知道啊！上文已叙，中国左翼文化总同盟几天前就在策划组织大规模的游行活动了。不料，反动当局从“风平浪静”的表象中察觉到了什么，预感“十月革命”十三周年，上海将会有一场“暴风雨”，为了预防“不测”，当局出动了大批警察，还有军队，严密设防，在上海闹市中心，更是加强了警戒。中国左翼文化总同盟决定改变策略，不举行游行活动，将大规模纪念活动改为“飞行集会”，在上海闹市中心散发传单，在街头张贴标语，在“特别”的日子，用“特别”的斗争方式，抗议国民党反动势力“文化围剿”。

黄昏时分，聂耳回到了福兴公寓。

“当！当！”远远传来江海关大楼钟声，一下，又一下，整整敲了六下。聂耳又离开福兴公寓，仍然向着英大马路走去。他的情绪特别高涨，夜上海的五光十色，货橱中陈列的那些洋货品，他一点也不感兴趣。他一路走，一路想：“我该要怎样热烈地叫喊着些什么？”

是啊，在这个“特别”的日子里，聂耳很想“叫喊”，他的心已经和“十月革命”十三周年联系在一起了。走着，看着，他忘记了时间。前面就是跑马厅（今人民广场）了，他看看时间，七点三十五分。他想，这时候，上海的纪念活动结束了吧？可惜，竟没有赶上！他在跑马厅附近转了好长时间。耳边又传来“当！当！”的钟声，八点了，跑马厅沉沦在浓浓的夜色中，没有一点“特别”的模样。

“这事无疑地是临时发生了变动而没有动员或改了时间，因为周围的景象丝毫没有表现出这里是曾发生过某种事变的。”聂耳这样一想，释然了。他离开了跑马厅，缓步，折回英大马路，转到北四川路，不由“啊”地叫出了声——

北四川路口，早已密布了华洋巡捕，凶神恶煞般，眼光在周围不住地放射！上海滩，

跑马厅远景图

和昆明一样，反动当局的面貌同样狰狞啊！

一天，整整一天，就这样过去了。在这样一个“特别”的日子里，聂耳留下的是“特别”的感受：上海，白色恐怖！上海滩和昆明竟然毫无二致！

“我是为社会而生”

一弯新月，缓缓地升上了夜空。

同春里睡了，福兴公寓睡了。周围，静悄悄的，公平路、百老汇路一带，灯光朦胧，投射路面，连这灯光，也都是昏暗，冷冰，没有一点儿生气。

黄浦江，离同春里不远，这时候，躁动着，流淌着，江水哗哗，仿佛是上海滩睡梦中发出的鼻息。

聂耳睡不着，一缕乡愁，爬上了心头。几千里外，有生他养他的母亲，有手足情深的哥哥和姐姐。现在，人各一方，能不思念家乡，不思念母亲，不思念亲人吗?

母亲好吗？二哥、三哥、二姐，都好吗？还有，袁春晖呢？亲人的音容笑貌，浮现在聂耳面前：甬道街、端仕街、威远街、藩台衙门菜市铺房，影像般，在眼前闪过。那里，留下了他多少脚印啊！这些日子来，他一直在盼望家乡来信。这天，他终于收到了三哥聂叙伦的来信。读完信，他立刻给三哥写回信：“近几天我是那么迫切地望您的信来，望一切故乡的信来，今天终于望到了。”

往事历历，如影相随，离井别乡，挥之不去的，是盘亘在聂耳心头的缕缕乡愁！他在上海生活了五年，寄回昆明的书信有五十多封，其中有写给母亲的，也有写给二哥和三哥的，每一封信，都寄托着他对家乡、对亲人的深深眷恋之情。他在信中问候母亲，问候哥哥和姐姐，向他们倾诉内心苦闷，倾诉自己对于理想和信念的追求。他在写给母亲的信中说：“我是为社会而生的，我要在这人类社会里作出伟大的事实。”他的理想、抱负，流淌在字里行间。来到上海几年后，当他沉浸在音乐创作的快乐中，当他的音乐作品随着他的名字在社会上广为传播，他的思乡之情越来越浓了。后来，他曾经在给二哥聂守诚的信中说：“当我在追忆故乡的时候，很想放弃了我在外面发展的一切玄想，奔到妈妈的膝下，哥哥姐姐的面前。但冷静分析一下，还是应当处处要顾及。我现在上海的音乐界、戏剧界、电影界，已经算是有相当地位，这地位并不是像一般人的空虚，完全是人家看到自己的真本事，所给予的一个信心，这不能不说是自己的苦斗所得。我相信，只要我不断地努力下去，忍苦耐劳地奋斗下去，我的前途，不会永远是如此灰暗的。当我想到这儿，我的血液沸腾了！坚定了我的志愿干下去！！！”

几回回，鸿雁传书，带着聂耳的思乡情，让他一次又一次，梦回昆明；一次又一次，情断西山。

第四章 西山情深深

西山，位于昆明西郊，碧鸡山、华亭山、太华山、罗汉山，巍峨耸立。这里，风景秀丽，名胜古迹甚多，自古就有“滇中第一佳境”之誉。站在西山脚下，远望，波峰连绵，层峦起伏，油绿色的是树，黑褐色的是岩。一场透雨，西山如水洗般，明净、清新，空气格外透明，沁人心脾。江曾祺写有《昆明的雨》，老先生饱蘸着昆明的雨水而写：“昆明的雨季是明亮的、丰满的，使人动情的。”

西山不只有巉岩，也不只有悬崖，更有满眼的绿色。放眼望去，绿色如生命，勃发生长。登上西山之巅，俯瞰，一城春色半城柳，昆明全城尽收眼底。看那滇池，前后蜿蜒，绵延五百里，浩浩汤汤，让人不由感叹：“白水漫浩浩，高山壮巍巍！”

高高的云松

昆明人有游西山习俗，“三月三”是民间的“耍山节”，在这个传统节日里，当地人将“游西山”作为一项重要的节庆活动，扶老携幼，进山烧香，朝拜礼佛。对于西山，民间更有“不上西山不知树，不到龙门不识路。不登西山太华峰，不知日月山何处”的说法。

滇池

在西山的一个小山坡上，有一尊汉白玉做的雕像，高高耸立。一张年轻人的脸，已经凝固在神圣的一刻了。他的墓地，造型比较特别，形状如一把月琴，发音孔的位置就是墓穴。墓前，有一个很大的平台，那是用二十四圈石料铺成的，象征着一个年轻的生命，在二十四岁那年离开人世。墓地上的七个花坛，如七声音阶，在无声地演奏着如歌的岁月。花坛内，鲜花簇拥，红的大红、白的雪白，还有黄黄的菊花，一朵又一朵，在艳阳下葳蕤盛开。这里，埋葬着聂耳的骨灰。那尊汉白玉雕像，就是后人为他雕塑的立像。

云松，是云南的名树种之一。1959 年，著名剧作家于伶从上海专程来到昆明，去昆明植物园买了五棵云松，亲手将它们栽在西山聂耳墓地。半个多世纪过去，当年不足一米高的五棵云松，如今都已长得很高很高了。

于伶站在聂耳雕像前，神色凝重，默然无言，岁月之河还在流淌，历史翻过了沉重的一页。

一个远去的时代，如镜头般，闪回——

聂耳在青少年时期，西山是他去得最多的游览胜地之一。太华山上有一座寺庙，叫太华寺。美人峰和三清阁之间有一座山峰，叫美人峰，登上峰顶，极目远望，湖光山色毕现，昆明城一览无余。这里，是聂耳最爱游览和观赏的山景之一。还在读中学的聂耳，有一次游览西山，回到家，余兴未减，写了一篇作文《旅行西山之感想》，记叙了游览西山的经过："乙丑十一月一日，本校（云南省第一联合中学）旅行此地焉。是日天气晴朗，秋风和畅。七时出发，七时半开船。经草海，十时抵山麓，至吴家庄午点。邀同学二三，直上三清阁。又往龙门，至所谓之石房子，又至绝顶。往下望之，则见舟若小叶，

左：西山聂耳墓
右：西山云松

人小若蚁。二时即下，三时午餐，摄影后约近四时矣。”游览中，他的心境旷达，兴味盎然，不由感叹：“夫是日之旅行，余不觉欣然而喜，悠然而叹。”

聂耳对西山的情感深厚，甚至可以说，他对西山的爱，简直到了痴迷、痴醉的程度。读初中时，聂耳也常常去西山游览。他写过一篇作文，如前所述，就是那篇《我之人生观》——

> 人生于世，究竟为的什么？自然是：穿衣啊、吃饭啊、读书啊、升学啊、游历啊、结婚啊、病啊、死啊，不过如此而已。又问，所以要穿衣、吃饭、升学、结婚等，其终点究竟收得什么效果呢？总是不免于死——所以，人生在世还有什么兴趣呢？总括起来，人生实在是“无味”！

聂耳意犹未尽，想了想，又拿起了笔，接着写了下去——

> 现在不妨来谈一谈我的人生观：
>
> 我的人生观，非是宗教家的、哲学家的，以及科学家的。不过，世界实是一个幻想，我想我们虽然一天一天过去，表面上不觉得什么，实际上还受政府和外人支配管辖。我觉得最好是等到大学毕业，去游历一转之后，对于学术有点研究，并且还有几个钱，那时我们又将如何呢？不消说，来到滇的西山，买点极幽静的地方，或是在省外也有极静或山水清秀的，也还是可以。约得几个

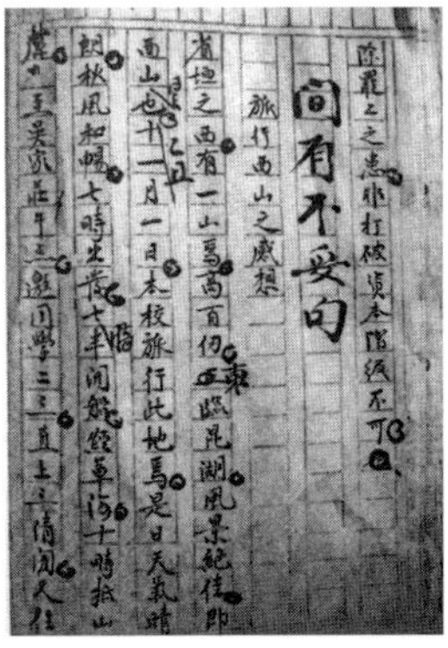
旅行西山之感想

聂耳作文《旅行西山之感想》

> 同志，盖点茅屋，一天研究点学问，弄点音乐。不受外人支配，也不受政府管辖，如此，岂不是就终了我的一生吗？

带着批判的眼光读聂耳的这篇作文，他想在西山隐居遁世的想法，并非积极，反映了年少时代懵懂的人生态度。难怪，老师看了，很不客气地批评他，写下批语：“青年志望宜远大，不宜作隐逸之想。”但如果从另一角度分析，聂耳这种遁世之念，反映了他对于现实生活的不满。虽然，他的遁世之念太过消极，但对于一个十一二岁、涉世未深的孩子，除了在作文中发泄“遁世情绪”，还能做点什么呢？正在成长中的聂耳，只能借助幻想，选择一个山清水秀、极幽静的地方，盖一所茅屋，做学问、弄音乐。从中，更可看出，聂耳的西山之情，何其之深！

可又有谁能预料到，一语成谶，聂耳一句戏言，日后竟成为现实！十多年后，他回来了，回到了梦中的西山。不过，他再不能看上一眼西山了。魂归故里的他，静静地，被家乡的亲人们安葬在西山的一个小山坡上了！这里，正是他生前渴望寻找的山清水秀、极幽静的地方。然而，开阔的墓地，取代了他年少时曾经在意念中闪现的“一所茅屋”了。

一个象征聂耳二十四个短暂生命年华的花环，是用二十四朵鲜花制作的，它是如何安放在西山一个山坡上的？聂耳又是如何魂归故里的？有关这样的话题，暂且按下，留待以后展开。这里要说的是，在聂耳的心里，西山是一个永远割不断的情结，西山的秀丽，早就深深地埋在了他的心底。在求学年代，他和同学常常去西山游玩，其中有他的恋人袁春晖。他深爱着袁春晖，到了上海，他一直在思念着袁春晖——

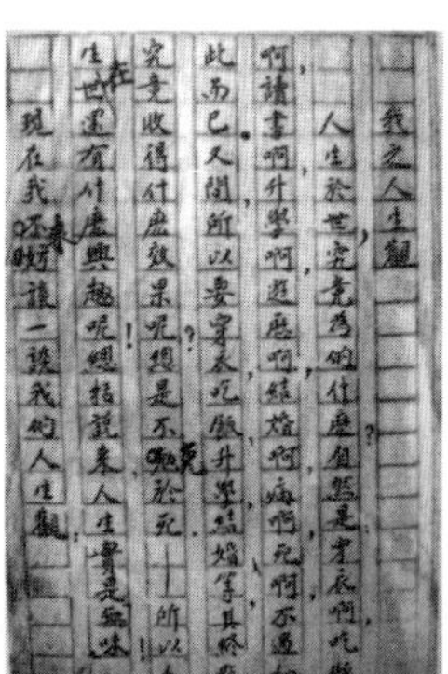

聂耳作文《我之人生观》

1931 年 1 月 9 日清晨，聂耳从睡梦中醒来，睁眼一看，窗外正下着鹅毛大雪。昆明，四季如春，终年无雪。上海，就不一样了。此刻，窗外的雪，越下越大，纷纷扬扬的，漫天飘舞。这是聂耳来到上海后遇到的第一场大雪。北风呼号，雪花朵朵，气温骤降，和他同住一间斗室的段维善和“老头”高瑞昌还在酣睡。他看了看他们，将身子歪了歪，又进入了梦乡。

睡意蒙胧中的聂耳，清清楚楚地记得，袁春晖的生日正是今天！这个日子，他怎么忘得了呢？如果在昆明，是和袁春晖结伴去西山游玩？还是在家里举行一场小小的音乐会？可现在，隔山隔水，袁春晖远在几千里之外啊！

情寄缅桂花

缅桂花树，也叫白兰花树，是中国著名的花木之一。常见的缅桂花树，高 2 米到 5 米，有的高达十多米。缅桂花树，先长叶，后开花，花呈白色，清新，淡雅，有一股淡淡的、雅雅的香味。缅桂花树的花期不长，短的花期，只有十天左右就开始渐渐凋谢了。

缅桂花，开在缅桂花树的树梢梢上，就像初恋的姑娘，朦朦胧胧，高不可攀，象征爱之纯洁，情之真挚。将几朵缅桂花，放在枕头边，连梦中都能感觉到爱的芳香。每到夏天，昆明人采下缅桂花，用棉线串在一起，挂在胸前，清香扑鼻。

昆明人对缅桂花有着特殊的情感，往往用来表达自己的情意。聂耳后来东渡日本，

袁春晖（右）和她的女友

溺亡大海，人们打开他的遗物小提琴盒，发现琴盒里有几朵缅桂花。由于存放日久，它们已经枯萎了，但仍然不改芳香，隐隐地散发着缅桂花树的情怀。这几朵缅桂花，是聂耳母亲从故乡寄给他的，生活在异国他乡的聂耳，收到母亲寄自故乡的缅桂花，深深地感受到了母爱，将它们收藏在小提琴盒中，只要一打开盒盖，他就能感受到故乡的气息，感受到母亲的关爱、呵护。

玉兰花，和缅桂花一样，也可用来传递青年男女之间的情感，寄托爱情和思恋，聂耳给袁春晖写过一首情诗，就是他借花抒发自己的爱恋之情——

记得你是一朵纯洁的玉兰。清风掠过，阵阵馨香，我心如醉，愿人世间常留你的芬芳。记得你是一只小小的鹂莺，百转千回，娇娆娉婷，声声迎来阳春似锦，辽阔大地，请和我共鸣。

聂耳这首情诗，写于上海，寄于上海，题在袁春晖寄给他的照片背面。那张照片，是三位妙龄少女的合影，一位是袁春晖，一位是袁春晖的表妹，还有一位是袁春晖的女友。

袁春晖是张庚侯亲戚，比聂耳小一岁，和聂耳相爱时，正在昆明东陆大学读书。她也是一位文艺青年，喜好唱歌、跳舞。一次机遇，月老用红丝线将她和聂耳的感情联系在了一起，而介绍他们认识的，正是张庚侯——

袁春晖姑妈，是云南省立师范附属小学的老师。那年，学校筹办游艺会，姑妈特意邀请袁春晖和她的姐姐到学校去表演节目。姐妹俩在游艺会上演唱歌曲《三蝴蝶》，为她们伴奏的有两个人，其中一个是张庚侯，用风琴伴奏。还有一个，就是聂耳。

自从在游艺会相识后，聂耳和袁春晖经常联系，和爱好文艺的朋友们聚在一起，唱歌、拨弄乐器。袁春晖的嗓子好，歌唱得好，她和大家唱得最多的歌曲有萧友梅的《春闺怨》《渐渐秋深》，流行歌曲《春朝曲》《杨花》，民歌《木兰辞》《周妃怨》，还有深受聂耳喜欢的《梦幻曲》。每到相聚的日子，聂耳拉小提琴，张庚侯弹曼陀铃，共同的爱好，使聂耳和袁春晖的心擦出了感情火花。他们相爱了，经常结伴旅游，翠湖、大观楼、玫瑰花田，还有西山，那是他们最喜欢去游览的地方。

时间在悄然流逝，聂耳和袁春晖的情感也在悄然加深。交往中，有个细节无声地传递着他们心中的秘密：一天，袁春晖来到聂耳家，归还向聂耳借的书。袁春晖离去后，聂耳打开书，一看：哟，几朵缅桂花！他明白了，这是袁春晖的寄情之物啊！一股爱的暖流，涌上了他的心头。

1932 年秋，聂耳在上海接到袁春晖来信，信中夹着一张照片，也就是上文提及的、聂耳在照片背面题写情诗的那张袁春晖等三人的合影照，看着照片上的袁春晖，他的心飞回了昆明。他和袁春晖的情感，朝朝暮暮，剪不断，理还乱啊！他拿起笔，在照片背后，感情激扬地写下了这首诗，表达自己对于袁春晖深深的爱恋：热烈，奔放，一如缅桂花，馨香、芬芳、恒久。

以花传情，以花示爱，聂耳和袁春晖的爱恋，还有一个细节，他们以“昵称”表示朦胧的情感，聂耳称袁春晖为“小三晖”，还有“吹吹灰”。袁春晖呢，那就更加“戏谑”了。聂耳在聂家四兄弟中排行“老四”（彭寂宽对爱子聂耳昵称“老儿子”，有时候也喊他“老四”），他家养了一条小狗，袁春晖“借题发挥”，称他为“聂四狗”。几年后，聂耳因“黑天使”事件，暂别上海去了北平。他和袁春晖分别日久，他的心牵挂着袁春晖。恰巧，有朋友要回昆明，他特地去商场买了一只橡皮小狗，托这位朋友转交袁春晖。橡皮小狗，不正是他的“化身”、袁春晖心中的“聂四狗”吗？好事多磨，有情人难成眷属，聂耳托朋友将橡皮狗从北平带回昆明，袁春晖和他的恋情这时出现了变化。

彭寂宽对聂耳的婚事牵肠挂肚，好几次催促他：“妈知道你喜欢小三晖，还是去提一下亲吧！”聂耳当然知道母亲的心思，但他还在读书，再说，他想干一番事业，想来想去，还是将结婚这件事搁一搁吧。于是，他对母亲说：“我还小，还在读书，还没有到结婚的时候。”究竟要不要结婚呢？聂耳也很矛盾。不错，他是深爱着袁春晖，但他更要为理想奋斗。他的矛盾心情，反映在 1930 年 1 月 15 日写的日记中：“晚上，天空悬挂着一个非常明亮的月亮，张君同我散步到翠湖，我有一种想法：1. 我不能够把 C 从我的‘想念’里除去。2. 我不能把 C 从我的‘爱慕’中除去。3. 若我同 C 离别，没有把握我会同另外一个人。4. 若是我牺牲了我的想念，我不可能满足 C 的希望。5.‘结果’是：我艰苦地进行我的‘想念’。”聂耳在日记中指称的张君，是张庚侯。C 呢，就是袁春晖。他深爱着袁春晖，但同时，他又不想结婚，将婚姻看作是实现理想的“坟墓”。

在上海完成了“年谱”

聂耳对于袁春晖的爱恋，在他写的“年谱”中，早就有所流露了。“年谱”并不长，但很详尽。在昆明，他写了自己的“年谱”，但只写了个“开头”，没有最终完成。初来上海，云丰申庄有很多事要做，缠得分不开身，他没有心思考虑“年谱”的事。三个多月后——1930 年 11 月 8 日，他终于一了心愿，完成了“年谱”。

是年，聂耳十八岁，在“年谱”中披露了十八年来的生命轨迹，为自己十八年的人生脚步留下了真实记录。以下，就是他在上海同春里完成的“年谱”——

（1912）民国元年二月十四日是我的生日。家里的人有父母，兄三，姐二。父亲是一位中医，又开着一个药材铺，家里开支便是由此产生。

（1916）父亲死了，那时我有四岁。据母亲讲莫说遗产没有，就是几角钱都没有留下。

（1918）民国七年春，六岁时，入昆明师范附属小学校初级一年级。在先我没有入过幼稚园也没有入过私塾，但那时我已认识了一两千单字。这是一个分校，各种设备都没有本校的完备。

（1921）民国十年冬，九岁时，初小毕业，这四年的教师都是杨实之先生。他教我们非常热心，所以我们这班的成绩也较别班有点差异。当时各校成立童子军，我也是被提选之一。据杨先生不客气地说：“你们在童子军里面，不但升高级没有什么问题，并且一定是入本校的。”我听了这话，当然高兴得不得了。可是能不能入童子军却又是问题，因为童子军是要穿着多么好的洋衣服，短裤子，头上带（戴——作者注）着宽边帽，手里拿着长棒棒，腰上还挂着一把小刀，一圈绳子。这些东西都是要自己出钱做的。固然，我知道我没有这样的能力，我的妈妈绝不能把一家人吃饭的十几元钱通通拿给我缴费。然而，为了要实现这种荣耀的事——穿洋衣服……升高级，入本校……不能不老着脸跑到妈妈的怀里管它三七二十一地问她追要。经我多番地和她解说入童子军的好处，和杨先生对我们讲的那些利害关系后，结果她还是不允。实在说，哪里会是她不允？生活都是只能勉强维持，她又能怎样想法去找这几十块钱?! 她又何尝不知道这种荣耀的事是应该给她的儿子做的。

举行毕业仪式是在孔庙里，各学生吃了一碗酥肉面。

（1922）民国十一年春，十岁时，入高小。果真不在本校，是分入一个私立的求实小学，地点是在孔庙里［聂耳在以下涂去："各班都有 ××× 课程，每星期还有两次的（听讲），×× 当然是 ×，宣讲者是穿了长袖 ××××，戴小帽，腰带上挂大表的 ××××××× 勉斋老先生，真是孔气十足。"其中的 × 字辨认不清］。

（1924）民国十三年冬，十三岁时，高小毕业。在这三年的旧制高小（四三制）里的级任教员，在先是伍老师，教了一年，后来便换晋荣华老师，直到毕业。在高小的后两年，成绩都是全班第一，曾任了学生自治会的会长。土司参观本校时，代表学生致词。土司误听我说的"辅助"为"补助"，他便捐助校里四百元。我演新剧、双簧就是在这年开始。音乐已成全校之冠。在毕业前一学期曾投考省师，未取录。

（1925）民国十四年春，十四岁时，投考云南第一联合中学第九班插班生（一学期），是被取录的十名之一。经了不少困难才决定入学，费用还是别人借给的。

（1927）民国十六年秋，十六岁时，初中毕业。家里叫我谋相当职业（因环境实不能给我升学）。适省师招考新学制高级师范生，在我和母亲到玉溪的时候预备了所考学科，上省应考。天哪！这云南惟一的公费学校啊！那投考人数之多，监视之严，实在比我前次的投考初师增加了几倍。两次的复试，出三次榜，也算侥幸高中了。虽然是公费，在入学前难免没有一些困难。老实说，若是保证金和卧具不是自己去想法，当然也不会有进的希望。入国语组。

（1928）民国十七年十一月二十九日，随十六军所招新兵离滇。经广州、韶州至郴，过了一星期的新兵生活。后得朋友的介绍得了一个文书上士的位置，每月领饷十六元小洋，伙食在内。

（1929）民国十八年三月，随十六军军官团编入广州第八路总指挥部军团驻广州燕塘。因别军所编入的尚未到齐，我们一天只是吃些闲饭，并没有做过什么几操几讲。

四月，军官团发资遣散，领到旅费四十元，一月饷银三十五元。住旅馆。入剧校一日，又住旅馆。

五月回滇，仍入省师原班肄业。

十一月，校里举行大规模的游艺会——戏剧研究会成立大会，我曾睡了棺材。三日，校门口的人真挤！

（1930）民国十九年一月一日，开始输爱给她。

七月一日自省师毕业，十日离滇赴沪经商。

Nov.8，1930 Shanghai

（1930 年 11 月 8 日，上海）

这份“年谱”，是研究聂耳的极好档案。一个年轻的生命，只有二十四年，“年谱”记载的生命长度，占了他人生的四分之三。在上海的五年，可惜未能写进他的“年谱”。要不，聂耳短促的一生，记载就完整了。有关他的生日，聂耳记的是 1912 年 2 月 14 日，许多报刊和多种版本的书，也说是 1912 年 2 月 14 日。据聂耳研究学者崎松（刘本学）先生考证、聂耳亲属确认，聂耳的生日应当是 1912 年 2 月 15 日（本书按《聂耳日记》记载，将聂耳的出生日定为 1912 年 2 月 14 日——作者注）。

有关聂耳和袁春晖的恋情，聂耳在他的“年谱”中也写得清清楚楚：“民国十九年一月一日，开始输爱给她。”他在“年谱”中所说的“她”，指的就是袁春晖！

民国十九年一月一日，也就是 1930 年 1 月 1 日，聂耳在昆明已经确立了和袁春晖的恋爱关系。到了上海，他经常写信给袁春晖。上海和昆明，两地相隔遥远。他和袁春晖鸿雁传书，继续两地情思的故事，直到有一天“情变”。

在福兴公寓，聂耳给袁春晖写了很多信。他时刻盼望着袁春晖的来信，只要袁春晖的信姗姗来迟，他就会显得分外焦虑。他在日记中写道：“最近的一月来，连她的信都没有来。”实际上，远在千里之外的袁春晖，也在牵挂着、思念着她心中的“聂四狗”。袁春晖在来信中鼓励聂耳，要“做一个不平凡的人”！她深深地了解聂耳，知道他要为自己的音乐事业拼搏，希望他报考上海国立音乐院（今上海音乐学院）。聂耳也有这样的想法：在昆明，他所学的音乐，很不专业，进上海国立音乐院深造，接受正规教育，岂不是一件好事？

袁春晖所说，也正是聂耳所想：报考上海国立音乐院（国立音专），去接受正规的音乐教育。但是，聂耳报考时，已经是他到上海的第四年了，而此时，他和袁春晖的恋情也已经破裂了！

云丰申庄倒闭

1931 年 3 月 19 日，这是一个令人沮丧的日子。一个坏消息传到上海：昆明云丰商行老板偷逃烟草“特别税”，被地方当局查获，课以重罚。重压之下，老板不得不宣布：云丰商行倒闭。

聂耳的心一下沉重起来：“青天白日中突来一个霹雳：‘滇记’已发生问题。这事显然在不久的将来要给我一个生活的变异：回去吗？还是找别的事？这两个问题突然萦绕着脑际。”

果然如聂耳所预料，他的生活真的面临“变异”了：随着昆明云丰商行关闭，上海云丰申庄也歇业了。

从 1930 年 7 月 24 日踏上上海，到“面临变异”这一天，聂耳在福兴公寓工作、生活了半年多，想不到，“晴天一个霹雳”，他就要失业了。

回昆明去？不行。留在上海？也不行，没有工作，没有收入，日子难以为继。在上海找一份工作？谈何容易！不是吗，云丰申庄关门歇业前半个多月，国际无线电台招录职员，聂耳作了准备，想成为国际无线电台的一员。考试那天，他很早就到了考场。考试现场已经有很多人在等候了，他们比他来得还要早。下意识告诉他，在上海找一份工作，很难，尤其是像国际无线电台，有这么容易跨进去吗？国际无线电台招录八名职员，前来“赶考”的，竟有三百多人！以后，聂耳又去了几个地方应试，仍然一无所获。

怎么办？聂耳陷入了进退两难的境地。

夜幕下，夜上海灯红酒绿，霓虹灯闪闪烁烁。黄浦江，浊浪翻滚，来来往往的船只，用船头犁开浊浪，拉响汽笛，在艰难地向前航行。

聂耳走出福兴公寓，来到黄浦江畔，看那江水流去，茫然若失。前路漫漫，哪里是他的人生驿站呢？一年前，逗留在广州街头的情景，一下浮现在他的眼前：难道，身在上海，也要陷入那样尴尬的境地了吗？

聂耳正感到左右为难，脑海里突然出现一所学校：南京军官学校！他想，何不前去一试？倘能被这所学校录取，既解决了衣食问题，又可以了却夙愿，毕竟，自己以前也有过弃学从军的热情啊！第二天，他想去朋友那里打听一下，南京军官学校是一所怎样的学校。突然，《申报》一条招生消息，引起了他注意："歌舞组，女生三名，年龄十五至十八，中学程度，能说标准国语，且学过歌舞者；音乐组，男生三名，年龄十五至二十二，中学程度，并习过器乐，或声乐能对谱奏唱者。初试及格者，先试习一星期，供给午晚餐。待复试及格录用，学校提供膳宿，另按月发给十元津贴，六个月后发薪。"

落款是：联华影业公司音乐歌舞学校。

千载难逢，千载难逢！

聂耳决定：去报考，进联华影业公司音乐歌舞学校学习。

聯華影業公司音樂歌舞學校招考練習生啓事

联华影业公司音乐歌舞学校招生启事

第五章 罗明佑和“联华影业公司”

在上海，聂耳从创作《口琴曲》起步，渐渐步入乐坛。短短五年，是他人生之旅最有成就的五年。五年中，他创作了四十二首音乐作品，其中，电影歌曲最多，如《桃李劫》主题歌《毕业歌》，《大路》主题歌《大路歌》、插曲《开路先锋》，《风云儿女》主题歌《义勇军进行曲》、插曲《铁蹄下的歌女》等，这些电影歌曲，从银幕走向社会，深刻地影响了民众的社会生活。《义勇军进行曲》几十年来响彻中华大地，鼓舞着一代又一代炎黄子孙迎着惊涛骇浪奋勇前进。从一位业余音乐爱好者，到成为中国音乐史上的一位重要音乐家，聂耳是如何走向他人生之巅，又是如何与银幕上的歌声结下不解之缘的呢？

电影，从流动到固定放映

1895 年 12 月 28 日，法国巴黎一家普普通通的咖啡馆。

卢米埃尔兄弟在这家咖啡馆地下室放映他俩拍摄的一部短片。谁也没有想到，卢米埃尔兄弟的这次“市场行为”，造就了电影的产生，成为划时代的影事。将这一天定义为世界电影的滥觞之日，可以说，毫不为过。据此推算，在世界范围内，电影业的存在，迄今已经有一百多年历史了。然而，至今尚没有“定论”的是，中国什么时候出现电影的？有关世界电影传入中国的时间，也一直存在着两种不同版本的说法：其一，自从卢米埃尔兄弟发明电影以后，说是推广、发行也好，说是“市场行为”也罢，一个公认的事实是，卢米埃尔兄弟不遗余力地奔走，第二年年初雇人分赴世界各地放映他俩拍摄的电影，其间，也到过中国进行宣传；其二，卢米埃尔兄弟到了亚洲，曾经去过印度，并没有到过中国。这两种不同版本，都是言之凿凿，言之有据。卢米埃尔兄弟究竟来没来过中国，宣传过他们的电影？并没有一致的说法，有待电影学界进一步研究。有案可稽的是，就在卢米埃尔兄弟发明电影后的八个多月（1896 年 8 月 10 日），上海《申报》登出了一条广告：徐园“又一邨”放映“西洋影戏”。

徐园，位于苏州河北岸西唐家弄（今天潼路 814 弄 35 支弄），《申报》刊登的这条广告，是中国报纸第一次刊登有关放映电影的消息，因而可以推断，徐园“又一邨”放映的“西洋影戏”，是中国第一次放映电影。据《中国电影产业史》记载：“1898 年 5 月 20 日在上海《趣报》上发表的《徐园纪游叙》一文，提供了徐园放映的纪录短片目录：‘……堂上烛灭，方演影戏。第一出为《马房失火》，第二为《足踏行车》，第三为《倒行斛斗》，第四为《酒家沽饮》，第五为《广道驰车》，第六为《瞻礼教堂》，第七为《左右亲嘴》，第八为《春度玉门》，第九为《扑地寻欢》，第十为《空场试马》，第十一为《水池浴戏》，第十二为《造铁击车》，第十三为《执棍腾空》，第十四为《秋千弄枝》。以上各出，人物活动，惟妙惟肖，瞩目者皆以为此中有人，呼之欲出也。’”《中国电影产业史》记载的这段文字，也记载了上海第一次放映“西洋影戏”是在徐园，同时对于如何放映“西洋影戏”也有详细记录：“徐园的首次放映是将影片穿插在‘戏法’、‘焰火’、‘文虎’等游艺杂耍节目里的，此后，延续放了几年，多为法国影片。徐园的原址早在 1900 年左右因拓宽马路而拆除了。”

《趣报》发表的《徐园纪游叙》，比 1896 年 8 月 10 日《申报》徐园放映“西洋影戏”的广告，时间上晚了将近两年，如果将视线平移到两年前，重读《申报》上的那条广告，更可看出，在徐园“又一邨”放映的“西洋影戏”，内容并不单一：“西洋影戏客串戏法”的节目有《蛤蜊斗法》《火树银花》《玉堂富贵》《鳌鱼化龙》《五彩遮灯》等。将这两份前后相隔将近两年的报纸消息相互对照，徐园“又一邨”当年放映“西洋影戏”的情景宛若眼前。然而，从节目单看，徐园“又一邨”放映的“西洋影戏”，似乎还是以娱乐为主，而真要说上海“正儿八经”地开始放映电影，当首推位于威尔斯桥（今外白渡桥）北堍的“礼查饭店”（今浦江饭店）。

礼查饭店建于清道光二十六年（1846）。1896、1897 年间，礼查饭店建立五十周年，为了纪念这个并不寻常的日子，饭店内升起了一块银幕，用来放映法国人拍摄的纪录片，这是出现在上海滩的第一块放映电影的幕布。它的出现，在上海电影历史上，意义非同一般，即便是在中国的电影史上，亦可称为是“破天荒”之举，上海因此成为中国最早放映电影的城市。

礼查饭店主业并非放映电影，但西风东渐，西人这时候在上海开始经营起了电影业，都是流动放映，他们或在茶馆、酒楼，或在公园露天放映，其时，上海还没有固定的、专门以放映电影为业的影院。因此，礼查饭店此举，开创了上海放映电影的先河。1899年，西班牙商人加仑白克来到上海，经营电影放映业，也是流动放映，他先后在四马路（今福州路）升平茶楼、乍浦路跑冰场、湖北路“金谷香番菜馆”借用场地进行电影放映，加仑白克不善经营，不久便将放映机等转让给他的朋友安东尼奥·雷玛斯。此人不同凡响，接手后，先是在乍浦路继续放映，因看的人不多，遂将放映机等搬至大马路（今南京路）上一家广东商人开的同安居茶园，时间不长，仅两个星期左右，迁往四马路青莲阁。雷玛斯显然有了长期经营打算，不仅在青莲阁升起了白布银幕，而且还专门雇用人手在门口吹吹打打，招揽生意，这是上海放映电影的第一个固定场所。由流动放映到固定场所放映，雷玛斯可谓第一人。

1908年，雷玛斯在上海又有“破冰”之举——建造电影院，上海遂成为中国最早拥有电影院的城市，从此结束了中国没有电影院的历史空白。雷玛斯此举，虽然是一种商业行为，但他压根儿没有想到，他的“破冰”，使上海成为一座拥有电影院的滥觞之地。

那么，中国人是什么时候开始拍摄电影的呢？

早期礼查饭店（浦江饭店），中国第一块银幕在这里升起

罗明佑另有所图

实际上，雷玛斯在上海建造电影院的三年前，中国人就已经开始拍摄电影了。

电影《定军山》，是中国人拍摄的第一部电影。虽然时间上比法国卢米埃尔兄弟发明电影的时间晚了整整十年，但《定军山》的拍摄和上映，不啻向世人宣告：中国人开始拍摄电影了。可以说，《定军山》的拍摄，开创了中国人拍摄中国电影的时代，具有划时代的意义。

《定军山》是一部京剧电影，由京剧谭派创立者，享有“伶界大王”之誉的谭鑫培主演。在行内有“无腔不学谭”之说的谭鑫培，十岁那年随父亲到了北平，第二年即进小金奎科班习武丑，后改武生及文武老生，1863 年出科，二十三岁搭建三庆班，以演《神州擂》《三岔口》《白水滩》及“八大拿”等武生戏为主。

1905 年，丰泰照相馆用法国制造的木壳手摇摄影机，邀请谭鑫培拍摄黑白无声影片《定军山》。这部中国最早的电影，并没有完整拍摄，仅仅拍摄了《定军山》里的“请缨”“舞刀”“交锋”三个片段，放映时受到观众热烈欢迎，出现了“万人空巷”景象。自此，中国电影在这间小小的照相馆拉开帷幕。1906 至 1909 年，丰泰照相馆先后拍摄了京剧名伶俞菊笙、朱文英、许德义以及俞振庭演出的《青石山》《艳阳楼》《收关胜》《白水滩》《金钱豹》等电影。

1909 年，一场大火将丰泰照相馆烧毁，摄制器材毁没，“丰泰”遂结束摄制业务。然而，作为中国人在北平开设的照相馆，也是第一家由中国人创办的照相馆，丰泰照相

左：中国第一部电影《定军山》剧照
右：中国第一家正式电影院——虹口活动影戏院

馆奠定了中国电影的基础。其后，中国无声电影进入“黄金时期”，时间长达二十多年。

1913 年，中国拍摄第一部故事片《难夫难妻》，编剧为戏剧评论家郑正秋，他和张石川联合导演。同年，黎民伟的《庄子试妻》（即《蝴蝶梦》）开拍。20 世纪 20 年代，中国电影业一改只用男演员不用女演员的惯例，开启了男女演员同上镜头的新时代。1922 年，初具规模的明星影片公司在上海成立，这是中国第一家正规的电影公司。1925 年，天一影片公司成立。1930 年，联华影业公司成立。这三家电影公司的成立，使上海跻身世界电影由“发蒙”到开始发展的行列。明星影片公司成立后，以郑正秋为剧本创作的中坚力量，创作了一批批判封建伦理观，为女性鸣不平的电影剧本。其中，《火烧红莲寺》拍摄完成上映，大受电影迷追捧，在中国引发了一轮武侠电影热潮。后人评论说，中国武侠电影的源头，当推《火烧红莲寺》。

1931 年，《歌女红牡丹》在上海完成拍摄，这是中国第一部有声电影。由胡蝶主演的这部有声电影，终结了中国电影的“默片时代”，开启了电影的“有声时代”。在从“无声”到“有声”的历史跨越中，银幕上仍然还有“默片”在上映，而且是一部优秀的“默片”——“联华”拍摄于 1934 年的《女神》，《歌女红牡丹》的上映，宣告了“默片时代”的式微。

礼查饭店在上海滩挂起第一块银幕，突破了电影放映的零纪录，上海电影放映业蓬勃而起，并迅速发展。十年后，虹口出现了一家活动影戏院，这是上海，乃至中国内地第一家专业放映电影的影院。又一个十年过去，虹口相继出现的电影院有“爱普庐”“幻梳”“爱伦”等八家。20 世纪 30 年代，上海电影业趋向繁荣，虹口北四川路一带，电

左：奥迪安大戏院
右：上海大戏院

影院有三十多家，另外还有四十多家电影公司，几乎占了上海电影业的半壁江山，北四川路成了上海的“影院街”，过河（苏州河）看影戏，是上海市民的生活时尚。

上海电影业蓬勃发展，带动了中国电影业开始走向繁荣时期。然而，电影毕竟是一个“烧钱”行业，从拍摄制作，再到挂起银幕放映，都需要有雄厚的资本实力支撑。在20世纪30年代的上海滩，有影响、有实力的电影制作公司有三家，经过多年发展，这三家电影公司成为上海电影界的翘楚，联华影业公司就是其中的一家。

联华影业公司老板罗明佑，是一位基督教徒，出身殷实之家，其叔叔是当时的中国外交部长。罗明佑原来的专业并非电影，而是法律，他对法律专业不感兴趣，而是看好中国电影业。1919年，二十岁不到的罗明佑在北平开了一家电影院，名真光电影院，这是他进入中国电影界的开始。1927年，经过多年资本积累，罗明佑羽毛渐丰，创建华北电影有限公司。公司创办仅仅两年，兼并、收购并举，打造了以北京、天津为中心，覆盖北方五省的庞大的电影发行放映网络，仅此一端，足可看出，罗明佑其人的运作，并不一般。

华北电影有限公司旗下，有二十多家电影院。通过进一步兼并扩张，联络上海、广州等地的影院公司，短短几年，罗明佑就将华北电影有限公司打造成了中国规模最大的影院“托拉斯”。1929年，罗明佑与黎民伟旗下的“民新公司”合作，拍摄由孙瑜执导、阮玲玉主演的《故都春梦》。第二年，“华北电影公司”和几家规模较大的电影公司合并，成立“联华影业公司”。罗明佑不仅是一位实业家，还是一位社会启蒙家，“联华”拍摄的影片，因而带有相当的社会启蒙色彩。除了电影发行放映，他还涉足制片领域，

左：联华影业公司
右：联华影业公司老板罗明佑

在北京和上海两地设立演员养成所，创办电影刊物，形成了集教育、制作、发行、放映、宣传功能于一体的影业实体。罗明佑知道，要将中国电影业进一步做大做强，人才是关键因素。他在关注着电影人才，举凡优秀的电影人才，悉数网罗旗下。其中，一位留洋归来、有真才实学的才俊进入了他的视线。他，就是1930年代名满上海滩的电影导演孙瑜。

孙瑜学成回国后，罗明佑聘他担任公司导演。孙瑜的加盟，不只是为联华影业公司带来了一股洋味儿十足的新风，还为中国电影带来了美国式的电影拍摄制作法。除了学有所长的孙瑜，罗明佑还聘请了许多电影人才，在联华影业公司旗下，可谓“名角儿”荟萃，如史东山、蔡楚生、田汉、夏衍、阮玲玉、金焰，等等，这些上海滩电影业界的精英人物，组成了1930年代中国电影界的最佳黄金阵容。

从1930年到1937年“卢沟桥事变”发生，联华影业公司拍摄了二十多部影片，《渔光曲》《大路》《新女性》等赢得了大量观众，有的电影如《渔光曲》，在国际上获了奖。说得公允些，罗明佑于中国电影确也有所建树和贡献。既然，罗明佑是一位能干的电影实业家，为何要成立联华影业公司音乐歌舞学校？说穿了，罗明佑是另有所图，他想在电影中引进音乐元素，但这并非他的强项。由此，他想到了上海滩流行音乐的鼻祖黎锦晖。

联华影业公司三大著名导演
左起：史东山、孙瑜、蔡楚生

黎锦晖其人其事

1877 年，托马斯 · 阿尔瓦 · 爱迪生发明了留声机。其后，留声机传入中国。20 世纪二三十年代，上海滩盛行留声机，以唱片、留声机消夏避暑，已然成为上海滩有钱人家的时髦生活方式。上海文化圈，也热衷起了留声机，且成为一种独特的、海派味儿十足的文化景象。文学大师林语堂是其中的一个典型。据说，林语堂较早拥有留声机，他在《说避暑之益》一文中说："带一架留声机……可以听到一年到头所有听惯的乐调。"

1930 年代，在留声机中放送的软绵绵歌曲，在上海滩随处可以听见，其中，播放频率最高，也最为有闲者喜欢的歌是《毛毛雨》："毛毛雨，下个不停。微风吹，吹个不停。"这首歌，是中国第一首流行歌曲，出自"流行歌曲之父"黎锦晖之手。

黎锦晖是一个怎样的人？功过是非，历史自有评说。如今，黎锦晖已经作古，留下的人生轨迹，很值得后人研究——

1891 年，黎锦晖出生在湖南湘潭石潭坝乡长塘村，黎家是书香门第，黎松安、黄赓夫妇生有十一个子女，依次是黎锦熙（男）、黎锦晖（男）、黎锦珈（女）、黎锦耀（男）、黎锦纾（男）、黎锦炯（男）、黎锦皇（女）、黎锦明（男）、黎锦光（亦名黎景光，男）、黎锦文（女）、黎锦扬（男）。

黎家十一个子女，男是龙，女是凤，个个才华出众，在科学界、教育界、文化艺术界等诸多领域各有建树。他们中，有著名语言学家、著名音乐家、著名铁路桥梁专家，还有 1930 年代名扬上海滩的左翼作家。黎锦珈、黎锦皇、黎锦文，堪称黎家"三朵金花"，

黎锦晖

学识学养丰厚，思想前卫。黎氏八兄弟，史称“湘潭八骏”。黎家一门“龙凤共舞”，这种现象在中国近现代史上鲜有其例。

著名学者孙继南先生著有《黎锦晖与黎派音乐》，孙先生在他的书中转引《湘潭黎氏家谱 · 代序》一文如下：

“黎氏一家十一位子女在辛亥革命成功以后至中华人民共和国建国前后几十年近百年，的确为人民作出过各自的贡献，大多在中国历史上留下了适当的记载，有的人有极高的学术成就，有的人在祖国的革命和建设事业中尽了自己的毕生努力和贡献。”

黎锦熙是卓有声望的语言学家，早年在湖南第一师范学校执教国文，曾参加过孙中山先生领导的同盟会。1915 年，黎锦熙被当时的教育部聘为教科书编审员，在北平任职。中华人民共和国开国领袖毛泽东在湖南省立第一师范学校读书时，黎锦熙是他的老师。中华人民共和国成立后，毛泽东提议黎锦熙、吴玉章、范文澜、成仿吾、马叙伦、郭沫若、沈雁冰七人组成“中国文字改革协会”。

黎锦晖自幼喜爱民间音乐，会演奏多种民族乐器。1912 年，黎锦晖加入同盟会，在北平《大中华民国日报》担任编辑。受其兄黎锦熙影响，黎锦晖提倡平民音乐。从 1927 年开始，为了适应十里洋场上海滩文化需求，黎锦晖创作了一批如《毛毛雨》《妹妹我爱你》《桃花江》等解放后被批判为“靡靡之音”的“家庭爱情歌曲”，当时在上海滩广为流传。

黎锦晖从小喜欢音乐，他在《我和明月社》中写道：“我童年玩弄过古琴和吹、弹、拉、打等乐器；也哼过昆曲、湘剧，练过汉剧、花鼓戏，有的没有入门，有的半途而废。十岁起，每年把孔二次，参加习乐习舞；乡下做道场，被邀合奏《破地狱》的乐章；看花鼓戏时，也曾加入演出。读中学时有‘乐歌’课……学过浅近的西洋音乐理论……会弹‘老八度’式的风琴。”

黎家大哥黎锦熙也说：“我们家乡湘潭南境十都咬柴一带的‘花鼓戏’，那可真算是 Mass recitation(大众表演)了，搭草台在山谷间，农夫土工们自由扮演，其乐曲之引人入胜，大非‘阳春白雪’所能及。约当三十年前，我和舍弟均在髫龄，常秘招名小生……来家吃茶，尽传其歌词乐谱……他们绝对只能口授，由我们笔之于书，谱之于管紫。”

生命之河，不息奔流。然而，人的一生，毕竟“长度”有限，唯其不懈追求，永不止步，方能成其大业。黎锦晖活了七十七年，留下了大量脍炙人口的音乐、歌舞作品。在 1930 年代的上海滩，说起流行音乐，少有人不知道黎锦晖其名。他的《麻雀与小孩》《葡萄仙子》《神仙妹妹》《可怜的秋香》《月明之夜》等歌舞作品，风靡了上海滩，几乎家喻户晓。有专家评论他创作的儿童歌曲：“通俗易懂，生动明快。”这与黎锦晖提倡保护儿童创造才能、反对封建教育的创作思想有关，也与他主张的三个创作要素密切相关。黎锦晖曾说：“不论新旧，凡是人民爱好的歌曲和戏曲必然有它的特长；在创作和表演时，怎样表现它的特点和特长呢？”按照他的想法，不外乎三个要素，也就是要让人“听得懂”，要“悦耳动听”，要“感染力强”。他由儿童歌舞创作，转向以创作流行歌曲为主，写下了为人诟病的《毛毛雨》《妹妹我爱你》等不合时代潮流的“靡靡之音”，但就他一生的创作成就而言，瑕不掩瑜。

黎锦晖穷毕生精力，写有一千多首 / 部音乐、歌舞剧（也有人说，黎锦晖一生创作了二千多首 / 部音乐歌舞作品），如此优质、高产的音乐家，时至今日，无论是在中国乐坛，还是中国歌舞界，恐怕是为数不多的。

儿童歌舞剧《葡萄仙子》

中国“国语运动”先行者

20 世纪初叶，风云突起，中国在酝酿一场具有划时代意义的“国语运动”。这场运动，始于桐城派一位古文专家——吴汝纶。

吴汝纶，京师大学堂总教习。1902 年，吴汝纶派赴日本考察学政。考察期间，有一件事引起了他的密切关注：日本全国上下，都在推行以东京话为基础的日本国语运动。看到这样的景象，吴汝纶大为感慨，联想起了中国社会——

为什么中国国民张口闭口，全都是“之乎者也”？为什么这种陈腐之风，沿袭了数千年？难道不能像日本那样，全国上下，兴起一场“国语运动”？

吴汝纶陷入了深深的思考。他从日本的“国语运动”得到启发，带着考察成果和自己的思考回国。他给管学大臣张百熙写了一封信，说了自己的日本之行，也算是有感而发吧，他向张百熙极力推崇日本国语运动，希望中国仿照日本的做法，推行以“京话”（北京话）为标准的“国语运动”。

1909 年，清政府资政院就国语问题召开会议。议员江谦在会上提出，应该为“官话”正名，将“官话”改称“国语”，设立“国语编查委员会”，负责编订研究事宜。1911 年，学部召开“中央教育会议”，通过了《统一国语办法案》。会议出台了一项“决议”，要求在京城成立国语调查总会，各省设立分会，开展语词、语法、音韵等有关语言的专门调查，同时审定“国语”标准，编辑国语课本、国语辞典和方言对照表等一系列措施，以确保“国语”推行。1912 年，民国政府召开“临时教育会议”。会议形成了一项决议：首先从统一汉字的读音做起，并就汉字的读音问题召开“读音统一会”。第二年，“读音统一会”召开专门会议，议定了汉字的国定读音（即“国音”）和“注音字母”（也叫“国音字母”）。

1916 年，北京教育界人士组织“中华民国国语研究会”（简称“国语研究会”），催促北洋政府公布注音字母，要求将学校中的“国文”科，改为“国语”科。“国语运动”的序幕由此徐徐拉开。此项工作，立即得到了各地教育界人士响应。1918 年，北洋政府教育部召开“全国高等师范校长会议”，决定在全国高等师范附设“国语讲习科”，教习注音字母和国语，并在当年 11 月公布“注音字母”。

《新青年》等杂志随即提出“文学革命”口号，着力倡导改文言文为白话文写作。

1919 年，“五四”运动爆发。北洋政府教育部成立由政府主导的国语推行机构，即“国语统一筹备会”，训令全国国民学校，将“国文”科改为“国语”科。同时，通令修改原《国民学校令》，规定学校教育首先要教授注音字母，并且要改革教科书文体、教学方法，如此等等，“国语运动”取得了初步成功。

以胡适为代表的一批“文学革命”者，以黎锦熙为代表的“国语运动”倡导者，在这场声势浩大的国语运动中，打出“国语”旗号，极力推广以官话为基础制定的汉语标准语，提出了“言文一致”“国语统一”口号。在北平的黎锦熙，率先发起成立“国语研究所”。在黎锦熙影响下，黎锦晖投入了“国语运动”，被国民政府教育部国语筹备委员会邀约为首批成员之一。

1919 年，北京大学音乐研究会成立，校长蔡元培兼任会长。黎锦晖是音乐研究会成员之一。研究会设有多个研究小组，其中有一个小组“潇湘乐组”，主要研究对象为民间丝竹音乐。黎锦晖是“潇湘乐组”组长。他在研究中发现，“民间俗曲”很受民众欢迎，由此得到启发：组建一个音乐团体，用歌舞形式，发展民族音乐，推广国语，普及白话文教育。

黎锦晖“愤而辞职”

中华书局是一家老资格出版社，创办人陆费逵是中国近代著名教育家、出版家。光绪三十年（1904），陆费逵创办书店，第二年接办《楚报》，任昌明公司上海支店（书店）经理，参加筹建上海书业商会。光绪三十四年，陆费逵进入商务印书馆，任国文部编辑，后任出版部部长兼《教育杂志》主编。

民国元年（1912），陆费逵创办中华书局，任局长、总经理，主持业务长达三十年，先后出版《中华大字典》《辞海》，重印《四部备要》《古今图书集成》等巨著，为中国国民留下了长传于世的中国文字精要。抗战时期，陆费逵任国民参政会参政员。著有《教育文存》《青年修养杂谈》《妇女问题杂谈》和教科书等多种。一个多世纪以来，中华书局在传播中华文化方面做出了千秋历史功绩。

1921 年春，陆费逵向正在北平的黎锦晖发出邀约，请他来上海参与中华书局编辑工作。这年，“国语运动”方兴未艾，黎锦晖有志在推广国语方面做一番事业，除了民族音乐和歌舞创作，他要做的事还有普及国民白话文教育。接到陆费逵邀请，黎锦晖立即答应，从北平南下上海，在中华书局教科书部担任编辑。陆费逵是识才、爱才之人，黎锦晖的才能得到了他的赏识，来到上海第二年，他被陆费逵聘为国语文学部部长。

然而，陆费逵没有料到的是，黎锦晖后来竟然“愤而辞职”了。

在职期间，黎锦晖敬业精进，成果累累。国语文学部有十八个青年编辑，在他的带领下，“多出书，出好书”，甚而至于确立了“一天出一本书”的目标，这在出版界，简直是一项奇迹！

黎锦晖和十八个青年编辑，没有食言。到了这年年底，他们向社会推出的新书，果然有 360 多本，完成了“一天出一本书”的目标。任职期间，黎锦晖还创办了一份传世杂志《小朋友》，亲任主编、主笔，这本儿童读物很快风靡全国各地，成为孩子们爱不释手的“好看的书”。据记载，其发行量冠于当年全国定期出版的儿童读物之首，影响了几代读者。直到今天，《小朋友》仍然是儿童读物中的畅销杂志。创办《小朋友》，按照独特的办刊思想，将这本当年的儿童周刊办出特色，让全国小读者看了爱不释手，不仅反映了黎锦晖的才能，而且也反映了他提倡国语首先要从孩子教育入手的眼界和胸怀。他认为，国语教育应当从音乐教育和通俗歌曲开始，《小朋友》成为孩子们特别喜欢的杂志，是他成功实践的重要标志之一。

编书，办杂志，只是黎锦晖毕生从事音乐创作的一部分。考其一生，他的前期音乐创作，以儿童音乐和儿童歌舞为主，围绕国语这个核心问题进行推广，意在普及。在他创作的大量儿童歌曲中，一首《老虎叫门》广为流行：“小孩子乖乖，把门儿开开，快点儿开开，我要进来。小羊儿乖乖，把门儿开开，不开不开，不能开，妈妈不回来，谁来也不开。”这首儿歌，形象生动，可读可唱，朗朗上口，还可以表演，用老虎和羊的对话形式，教育孩子们要有自我保护意识，充满了童真、童趣。这首当年风靡上海滩，后来被各地儿童传唱近百年的儿歌，实践了他“白话歌曲辅助国语教育”的理念，被收入国语教材。

20 世纪二三十年代，黎锦晖创作了大量儿童歌曲和儿童歌舞剧，其中不乏《老虎叫门》这样的作品，如《可怜的秋香》《麻雀与小孩》《葡萄仙子》《月明之夜》《三蝴蝶》《神仙妹妹》《小小画家》等，都是传唱一时的经典之作。

黎锦晖的女儿叫黎明晖，也是一位国语运动的热心推广者。黎锦晖兼任上海国语专修学校（简称“语专”）教务主任（后聘为校长）。为了普及国语教育，“语专”组织了三个国语宣传队，黎明晖是第一宣传队的主力，随黎锦晖多次去上海宝山、松江，以及江苏苏州、无锡、镇江、南京和安徽芜湖等地演出，父女俩用白话文演唱歌曲。在演出现场，黎明晖唱歌，黎锦晖拉小提琴伴奏。每当黎明晖唱完，黎锦晖就为歌曲注上字母，并详加解释，邀请听众提出问题，由他当场作针对性回答。父女俩还采用双簧表演的形式，为观众即兴表演琴语。观众用白话文随意写一句话，黎锦晖当场进行创作，为之谱曲，用小提琴拉出曲子，再由黎明晖写出注音字母，翻译成汉语，赢得了满场喝彩！

1927 年年初，中华书局工人因不满资本家剥削，劳资双方发生冲突，进而引发罢工。开始，资方并不以为然，坚持不加薪。劳资双方僵持着，董事会感到，这样下去不是办法，如若不解决“工潮”问题，就要影响书局的日常运作，造成损失，于是不得不作出让步，决定对工人实行“工作八小时，加薪二成”的新规。由薪水问题引发的“工潮”结束了。然而，风未平，浪未静。董事会认为“工潮”的发生与黎锦晖有关。原因是，国语文学部编辑潘汉年、王人路（王人美二哥）等人，都参加了这次“工潮”，黎锦晖身为国语文学部主任，非但不加阻止，反而在背地里支持他们，逃脱不了干系，必须对“工运”事件负责。

左：黎锦晖创办的《小朋友》杂志
右：黎锦晖编写的《大众音乐课本》

黎锦晖被推向了书局董事会的对立面，说什么好呢？黎锦晖想，解释徒劳无益，他不想解释，也不愿解释。去？还是留？当初，他怀着一腔热情，从北平南下上海，参与书局编辑，并为之付出了大量精力。如今，失望、不满，热情降至“冰点”，解释何用？他向董事会递交辞呈，结束了在中华书局的编辑生涯。

歌舞班献演“百星大戏院”

上海公共租界有一条爱多亚路，它就是今天的延安东路。1927 年 2 月，黎锦晖在爱多亚路创办“中华歌舞专门学校”，简称“歌专”，这是中国第一所歌舞学校。上海公共租界行政体制与法租界不一样，法租界更多反映的是法兰西殖民帝国的扩张式侵略色彩，受制于法国驻印度支那总督支配，公共租界是当地外国侨民的地方自治体，不直接受外国领事，甚至不受英国领事管理。黎锦晖之所以选择在爱多亚路创办歌舞学校，大约正是考虑到了这一层因素，也许，在公共租界办学，管理上要相对宽松一点吧。事实上，黎锦晖的愿望太过美好，歌舞学校创办后的“生存状况”并不如他所想。

创办中国第一所歌舞学校，黎锦晖的本意不错，他的确想要培养一批能歌善舞、吹拉弹唱的演员，这是他创办歌舞学校，亦即“歌专”的初衷，从歌舞学校的生源，可以看出他的良苦用心。学员们全部来自社会，年龄都很小，十五到十八岁，正是可以塑造的年龄。既然是歌舞学校，自然以歌舞为专业，黎锦晖的眼光不一样，他要求自己创办的学校，孩子们既要能歌、能舞，能唱、能表，还要有一定的文化，所以，在歌舞学校，学员们学习的课程既有戏剧常识、音乐理论等专业课，还要接受文化课教育，学校每天有六节课，四节为歌舞课，两节为文化课。这些孩子，入学不久，成长很快，其中不乏优秀的、后来在上海滩红极一时的歌舞演员。“歌专”创办五个月，黎锦晖筹划在上海滩举办一场“中华歌舞大会”，届时，他将带领“歌专”的孩子们登台献演，既是检阅，也是亮相，扩大“歌专”的社会影响。黎锦晖毕竟在上海滩是个有影响的音乐大师，消息一出，上海滩为之轰动，万众瞩目。

歌舞大会借坐百星大戏院。这里，要说说百星大戏院（Pantheon）。

罗浮路，一条其貌不扬的小马路，位于虹口与老闸北交界处。百星大戏院就在罗浮路和东新民路相交的丁字路口。当年，这家大戏院由俭德储蓄会（中央俭德会，由馥记营造厂承建）内的演讲厅改建而成。据《申报》1926 年 10 月 9 日报道：百星大戏院此前为昆剧团，后经三阳公司改建为影戏院。大楼坐东朝西，新古典主义风格，西立面入口两侧顶端方座为平拱门头，有小装饰。南立面两层置巨型弧拱窗，三层四层为平拱窗，其中三层挑出外阳台，有一对牛腿支撑，几何形铸铁护栏。戏院开幕前一天，邀请报界及电影界同业参观。报界有周瘦鹃、严独鹤、汪仲韦、李嵩生等二十余人，电影界有但杜宇、周剑云等数十人。六时，乐队奏乐，后即试映《风流王子》。百星大戏院之前，上海滩影院经历了从无声到腊盘（即唱片）配音，再到片上发音（即边片发音）的转变过程，而由片上发音的有声电影，就始映于百星大戏院。1926 年 12 月，百星大戏院从美国输入由电学专家福莱特博士新发明之有声影戏《司密克三弦琴独奏》《美总统柯立芝在白宫的演说》《包婉儿女士球舞》等十七部短片，16 日先在新中央大戏院（原维多利亚影戏院）试映，18 至 23 日在百星大戏院正式公映，这是边片发音的有声电影在中国首次放映，日夜三场，场场满座，轰动上海。为了吸引观众，影院在报纸上大肆宣传，以“金奖壹仟元悬赏捉假”为号召，把放映机、影片、扩音器材陈列出来，让观众参观，有放映技师在旁解释边片发音的原理。每天下午三时、五时半、九时十五分放映三场，票价白天八角到一元二角，晚上一元到一元六角。按当时物价计，票价相当昂贵，因独家放映，且为沪上首次有声片公映，观众仍络绎不绝。

海上文化名人，是百星大戏院的常客，郁达夫曾在日记中写道：“1927 年 2 月 7 日，走进了宝山路，就折入一条狭巷，寻到百星大戏院（Pantheon theatre）去看电影。影片名 Helen of Troy，是德国人导演的。”寓居虹口且喜爱看电影的鲁迅也常去“百星”，他也在日记中写道：“1929 年 7 月 25 日，晴，热……夜同柔石、真吾，方仁及广平往百星大戏院看卓别麟主演《嘉尔曼》电影，在北冰洋冰店饮刨冰而归。”

1927 年 7 月 23 日晚，“中华歌舞大会”在上海百星大戏院首演。演出由黎锦晖女儿黎明晖领衔，节目有黎锦晖创作的《总理纪念歌》《麻雀与小孩》《可怜的秋香》《葡萄仙子》等。“歌舞大会”连演三天，场场满座。天下熙熙，皆为利来；天下攘攘，皆为利往。这话不错。按理，自办歌舞学校，自搭演出班子，投入之后，必定是希望有所回报。难得的是，黎锦晖办学，不收学费，供吃供住。即便举办“中华歌舞大会”，除了推广他的音乐歌舞作品，也是别无所求。

黎锦晖说：“就我个人，不但无利可图，反而弄得力倦精疲。”“我个人誓以鞠躬尽瘁之忱以维护之，死而后已。”言为心声，黎锦晖的这番话，倒是应了一句“文章千古事，得失寸心知”的老话。

赓续中华歌舞“初心不改”

“中华歌舞大会”首演后第二个月，黎锦晖在《申报》刊登“中华歌舞专门学校招生”广告。按照他的意愿，“歌专”要继续办下去。不料，壮志难酬，事业受阻，办学计划落空了。

事出有因。

上海滩，多的是白相人，公共租界内也是恶势力横行，歌舞学校的女生演员，年轻美貌，白相人、流氓垂涎三尺，中华歌舞大会在上海滩引起轰动，恶势力更加想入非非了，以邀请“歌专”堂会演出为名，其意不言自明，理所当然地遭到了黎锦晖拒绝。恶势力不甘心，放出狠话，威胁黎锦晖，如若不从，就要给他和“歌专”颜色看。

面对恫吓、威胁，黎锦晖害怕了，惹不起，躲得起啊，他选择了退让，歌舞学校关上了大门。然而，门关而其志不改，既然在租界办学不成，黎锦晖走出租界，选址南市小东门创办了一所学校，它就是30年代闻名上海滩的“美美女校”。以黎锦晖的财力，应该是在一般人之上，但个人办学，开支不小，由于办学资金难以为继，美美女校仅仅开办了几个月，也不得不关门大吉。

两次办学，两次受阻，黎锦晖偃旗息鼓，“金盆洗手”了？当然不，美美女校是关门了，但他又有新的打算，酝酿组织成立中华歌舞团，相比歌舞学校、美美女校，黎锦晖的意趣更高，他不再想固守上海滩，更不愿意局促于上海滩一隅之地，而是要走出国门，到南洋去演出，将中国歌舞“输”出国境！“歌专”和美美女校关门后，有的学生另找出路，有的学生留了下来，他们后来成为中华歌舞团出国演出的“台柱子”，其中就有上海滩著名演员王人美。

黎锦晖亲自担任中华歌舞团团长，兼音乐指挥，女儿黎明晖担任副团长，兼主演，随团人员有黎锦晖二妹黎锦皇（“歌专”教师）、四弟黎锦明、五弟黎锦（景）光、王人路、王人艺、王人美、徐来、章锦文、薛玲仙、钱蓁蓁、严折西、谭光友等，共三十多人，从阵容看，可以说是“兵强马壮”，实力不一般。

1928 年 5 月，中华歌舞团坐船离开上海“漂洋过海”，先后到达南洋各地，第二年返回上海，演出时间长达十个月。歌舞团先后在中国香港、新加坡、吉隆坡、曼谷、马六甲、雅加达、苏门答腊等二十多个国家和地区巡回演出。真是“有心栽花花不开，无心插柳柳成荫”，黎锦晖组建中华歌舞团出境商演，目的是为了赓续中华歌舞，却不料，此举开创了中国歌舞赴海外商业演出之先河，在中国演出史上，留下了中国出境商演“第一人”的佳话。

1929 年，农历春节临近了，中华歌舞团有部分演员先行回国，黎锦晖和黎明晖父女俩暂留南洋，处理团内事务。随后，黎锦晖等人回国。此时，中华歌舞团的资金运作困难，陷入名存实亡的尴尬处境，后来终因入不敷出，经济不支，宣告解散。

黎锦晖还是不改赓续中华歌舞初心，1930 年初，他开始组建明月歌剧社（亦称明月歌舞团），成员有原中华歌舞团的徐来、王人美、黎莉莉、薛玲仙、黎锦（景）光、严折西、谭光友等。黎锦（景）光去北平向社会公开招录演员，一共二十多人。这样，明月歌剧社便在上海滩扎下了脚跟。歌舞演员增加了，演出阵容扩大了，维系日常运转，资金是大问题，这就为明月歌剧社和联华影业公司联手合作埋下了一个伏笔。剩下的，最多也

南洋演出归来的王人美

只是时间迟早问题了。此时，正值民族危亡之际，民众抗日情绪日益高涨，观众厌倦了武侠、鸳鸯蝴蝶派之类的电影，《春蚕》（茅盾同名小说，夏衍改编，程步高导演）、《脂粉市场》（张石川导演）等一批“进步电影”相继拍摄完成，受到民众欢迎，电影市场迎来了“票房时代”，中国电影由此走进了黄金时期。进步电影受到热捧，向以追逐“热门”题材为盈利目的的各大影片公司纷纷调转摄影机，创作和赶拍进步电影。面对这股热潮，罗明佑岂能瞠乎其后？与明月歌剧社联手，成立联华歌舞班，在电影创作中融入歌舞和音乐元素，这正是这位电影商人的选择。

1931 年 5 月，罗明佑和黎锦晖就合作一事进行商量，罗明佑表示，联华影业公司考虑吸收明月歌舞团（即明月歌剧社）全体人员。此时，合作已是水到渠成。同年 9 月，联华影业公司歌舞学校成立。明月歌剧社改称联华歌舞班。黎锦晖要做的第一件事就是，扩充歌舞队伍，于是在《申报》打出招收学员的广告。

聂耳正因云丰申庄倒闭而一筹莫展，读到广告眼睛一亮，黎锦晖在《申报》上的招生广告为他在上海滩开启音乐之旅，埋下了伏笔。毫无疑问，此时的他，人生出现了拐点。

奋进者的前面，不可能一马平川，迢迢路途，时常会出现一波三折，对于此刻站在人生拐点的聂耳，音乐之宫若隐若现。远远地，有悦耳的音符飘荡。很快，他将要去追逐美妙的音符，扣响音乐之宫的门环了。

爱文义路（今北京西路）1298 号联华影业公司歌舞学校旧址

第六章　报考“联华歌舞班”

聂耳的生命之河，流淌了二十四个年头，戛然而止，不再流淌。他在上海生活、工作了五年。匆匆而去的青春年华，留下了四十二首音乐作品。《义勇军进行曲》穿云裂帛，鼓舞了亿万中华好儿女，破浪前进。生命之河，流啊，流不尽的是，聂耳对于故乡的依恋之情。是故乡的山山水水，滋养了他的音乐天赋，是母亲的温暖怀抱，孕育了他的音乐才能，是上海这方热土，滋润了他的音乐细胞，成了他施展才华的人生大舞台。

民间音乐，孵化了一颗“音乐之种”

洞经音乐，是中国的古老乐种之一。相传，明永乐年间，洞经音乐由四川传入云南大理，经过初传、渐盛、鼎盛、衰微、重振、发展等阶段，流变成形，具有浓郁的云南地方特色。据文献记载，新中国成立之初，云南地区曾经做过一次深入调查，结果查明，云南的洞经音乐已经发展到了相当规模，几百个洞经乐队分布在云南各地，曲子多达两千多首。流传在云南地区的洞经音乐，如宋词词牌般，也有自己的曲牌，如《闹元宵》《仙家乐》《清河颂》《一江风》《浪淘沙》《将军令》等。它们的基本谱本为工尺谱，依照古例，由“领腔生”领唱，根据不同的“科”、不同的经文，“起”不同的经腔。接着，乐队以和声缓缓跟上，唱诵经文，既有领，也有和，逐首接连，有时用木鱼击节，有时用音乐伴奏，唱腔清脆圆润，气氛庄严肃穆，旋律或雄伟壮丽、气势磅礴，或优雅婉转。云南洞经音乐，绮丽多彩，素来就有“雅乐”和“仙乐”之誉。

中国道教文化，源远流长，内涵丰富，数千年来，以其独有的文化魅力，流淌人间。在昆明市中心，有一座三丰庵。考其缘由，三丰庵源自道教人物张三丰。在道教人物中，张三丰造诣深厚，功夫极高，他是道教全真道“武当派”“三丰派”的开山祖师和内家拳始祖。

张三丰原名张君宝，生于元代，世人称之为“隐仙”，因平时不修边幅，故又有“邋遢道人”之称。三丰庵以张三丰名字命名，存世久远，是昆明宝贵的历史文化遗产之一。每当诵经之时，三丰庵内，鼓乐大作，悠扬悦耳，此已成为当地的一大文化景观。有一次，聂耳和聂叙伦路过三丰庵，庵内传出的诵经声，如吟唱般，极富韵律，引起了兄弟俩兴趣，不由驻足聆听，笛声、唢呐声、锣钹声、古筝声、七弦琴声，还有木鱼敲击声、银铃般的铜磬声，如同在云际飘逸的阵阵仙乐，不绝如缕。兄弟俩听得如痴如醉，在庵外站立好久、好久，沉浸在美妙的音乐旋律之中。

古老的民间音乐，滋养了孩提时代的聂耳。在上海五年，他潜心研究流传在家乡的音乐，其中就有洞经音乐。消化、吸收，写出了传颂一时的两首民族管弦乐曲，一首是《翠湖春晓》，另一首是《金蛇狂舞》。这两首民族管弦乐曲，气势磅礴，旋律优美，悦耳动听。

古老的民间音乐，以及自身的天赋和勤奋，孵化了一颗“音乐之种”。岁月，在不经意间渐渐流逝。一颗音乐之种，在上海滩破土而出。聂耳，中国的一位优秀音乐家，在音乐世界不倦地行走、行走，沿着一条奋斗者的路，他走得很远、很远。

长笛一曲别离情

行走的历史，留下了难以磨灭的时光痕迹。聂耳日记在无声地向世人诉说一件件昨天的事情。他在日记中留下了当年如何渴爱音乐的记录：“吃过早饭，我带了自己的乐谱到联合中学去开会”；“今晚我在家里抄乐谱”；“晚饭后我到教育会去参加音乐会”；“早饭后 Chang 和我步行到翠湖，又到美术学校（1922 年建于昆明，设有音乐学科，分有国乐和西乐两个组），晚上我到天恩家演奏音乐”；“今天，Chang 君等和我到美术学校去练习钢琴，而后我们又到翠湖”；“我们进去（美术学校）练习了一段时间以后才出来”；“早饭后，Chang 君来找我去美术学校练习钢琴”。

聂耳在日记中所说的美术学校，就是前面已经说到的柏西文任教的昆明英语学会。Chang 君，就是张庚侯。来到上海好多日子，彼时学习音乐的影像，即便过去了好多年，仍然在他的脑海里，如铜镜映射般，清晰如昨——

端仕街上，住着一位木匠，姓邱，名字不知其详。邱木匠开了一爿小小的木器店，专以打造小型家具为生。他喜欢吹笛，薄暮时分，店里的活儿少了，就在店门口吹起了笛子。

聂耳住在端仕街时，与邱木匠是邻居。那时，聂耳还在读小学，放学回家，他最爱听的，就是邱木匠的笛声，“多好听的笛声啊”！越听越要听，有时在家里听，有时跑到邱木匠的小木器店门前，静静地站着，听邱木匠吹笛。邱木匠发现，有个孩子常常来到他的小店前，站着听他吹笛，觉得这孩子不一般，分外留心。时间长了，他从心里喜欢上了聂耳，听说聂耳要拜他为师，立刻答应，收他为徒。从此，每当放学，聂耳跟着邱木匠学吹笛，渐渐学会了把孔、运气、吹奏。后来，他用积攒的零花钱买了一根笛子。吹笛，成了他的课余爱好。在邱木匠传授下，他能吹奏悦耳动听的曲子。

歌舞班会录取吗？

从小学到中学，从中学到师范，聂耳的学习成绩一直名列前茅，而且是学校文艺活动的积极分子。求实小学，教育设施简陋，阻挡不了苏鸿钢的办学热情，他要求孩子们好好

左：聂耳（前排左一）与求实小学乐队
右：聂耳使用过的乐器

读书，课余搞文艺活动。在苏鸿钢鼓励下，孩子们成立了一个小乐队，聂耳会吹笛，会弹三弦、月琴等多种民族乐器，被推举为小乐队指挥。这个小乐队，丰富了孩子们的学习生活，在聂耳指挥下，吹拉弹唱，孔庙内传出的，不只是朗朗读书声，还有韵味十足的丝竹声。

聂耳初中毕业后，考进云南省立第一师范学校，也是学校里的文艺活动积极分子。“省立一师”有个九九音乐社，他是成员之一。论形式和内容，比起求实小学，九九音乐社的文艺活动要丰富得多，走进今天的云南省博物馆，从浩如烟海的典籍中，可以搜寻到馆藏的聂耳遗物，其中就有九九音乐社当年使用过的十八份乐谱，它们是宝贵的历史档案。阅读它们，恍如在阅读历史，唤醒了人们沉睡中的记忆。十八份乐谱，记载了聂耳和九九音乐社的演出活动，他们演奏《伏尔加河》，演奏《国际歌》，也演奏《满江红》《将军令》。博物馆内，还保存着九九音乐社用过的《杨花》《最后的玫瑰》《新年之乐》等歌谱。聂耳高小毕业那年，学生们自编自演，作为庆典活动的节目。聂耳在话剧《青春之梦》中饰演主角，这是他平生第一次演话剧，之后还在《女店主》《雷雨》《罗密欧与朱丽叶》《春闺怨》等剧中饰演角色。

聂耳和张庚侯合作，为云南省师范附属小学写过一首校歌：“同学们！大家起来，锻炼勤苦耐劳的个性，养成服务社会的能力，造就健全生活的本领。我们要学，还要能做，我们要知，更要能行，我们努力！我们前进！”这是聂耳创作的第一首曲子，和几年后与田汉合作创作的《毕业歌》，异曲同工，都以“同学们！大家起来”开头，积极向上，朝气蓬勃。

聂耳、张庚侯、廖伯民三人，也组织过一支小乐队，叫好友小乐队。廖伯民住在翠

左：聂耳在“省立一师”用的《国际歌》曲谱
右：聂耳云南省立第一师范学校毕业证书

聂耳与张庚侯合作创作的《省师附小校歌》

湖附近，他家住房大，好友小乐队经常借他家搞活动。一首首乐曲，飞出楼道，在翠湖边回响。聂耳家，也有一个小乐队，三弦、二胡、月琴，是他们家小乐队使用的乐器。家境不丰，生活清苦，家庭小乐队为他们带来了欢乐。那年，聂耳从广州回到昆明，“老儿子”回家啦，彭寂宽格外开心，家庭小乐队搬出了乐器，庆贺聂耳回家，彭寂宽说《孟姜女》故事。聂耳呢，别有一番滋味在心头，郴州、广州留下的，都是心头之痛。他拿起长箫，吹了一曲《苏武牧羊》，如泣如诉，听得家人潸然泪下。

1930 年 7 月 9 日，一个细雨潇潇的晚上。第二天清晨，聂耳又要离别亲人，离开昆明了。家庭小乐队为他送行，大家合唱《远足行》《满江红》，聂耳拿起小提琴，独奏了一曲《梦幻曲》——正是德国作曲家舒曼创作的《梦幻曲》！

上海，一座遥远的城市，一个未知的花花世界，此去，前程如何？没人能告诉聂耳，也没人能预测，大家只能用歌声、用音乐为他祝福。几个邻居女孩，唱起了《三蝴蝶》《葡萄仙子》。人生，真是充满了太多的戏剧性，这两首歌，是上海滩赫赫有名的黎锦晖所写，聂耳怎么也不会想到，到上海不久，自己成为明月歌剧社一名小提琴手了。

小提琴拉得走调了

爱文义路（Avenue Road），东起西藏路，西至极司菲尔路（今万航渡路），全长 3502 米。派克路（今黄河路）以东的路段，筑于 1887 年，名平桥路，为越界筑路之一。

1899 年，派克路向西延伸至赫德路（今常德路），名爱文义路。从赫德路到卡德路这一段路，铺设了电车轨道，这是上海最早的一条电车轨道。1918 年，平桥路更名了，也叫爱文义路。1922 年，派克路向西延伸，至极司菲尔路。1943 年，汪精卫政权接收上海租界，爱文义路更名为大同路，1945 年改名为北京西路。

聂耳看了广告后的第二天，就去了爱文义路。在联华歌舞学校，填了报名单，领了报考证，办完这些，回到了同春里。初考，定在几天之后。他要准备，看看乐谱，拉拉曲子，能不能考出好成绩，这将决定他今后的命运，甚至将影响他是不是、能不能继续在上海滩谋生。

昆明云丰商行倒闭，上海云丰申庄关门，这一切发生得太快、太突然，聂耳有点猝不及防，得到消息，四处奔走，寻找工作，结果呢，毫无收获。渐渐地，他的心情平静了下来，在日记中写下了自己的心情：“除了几次的失望，以后再不敢有奢望了。”联华歌舞班招生，给他带来了希望。他有音乐天赋，有文艺表演才能，会拨弄几种民族乐器，在家乡也学习过小提琴，能够拉一些曲子。究竟能不能被联华歌舞学校录取，他没有把握，心里也没有底，还是去试试看吧，“今天虽然报了名，准予投考，我还是看作当有当无的事”。

同春里，还是那样的嘈嘈杂杂，嚷嚷声、喧哗声、噼里啪啦的麻将声，声声入耳，搅得人不得安宁。聂耳早已习惯，读书、学习、练琴，哪怕学习得很晚，练琴练得手指发疼，也是坚持不懈。可是，临考前的一个晚上，他的心情不同往常，吃过晚饭，就早早上床休息了。为了保证第二天发挥得好一点，他对自己说，早点歇息吧，保证足够睡眠时间。第二天，吃了午饭，他去参加考试了。

考试时间是下午二点，聂耳到了爱文义路，一看时间，才一点钟，早着呢！二点刚敲过，黎锦晖来了。考生们肃立着，礼貌地看着黎锦晖。黎锦晖呢，没有一点音乐大家的架子，含笑地看了看考生，进了办公室。考生们依次走进他的办公室。终于，轮到聂耳了。他走进黎锦晖办公室，黎锦晖已经在等着了，脸上带着微笑，问道：“你从昆明来的吗？到上海已经好久了吧？”一股暖流涌上心头，来上海半年多了，聂耳很少听到如此亲近的问话，他点点头，心想，黎锦晖不像是一位主考官啊，倒像是一位朋友，在和自己拉家常哩！

“好，那我们就开始吧。”黎锦晖说。

他给了聂耳一个 C 调，十六分音符，这是一个极高的音部。

聂耳拿起小提琴，开始演奏。显然，他是怯场了，拉的曲子走了调。考试结束，走出黎锦晖办公室，他不住地埋怨自己：“错的错，落的落，最后居然还没有演奏完！”

黎锦晖十分仔细地听聂耳演奏，没有说什么，又给了聂耳一个降 b 调，四拍，同时将五线谱改成了简谱。这回，聂耳沉着多了，将曲子较为顺畅地拉完了。

黎锦晖说了声：“好，有希望！”

“好，有希望！”什么意思？不会是黎锦晖在暗示吧？聂耳心里没有底：自己能入上海滩赫赫有名的黎锦晖的“法眼”吗？这位流行音乐的鼻祖，会钟情一个远道而来、籍籍无名的青年吗？

一切，还是个谜团，云罩雾遮似的，怎么也挥之不去。

几天后，聂耳接到了复试通知。经过紧张初试，他不再怯场，沉着、自信、老练，顺利地完成了复试。

黎锦晖对聂耳显然是有好感的，直到三十多年后，他在回忆往事时，仍然感慨不已：“他（聂守信——作者注）来爱文义路应考乐队（练习生——作者注）时，是我亲自参加考试。还记得他的身体相当健康，精神振作，常识丰富，胡琴有根底，小提琴刚习不久，立时决定录取。”

也许，黎锦晖不会知道吧，正是他的一双慧眼和“破格”录取，托起了一颗未来的民族音乐之星。也正是他的“立时决定录取”，将一位青年音乐人才推送进了音乐的神圣殿堂，使一颗民族音乐之星闪烁在中国音乐的天穹上！

聂耳被“联华”录取后，就要搬离同春里了。这时，他反倒觉得有点不舍了。同春里、福兴公寓，在这里生活了半年多，习惯了石库门的烟火气，听惯了嚷嚷声、麻将声、吵架声，是啊，现在就要离开了，怎么舍得呢？

新的生活，拉开了序幕。希望的光环，在渐渐升起。

聂耳，就像半年前来到上海滩那样，拎着半新不旧的皮箱，还有来上海后买的一把廉价小提琴，走出福兴公寓，离开了同春里。

第七章　“歌舞班”那些事

立志做一个音乐人

联华歌舞学校主办方是联华歌舞团，学校也叫联华歌舞班，住宿制，免费提供一日三餐以及住宿，每个月发给每个学员十元钱作为零用。相比云丰申庄，待遇要好得多。先前在福兴公寓，聂耳等三个人挤在一间斗室，又闷又暗，现在呢，房间较大，聂耳再也不用生炉子煮白菜粥，这样的变化，使他很有感触：“简直和以前两样了！”

黎锦晖“借壳”联华影业公司，目的十分明确：培养优秀歌舞演员，架构上海滩最好的歌舞团班底。他对联华歌舞学校（以下简称联华歌舞班）学员寄予很高期望。聂耳来自遥远的边陲之地云南，黎锦晖没有门户之见，充满热望，录取聂耳进歌舞班。他相信，自己的眼光没错，这是一个足可塑造和培养的青年，联华歌舞班成立不久，太需要歌舞演员了。

黎锦晖给聂耳指定了一位小提琴教师，名叫王人艺，这是聂耳在上海的第一位“专职”教师。在昆明，他和朋友们拉琴，演出，都是业余活动，进了联华歌舞班，有专职教师指导，成了专业文艺团体一员。王人艺，1930 年代闻名上海滩的优秀小提琴手，黎锦晖如此安排，名师出高徒，也算是他的一番良苦用心吧。

王人艺走上专业音乐道路，也是有些事情可说的。一个从小喜欢美术之人，后来是怎么会专攻小提琴，成为一名优秀小提琴手的？这要从 1920 年发生在武汉的一场革命运动说起——

这年夏天，陈独秀、李汉俊等委托刘伯垂、董必武、张国恩，在武汉地区分别开展建党活动。8 月，由刘伯垂主持，共产党武汉支部成立会议在董必武家里召开，经刘伯垂提议，会议推选包惠僧为共产党武汉支部书记。武汉从此有了共产党组织，这也是中国共产党早期的党组织之一。但它公开的身份是马克思学说研究会，出版《武汉星期评论》，传播马克思主义，领导建立社会主义青年团，指导团员和进步青年阅读马克思主义著作，同时还组织妇女读书会，开展工人运动，在汉阳兵工厂、武汉第一纱厂、汉口英美香烟厂、裕华纱厂举办识字班，培养工人运动骨干，领导汉口租界的人力车工人举行罢工斗争。

1921 年春，包惠僧赴上海，共产党武汉支部由陈潭秋负责。同年 7 月 23 日至 8 月初，中国共产党第一次全国代表大会在上海法租界望志路 106 号（现兴业路 76 号）召开（会议后改在浙江嘉兴南湖一艘船上继续召开）。武汉共产党早期组织董必武、陈潭秋，上海李达、李汉俊，北京张国焘、刘仁静，湖南毛泽东、何叔衡，广州陈公博，济南王尽美、邓恩铭，旅日周佛海，代表全国五十多名党员出席中共一大会议，陈独秀指定的代表包惠僧，以及共产国际代表马林和尼克尔斯基也出席了中共一大会议。

会后，董必武、陈潭秋回武汉建立中共武汉地方委员会，领导工人斗争。1926 年 5 月，以共产党员和共青团员为骨干、国民革命军第四军叶挺独立团及第七军一部为北伐先锋开赴湖南，由此揭开中国近代史上著名的北伐战争序幕。7 月 1 日，国民政府军事委员会颁布北伐动员令及《告将士书》《告士兵书》《告广东人民书》《告海外侨胞书》。7 月 9 日，国民革命军北伐誓师大会在广州东校场举行，党政军负责人和各界民众五万余人参加大会，宣告北伐战争开始。

北伐主要对象：河南、湖南、湖北直系军阀吴佩孚；东北各省，以及京、津等地区奉系军阀张作霖，受张作霖牵制、统治山东的张宗昌；苏、皖、浙、闽、赣五省直系军阀孙传芳。国民革命军和上述三股军阀力量对垒，在军力上谁占优势？显然，三股军阀的兵力占有优势，然而，诚如古话所说“得民心者得天下”，广大民众对北洋军阀统治早就不满，赢得民心的国民革命军，“不战而胜”。还有一个因素，北洋军阀之间，勾心斗角，矛盾重重，国民革命军有苏联帮助，为国民革命军派出军事代表，作为北伐顾问，对军阀采取各个击破策略。

叶挺是一位骁将，率领叶挺独立团，作为国民革命军的先头部队，援助被吴佩孚击败退守衡阳的国民革命军第八军唐生智部队，揭开了北伐战争序幕。

国民革命军浴血奋战，取得了重大战果。据史料记载，1926 年 7 月，北伐军攻下长沙，国民政府召开军事会议，决定采纳中共中央和苏联顾问的建议，集中力量攻取武汉。8 月 26 日早晨，国民革命军第四军、第七军向汀泗桥发起进攻，第二天早晨，攻克汀泗桥，打开了通向武汉的南大门，直系军阀吴佩孚万余兵力慌忙逃往贺胜桥，北伐军发动对直系军阀第二次战役。30 日晨，第四军、第七军向贺胜桥发起进攻，当天中午攻克贺胜桥，挥师武汉，8 月 31 日到达武昌城。9 月 2 日，在武昌召开军事会议，拉开武汉战役序幕，由于指挥失误，进攻接连受挫。10 月 10 日，北伐军第四军、第八军再次发起总攻，攻占武昌，吴佩孚主力部队基本被消灭。

两湖战场上，国民革命军第四军，特别是叶挺率领的独立团英勇杀敌，屡建奇功，为北伐战争胜利进军立下不朽功勋，从而赢得了“铁军”称号。赣闽浙苏战场，江西之战三攻南昌，全歼守敌一万多人。孙传芳旗下将士倒戈，北伐军不战而胜，拿下福州，孙传芳主力基本被消灭。浙江战场和苏、皖、沪战场，捷报频传，国民革命军势如破竹，节节胜利，不断向前推进。1927 年 3 月，国民革命军先后攻占上海、南京。10 个月间，国民革命军就从广州一路打到武汉、南京和上海，击垮吴佩孚、孙传芳两股军阀力量，从珠江流域推进到长江流域。同年 6 月，武汉政府北伐军与北方国民军会师中原，革命力量发展到黄河流域，几乎席卷了大半个中国，沉重打击了帝国主义和封建军阀在中国的统治。

一年前的秋天，武汉实际上已经成为大革命中心，中共中央从上海迁到武汉，武汉成为中共中央所在地。

武汉在呼唤，大革命浪潮在呼唤，各地大量热血青年奔赴武汉参加革命运动，王人艺是其中之一。

王人美口述、解波整理的《我的成名与不幸》一书中，详细描述了王人艺学琴的经过——

王人艺出身湖南书香门第，父亲王正枢是湖南第一师范学校的教师，知识渊博，文理兼备，古文功底深厚。王人美，小名细细，1930 年代红遍上海滩的影星，她是王家最小的女儿。王正枢夫妇生有十个孩子，夭折三个。七个孩子，长大成人，大多投身革命运动。王人美大哥叫王人旋，德国留学，在德国加入中国共产党。北伐战争爆发，王人旋回国，奔赴武汉，奉国民革命军总政治部主任邓演达之令，又一次去了德国，为北伐军采购军火。1930 年，王人旋去东北从事革命运动，第二年南下，到达上海。此时，邓演达在上海创立中国国民党临时行动委员会，王人旋加盟，与邓演达等人开展反对蒋介石专制独裁的斗争。

1926年冬，山雨欲来风满楼，王人美二哥王人路，带着她和她三哥王人艺奔赴武汉。王人艺从小爱好美术，在家乡时学习美术，到了武汉，考进武昌美专。他的理想是，通过学习，成为一名美术家。一次偶然的机缘，改变了他的选择，也改变了他的人生。那天晚上，王人艺在学校宿舍休息，窗外传来了一阵琴声，时而如小溪流淌，时而如江河奔腾，王人艺一愣：这是什么琴？谁在拉琴？他立刻叫上王人美，循着琴声找了过去。走到一个花坛前，透过花丛，看见有个男孩，右手持弓，左手托琴，正在拉琴，那一头又浓又密的黑发，落在了琴面上。他们静静站着，侧耳听着，一会，琴声停了。王人艺鼓起勇气，走到男孩身边，两人交谈起来。从此，王人艺迷上了小提琴！

武汉大革命因蒋介石"四一二"反革命政变而失败，王人路带着王人艺、王人美离开武汉投奔无锡亲戚家。此后，三兄妹到达上海。其时，黎锦晖创办的美美女校，正在招收学员，王人路带着王人艺、王人美前往美美女校报考，都被录取了。是年，王人美十三岁，是美美女校的演员。王人艺大王人美两岁，在美美女校乐队当乐手。美美女校因办校经济发生困难而关门。王人艺、王人美追随黎锦晖，先后加入"歌专"、联华歌舞班、明月歌剧社，王人美是歌舞演员，王人艺是乐队的首席小提琴手。

王人路（后）、王人艺（前左）、王人美

“小老师”这个称呼

在昆明，聂耳学过小提琴，到了上海，聂耳在福兴公寓也学过小提琴，还买了一把廉价小提琴，但这毕竟是“无师自通”，有了王人艺的传帮带，情况就大不一样了。

聂耳和王人艺的年龄相仿，拜师学艺，王人艺成了他的老师，称呼上，师生俩有过一个小小“趣闻”。聂耳称王人艺老师，王人艺笑了：“我们的年龄相差不多，你还是不要叫我老师吧！”聂耳一愣，王人艺不是自己的老师吗？既然，谦逊若此，那就不要叫他老师了。可是，这不礼貌啊，不叫老师，叫他什么？他想了想，对了，王人艺不是说，他的年龄和自己相差不了多少的吗，既然这样，那就叫他“小老师”吧！

王人艺又笑了，但这回，他没有推却，聂耳既然叫他“小老师”，好，“小老师”就“小老师”吧。

王人艺高高兴兴地接受了“小老师”的称呼。以后，聂耳不再“言必称师”，两人结下了师生之谊。日子一天天过去，友谊日深，他们像是一对兄弟。不过，兄弟情归兄弟情，王人艺很是严格，如果聂耳练琴不符合要求，有时拉德沃夏克的《幽默曲》，王人艺发现不对劲，立刻叫停：“看看，你看看，错了，又错了！”一边说，一边手把手教，说了姿势，又说指法、弓法，让聂耳重新开始。

聂耳对自己也很严格，要求“从基础”练习开始，由浅入深，循序渐进。他说的“基础”，除了姿势、弓法、指法，还有小提琴练习曲，这是小提琴入门的必修课。每天，他起得很早，开始“基练”（小提琴练习曲——作者注）。自从考进联华歌舞班，聂耳

聂耳（中）和“小老师”王人艺（右）

比在云丰申庄忙了许多，连晚上也睡得很迟很迟，常常深夜才能休息。第二天，他还是很早起床，开始“基练”。星期天呢，有的学员偷懒，赖在床上不起来，他仍然一如既往，早起，“基练”。功夫不负有心人，在“小老师”严格带教下，通过勤学苦练，聂耳觉得，自己在昆明拉过《梦幻曲》，那可真是“业余级”了，技法、音准，远不如“小老师”教得规范。他给自己立下了规矩——

> 姿势要正确。立势以重心置于左脚，坐势身体要直；持琴的第一把要准确，食指下骨要靠紧；腮托要夹紧。尤其在换把位时，中指滑下完全是腮力，指头紧压指板，大指放松用力拖下；持弓要紧。长练习空打弓，大指自然有力，不用全毛，除非跳弓；下弓将手稍向外下用一点力，不然有“弓拖不直”之弊；跳弓要点是腮夹紧，腕动肘不动。用中弓、全毛，毛的距离须短小；过弦用腕肘力较快，且不易碰它弦；手指要用力打下，基练绝不许抖；强音要抖，指头用力压住（调子）。弱音紧压不动，用小部分毛快拖弓，稍松；换把位要确实，不论何位总是第一指先压好，手位不要摇动……拉装饰音要快，一指打下去，好像要从下一弹。上面的指头要按得紧紧的；八度也要用腕力，两手指原有距离绝不可松……手指下降时要带弹才有力。

“基练”，一遍又一遍，重复又重复，枯燥乏味，聂耳却学得有滋有味，全身心投入，往往是，小提琴在手，一拉就是四五个小时，手指起了泡，长了硬茧，他仍然坚持着“基练”。有一天，聂耳去南市看望老郑（郑易里），刚坐下，看《文艺新闻》，忽然感到，

聂耳在进行小提琴“基练”

左手腕酸痛，仔细一看：啊，手指骨凸起，手臂好像脱臼了。可还是坚持着，第二天仍然像平时一样，早起，“基练”，一站几个小时！

聂耳的小提琴越拉越好了，四个多月后，歌舞班同事听了他拉的曲子，称赞说，拉得真出色，金焰甚至说：“我们可以正式组织一支联华管弦乐队了。”

聂耳也觉得，自己拉的曲子，比起以前，确实是有了“‘飞腾的猛进’，这是值得自励的”，但真要“说到正确的姿势”，他觉得“也还是最近才闹清楚一点的，不过，对于弓法、指法、看谱的技能，也只是在这四个月内”。在先，他听王人艺拉《天鹅曲》，心想，“小老师”拉得可真好听啊，“‘小老师’拉了五年小提琴，自己只要持之以恒，坚持不懈，加强练习，五年后也能像‘小老师’一样，运弓自如，指法娴熟，成为一名真正的、优秀的小提琴手”。

聂耳下定决心，“要下一番苦功”，即使“基练”再枯燥，他也不厌其烦，越拉越兴奋。小提琴坏了，到外面去修，回来，继续“基练”。有付出，就有收获。终于，他也像“小老师”一样，能拉《天鹅曲》了。过去一直被他视为头痛的《蝴蝶姑娘》，他也觉得，“已经没有问题了”。他还是不满足，除了学小提琴，当乐手，他还想学作曲。他对黎锦晖提出了请求，希望黎锦晖教他如何作曲。黎锦晖没有拒绝，而是婉转地对他说：“你的云南口音太重，这是学作曲的障碍，你要学国语，这是作曲的基础！”

日历，如落叶，纷纷扬扬，飘然而去。1931 年剩下最后一天了。回望这一年，影像般，在眼前浮现。12 月 31 日深夜十二时，即 1932 年 1 月 1 日零点，夜深沉，上海进入了梦乡。聂耳还没有睡，一年结束了，他在盘点一年来的收获——

> 这一年，算是有了一点成绩。在我的前途上，生活最充实的只算是下半年，对于音乐的认识和技术的进步是出我意外的神速。明年，应该多加几倍吧！过去的算是过去了！以前的一切可以在这年终结一个总账，各项欠账都应想法很快去补偿，预备一个新的登记。一切都是新的开始，不倦地保持着，努力地往前跑吧！

王人艺突然离开歌舞班

歌舞班传出了一条“爆炸性”消息：王人艺要离开联华歌舞班北上。太突然了，聂耳大吃一惊，王人艺没有告诉他离开歌舞班的原因，也没有一点迹象说明王人艺要离开上海去北平。“这，怎么可能？不会是传言吧？”他不相信，王人艺在歌舞班好好的，怎么会突然离去？几天后，消息得到证实，王人艺真要离开歌舞班，到北平去了。

王人艺突然离去的传闻，引起联华歌舞班众多猜疑，有人说，王人艺在歌舞班演出太多，太累，去北平是想换个环境吧？也有人猜测说，王人艺去北平，也许是去进修吧？更有人认为，歌舞班待遇实在太低，王人艺去北平，一定是另有高就，兴许是去清华大学任教吧？歌舞班，议论纷纷，包括聂耳，谁也不知道王人艺突然离开歌舞班的真正原因。从感情上说，或者从师生关系上说，聂耳很难接受王人艺突然离去，“我们俩算是一对同年龄、同道路、同是拉 violin（小提琴）的良友，自从我加入这里（歌舞班）以后”。可是，任凭歌舞班如何猜测，王人艺打算离开上海去北平，已经既成事实。

王人艺究竟是为了什么突然要离开联华歌舞班？

《公园》，是黎锦晖新创作的歌舞剧。演出之前，罗明佑在上海。黎锦晖是这样想的：自己带领的联华歌舞班，人强马壮，演出阵容非同一般，《公园》一定会取得成功。他要求参加演出的歌舞演员，认真排练。趁罗明佑在上海，让他看看歌舞班的实力。

黎锦晖如此思量，多半也是出于无奈。自从联华影业公司和明月歌剧社成为合作伙伴，上海滩，尤其是上海滩演艺界，出现了很多流言蜚语，有不少同行心存疑虑，更有

联华声乐团：孙瑜（后排左一）、聂耳（后排左二）、阮玲玉（后排左五）、蔡楚生（后排右一）、孙师毅（后排右二）

不少人妒忌，想看黎锦晖笑话。黎锦晖是务实的，作为原明月歌剧社的“班主”，当然要维护“明月社”形象，保证《公园》演出成功，不让那些看笑话的人留下口实。更要紧的是，黎锦晖出于更深一层考虑：“明月社”运作资金难于保证日常开支，要养活一班人勉为其难，这才不得不与财大气粗的“联华影业”结为合作伙伴啊！再说，合作协议尚未正式敲定，《公园》演出十分关键，成功与否，这将直接影响联华影业公司是不是打算正式与明月歌剧社签订合同。节骨眼上，他能不焦急吗？说实在的，希望《公园》演出成功，黎锦晖的要求并不高啊！

聂耳在上海第一次参加演出，就是黎锦晖创作的新歌舞剧《公园》，他的想法也很实际，《公园》要演出成功，演员们要认真排练，平心而论，聂耳和黎锦晖想到了一块。意想不到的是，《公园》排练，“情况一团糟”！他想，如果以这样的状态演出，恐怕是不会有好的效果，更难保证舞台演出大获成功！

果然，不出聂耳所料，《公园》演砸了，或者换句话说，演得实在是差强人意：“三场的伞舞都是错得怪难看。”聂耳冷静地作了一番分析，《公园》演得“怪难看”的原因，演员们不认真，不努力，自己临场表现也不好，演出中几乎“没有一次不错一点”。

黎锦晖创作的新歌舞剧《公园》，就这样被“演砸”了。

为什么？究竟什么缘故？

天气热，待遇低，引起歌舞班演员强烈不满，有的演员牢骚满腹：“谁愿意像一台没有加过油的机器，拼命地运转？”

聂耳也有看法，“这样热的天气，还要每天三场。到今天来，实在有些难于支持了。随便坐在哪里，只是想打瞌睡。细想一下，这种残酷的生活也不亚于那些赤膊露体的工人们大汗淋漓地在那高热的机械下苦作着。他们所得到的报酬是有定(限——作者注)的，反正你谨慎地管理了某一部分的机械，你坐够了那么多的时间，你终究是可以得那么多所谓应得的钱的。然而我们哟！费了心，也费了力，也要坐够那样长的时间——八个多钟头，但是，这报酬，多微的报酬，还要看观众的多少打折扣呢！整整四天，通通便是拿了六块钱。资本家的剥削，着实是无微不至啊！物质的支配，给人感到不满时，在一相当时期，必然地是要使人对它发生怀疑，由怀疑便会产生一种需要。这几天我们这团里已经隐藏着这种需要的种子了”。

王人艺更是忿忿不平："这未尝不是一种欺骗！这样热的天气做三场，场费还不发足。"说到这，王人艺实在是气愤不过，骂了一声，"他妈的，把戏院都烧了！你再去三场吧！"平时，他对歌舞班的待遇就很不满意了，因了"这样热的天气做三场"，更是愤怒，产生了"不如趁早离开"歌舞班的念头。他想："要是明月歌剧社和联华影业公司的协议一签订，那就是'联华'的人了，再想走也走不了了！"

《公园》演砸，王人艺离开歌舞班，对于联华歌舞班，无疑雪上加霜。黎锦晖很是着急，劝阻王人艺，希望留下。王人艺去意已决，任凭黎锦晖好言挽留，终究留不住他的北上之心。

临走前，王人艺将自己使用的乐谱送给了聂耳，希望聂耳好好练下去，他在乐谱上画了记号，那是他拉小提琴的心得，希望聂耳认真体会和运用。他还将上海一位外籍小提琴老师的联系方式告诉了聂耳，自己走后，如有必要，聂耳去找一下那个外籍老师。聂耳本来就在担心，王人艺一走，就再"没有人指导拉琴，终于是渐渐走入错误之途的"。王人艺的临别赠言，加上王人艺赠送的乐谱，让他心里踏实多了："等合同订后，一定要去找教师学习。管它，没有零用（钱）也不管，只要能履行我的计划，向着坚定的目标加紧地努力走去。"

第二天，王人艺拉了一段"基练"，还有一段别的曲子，然后放下小提琴熨衣服。聂耳打开钢琴盖，弹了一曲《送别》，如泣如诉，凄婉动人。弹着弹着，聂耳的眼眶湿了。他的心在流泪，为兄弟般的"小老师"离别而流泪啊。

王人艺确是另有打算，去北平寻求发展空间。联华歌舞班，"真他妈的太沉闷了"，资本家盘剥厉害！

可是，到了北平，王人艺很快失望了。现实无情，"壮志"难酬，发展无望。要不要继续逗留北平？王人艺的心冷了。在北平耽搁下去，看来是不会有什么希望。不久，王人艺离开北平重返上海，回到了联华歌舞班。

聂耳盼到了"小老师"回归，他们又在一起"基练"，切磋琴艺，一起演出了。

看，资本家那副面孔

《公园》演砸，没有危及黎锦晖和罗明佑合作，联华影业公司和明月歌剧社正式签订了合作协议，为期两年。自签订之日起，明月歌剧社演员就是“联华人”了。协议一签订，就是给演员们定薪。有的演员，月薪很高，聂耳的最低，每月二十五元。有没有定薪标准呢？没有。乐队一位乐手，月薪四十元，一位演员比这个乐手少三元。其他演员，月薪也没有定规。这样的“定薪”，太混乱，太不可思议。聂耳听说，那个月薪四十元的乐手，原来是联华影业公司的“老相识”，老板怎会“亏待”自己人呢？至于自己，还有其他一些演员，是“明月社”老板黎锦晖带来的，月薪当然要“低人一等”了。对于这样的定薪，聂耳感到不满，但又无可奈何，来上海没有多少日子，没有“后台老板”，除了不满，还有什么办法呢？

协议签了，月薪定了，联华歌舞班的演员们，心事放下了。二十五元月薪，比云丰申庄多了十元，聂耳的生活实际上没有因此得到改善，恰恰相反，二十五元月薪，只能勉强维持日常生活，头发长了，要花钱理；被子、衣服脏了，要送到外面去洗，也要花钱。联华歌舞班不同于云丰申庄，交往面广了，开销增加了，婚庆要“送礼”，生日要“送礼”，加上平时必不可少的零用，如此这般，二十五元转眼就所剩无几了。有时候，连聂耳都“自惭形秽”，囊中羞涩啊，口袋里只有“五角钱”了，偏偏，小提琴弦断了，“五角钱”连买一根琴弦的钱都不够！

1933 年 5 月 28 日，这天是中国传统节日端午节，“联华”的演职员都回家了。聂

联华公司同仁合影照，站立者左二为聂耳

耳想起自己在上海“漂泊”，心里很难过。他给母亲写信说，“我从这月起，加了三块钱，每月是二十八元薪水”，每月的开销是，“房租七元，伙食八元，洗衣二元，买小提琴弦约二元，邮票一元，车资三元，理发一元，零用四元”。如此一算，二十八元月薪基本结存为零了，有时免不了还要超支。写到这里，聂耳顿了顿，继续写下去，“在失业恐慌的现社会，在这人材荟萃的大都会上海，能够摸到一碗饭吃，已经算是不容易的了。现在有多少博士、艺术家吃大饼过活，有多少青年经不住社会的打击而自杀，再回想我几年的奋斗，真是如做梦一般！”

梅子熟了，江南进入了梅雨季，这是上海一年中最难受的时候。天气又闷又热，湿漉漉的，更兼气压很低，简直让人窒息！一到晚上，聂耳好不容易睡下，刚想闭上眼睛歇会儿，放松放松一天的疲累，却不料，讨厌的蚊子飞了出来，“嗡嗡嗡！嗡嗡嗡！”围着人直转，赶也赶不掉，在这倒霉的鬼天气，真正是让人叫苦不迭。钱，不能省了，去买顶蚊帐吧，无论如何，哪怕是买一顶廉价的小蚊帐也好！

聂耳去了大马路。大马路上的商店特别多，卖蚊帐的店家也有好多家。一看价格，吓了一跳！本来，聂耳还以为买一顶蚊帐要不了几个钱，最多也就三四元吧。谁知道，区区三四元，根本不值一谈！

琴弦、蚊帐，都需要钱买。钱呢？钱在哪？昆明有朋友写信凑热闹来了，说是聂耳在上海滩做事，有钱人啊，能不能借一点钱，救救急？读完信，聂耳简直哭笑不得，心想，来信借钱的朋友，实在是误会了。

生活，还得继续。学习，也不能停顿。王人艺离开了联华歌舞班，聂耳若有所失，

联华足球队合影，前排左三为聂耳

想起王人艺临走前的话，决定去找外籍小提琴老师。

外籍小提琴老师，叫普杜什卡，是奥地利优秀小提琴家，也是上海国立音专的教师。普杜什卡在俄国、法国担任过乐团指挥，还担任过美国波士顿交响乐团指挥。在上海，他与上海工部局乐队提琴家富华、黎扶雪等人组成了四重奏组，演出的室内乐很有影响。普杜什卡有不少学生，王人艺就是其中一个。

普杜什卡家在虹口，汇山北路，离福兴公寓很近，聂耳对那一带很熟悉，很容易就找到了他的家。给普杜什卡看门的是一位老妇人，问了问聂耳，指点他上楼。普杜什卡正在教两个外国学生拉琴。他们走后，他招呼聂耳，取了一支小提琴弓，打好松香，让聂耳随便拉一曲，他要听。

聂耳拉的是 G 调练习曲，普杜什卡喊了声：“停！”随即，帮他纠正，要他从头开始拉。听完，指出了一些错误。当即约定，每星期一节课，学费三元。一个月四节课，学费十二元。

普杜什卡教得认真，聂耳受益匪浅。占了一半月薪的学费，对于他，是一个很大的负担。离发薪还有半个月呢，囊中羞涩，眼看就要交学费了。钱？哪里来？他去找罗明佑，说明情况，希望能预支一些薪水，以解燃眉之急。他想，去普杜什卡那里学习，提高小提琴琴艺，那不只是为了自己，也是为了歌舞班演出呀，预支一些薪水，要求不高，罗明佑不会不同意的吧。不料，罗明佑一口拒绝。

冷漠，冷漠，罗明佑太不讲情理了！聂耳很是气愤，为自己“乞怜”于资本家而感到后悔：“表演以后，着了伤风，所学的功课又不能不拉，但简直不能持久，再加经济的困难，心灵一点也不安定。”“今天做了一件素来讨厌、所卑视的事——向资本家乞怜。资本家的那副铁铸的面孔，算是今天真正地看清了。”

得了个“耳朵先生”雅号

现在，要说说聂耳这个名字的由来了。

如前所述，聂耳原名聂守信，读书、从军，用的是本名聂守信；报考广东戏剧研究所附设演剧学校、联华歌舞学校，除了使用本名聂守信，他还用了艺名聂紫艺。被人戏称“耳朵先生”，是怎么回事？

1931 年 5 月 16 日，聂耳随联华歌舞班去南京公演。从上海到南京，按照现在的高铁运行速度，不过是“弹指一挥间”的事。可是，1930 年代，交通远不如现在便捷，从上海到南京，即使坐快车，也要好几个小时，至于慢车，那就更不要说了。一路上，“咣当当！咣当当！”车轮撞击声，不绝于耳。歌舞班演员们，本来就不甘寂寞，喜欢热闹，如何打发列车上的几个小时？有人提议说，我们歌舞班不是新来了一位拉小提琴的乐手吗，听说多才多艺，何不表演表演，为大家助助兴？

车厢里，响起了一片叫好之声：“聂紫艺，来一个！”“聂紫艺，来一个！”大家的目光齐刷刷转向了聂耳。

聂耳问：“让我表演什么呢？”

又是一片嚷嚷：“即兴，即兴！”

即兴表演，对于聂耳并非难事。他从小就有过人的模仿力，善于模仿别人的动作，对于声音的辨别能力非常强，风声、雨声、鸟叫声，甚或牛车、马车踏在街面上发出的

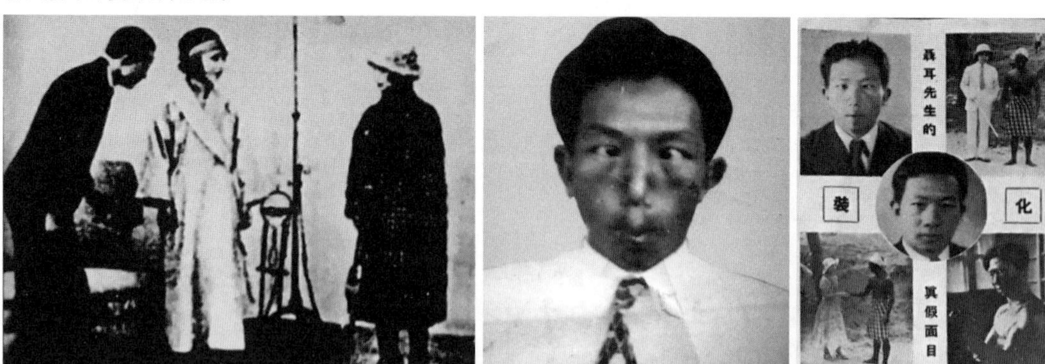

左：1929 年，求学时期的聂耳，男扮女装，在话剧《克拉维哥》中饰演“玛利亚”
中：聂耳表演滑稽角色
右：聂耳饰演的各种人物

“得得”声，不仅能分辨得一清二楚，还能通过模仿，将声音逼真地“还原”。他的表演能力同样很强，在学校里演话剧，反串女角。他还有一手绝技，将一枚树叶含在口中，吹出各种曲调。在家乡，他广泛搜集民间歌曲，熟悉山歌、花灯曲、洞经调，这都为他后来的音乐创作打下了基础。

在大家的“起哄”中，聂耳站起身，略一沉思，开始即兴表演。他模仿一位老教授演讲，刻板，一本正经，惟妙惟肖，逗得大家捧腹大笑。表演结束，他使出绝技，模仿牛车声、猪叫声，接着稍稍调整了一下情绪，扭动两个耳朵，跳舞般，一前一后，扭动起来。车厢里，掌声、喝彩声，接连不断。

“聂紫艺，多才多艺！”

“聂紫艺，耳朵先生！”有人建议，聂紫艺的耳朵很神，改名叫聂耳吧。

车厢里，又是一片叫好声！

列车，“咣当当！咣当当！”向前运行，洒下了一路笑声！

“耳朵先生”，在上海驶往南京的列车上，就这样生成了。大家叫他“耳朵先生”，只是打闹，歌舞班演员更喜欢聂耳这个名字。聂耳也觉得，不错啊！以后，他就使用聂耳这个名字了。

1931 年 8 月 24 日，罗明佑迎来了自己的生日。联华影业公司要为他庆生。公司所属第二制片厂，临时搭起两个很大的舞台，用红色的电光纸做成斗大的“寿”字，挂在两个舞台中间。祝寿的大款大腕、电影明星，络绎不绝。到底是老板啊，庆生联欢活动，热热闹闹，内容丰富多彩，有英文、法文、日文和上海话、广东话演讲，还有演唱，更有英国歌曲和日本清歌，以及口琴演奏。轮到歌舞班出场了，节目是“聂耳博士”演讲。聂耳的才能又一次发挥得淋漓尽致，他的即兴演讲，吸引了到场的宾客。接着，聂耳表演埃及舞，又接着，开始模仿各种各样的声音，全场轰轰然，将罗明佑的“庆生”联欢活动推向了高潮。

罗明佑“庆生”联欢活动结束，聂耳得了一份奖品，包装精美，里面不知道是什么。回到歌舞班宿舍，打开盒子，聂耳哑然失笑了。“金玉其外，败絮其中”，资本家罗明佑出手好“大方”啊，精美的盒子里，装的竟然是饼干！

第八章 歌舞班的女明星们

传言沸沸扬扬

联华歌舞班的男女演员，都处在情窦初开的青年时期，大家相处一起，难免不会产生感情。有的充其量只是彼此间好感，意气相投；有的呢，就不一样了，由情感萌动升华为爱情。

聂耳进联华歌舞班那一年，也处在青春年华时期，和几位年轻女演员走得很近，招来好事者们非议。文艺界本就多是非，有的人捕风捉影，大肆渲染，有的人热衷炮制桃色新闻，然而，传言也好，猜测也罢，聂耳有着自己的喜好，远在昆明的袁春晖，是他的初恋女友，来到上海，他没有忘记和袁春晖相处的日子。即便和袁春晖热恋，他也不不打算早早成婚，他有自己的追求。他说过，结婚，是事业的坟墓。但是，这并不妨碍他和袁春晖的恋情，也不妨碍他和歌舞班女演员的往来。他和几位多才多艺的女演员，确实相处得很好，这就引来猜测，甚至，非议不断，传言沸扬。

王人美是王人艺的妹妹，王人艺是聂耳的“小老师”，聂耳和王人美焉能不亲近？在联华歌舞班，这是公开的秘密。聂耳和王人美有没有感情？如果说没有，不合情理，也不符合事实。王人美也承认：“不错，我和聂耳关系很好，我们以干兄妹相称，来往

左：歌舞班女演员
右：聂耳（左三）与歌舞班演员在恒德里集体宿舍弄堂

密切。”聂耳也承认，自己是王人美的干兄。“干兄妹”，仅此而已。有人非议说，聂耳和王人美是恋人。王人美对聂耳确有好感，但也仅仅只是停留在兄妹之间的情谊而已。王人美有没有恋人？有！电影皇帝金焰。她眼中的金焰，“为人耿直、淳朴，不愿意去交际场所，喜欢篮球、骑射、游泳、打猎这些有益身心的体育运动”。

金焰，原名金德麟，朝鲜人，从小在中国长大，后来加入中国籍。十八岁那年，金焰只身一人，闯荡上海滩，当过话剧演员，做过电影场记。《风流剑客》是孙瑜导演的影片，金焰饰演主角，博得观众好评，因而进入电影圈，被联华影业公司一眼相中。此后，他与名影星阮玲玉共同主演《野草闲花》。这部影片，是金焰的标志性影片。演了这一部影片，金焰一跃而为饮誉上海滩的电影明星！

1932 年，上海评选“电影皇帝”，金焰力压群雄，得票最多，拔得头筹，戴上了“电影皇帝”桂冠。

金焰长得很帅，人高马大，英俊潇洒，为人爽直、爽朗，很得女人心。成名后的他，每天收到大量影迷来信，其中有很多年轻女性，称赞他的同时，向他表达爱慕之意。金焰心里，其实已经有了王人美。他比王人美大三岁。两人既是恋人，又是合作者，一起主演《野玫瑰》，这部影片是王人美的银幕处女作。

金焰不为大量女影迷示爱所动，王人美呢，“默默地把一切献给了挚爱的人”。1934 年新年伊始，两人携手，结为夫妇。婚后的王人美，仍然是聂耳干妹，聂耳和她，依然以“干兄妹”相称。

谈瑛和聂耳走得更近，联华歌舞班里的议论也更多。

谈瑛，原名谈素珍，人长得漂亮，尤其是那双黑眼圈，摄人魂魄。她是联华歌舞班里的一位性格演员，《失足恨》是她主演的一部无声电影。影片取材于生活中的真人真事，以故事的形式搬上银幕。影片如镜像般，还原了发生在上海滩的一桩桃色官司。她在影片中饰演一位青春美艳、少不更事的失身女子。这部影片的主角，实际上也正是她的化身。

谈瑛本就具有出色的演技，加上自己的亲身感受，对于现实生活的理解，将影片中的女主角演得栩栩如生。上映后引起轰动，一票难求。影院不得不高挂“客满”牌，观众还是络绎不绝，希望一睹为快，看看银幕上的谈瑛。

名人有名人的荣耀，也有名人的苦恼。像谈瑛这样的性格演员，成名后在上海滩就

电影《风云儿女》中的王人美

聂耳和王人美

金焰和王人美（中排），后排右四为聂耳

更加备受关注。在歌舞班，聂耳和谈瑛走得很近，这也是歌舞班公开的秘密。1932 年 7 月的一天，聂耳去体育场锻炼，不慎从单扛上摔落，昏死过去，被送往附近的仁济医院救治，从此落下“病根”：怕热，易疲劳，脑神经有些异常。谈瑛得到消息，急急赶往医院探视，以后又频频出入医院。此事，被好事者大加渲染，成了桃色新闻，说什么聂

王人美和金焰

从左到右：吴永刚、聂耳、金焰

耳和谈瑛的关系非同一般，《影剧生活》甚至发表文章说，聂耳和谈瑛是一对恋人。然而，传言替代不了事实。后来，谈瑛结婚了，她的丈夫并非聂耳，而是程步高。

程步高，电影导演，第一部导演的影片是《水火鸳鸯》。程步高一生导演了数十部影片，与夏衍、田汉、阳翰笙、洪深等人关系甚密。“一·二八”淞沪抗战爆发，他与摄影师在前线摄制的新闻纪录片《上海之辗》，轰动了海内外。1933 年 2 月，程步高当选中国电影文化协会委员，以革命现实主义为指导思想，先后导演由夏衍编剧的我国第一部反帝反封建的进步影片《狂流》，以及夏衍根据茅盾同名小说改编的《春蚕》，成功地将我国新文艺作品搬上了银幕。《狂流》《春蚕》在中国电影史上占有重要地位：《狂

聂耳与《母性之光》中饰演舞女的谈瑛

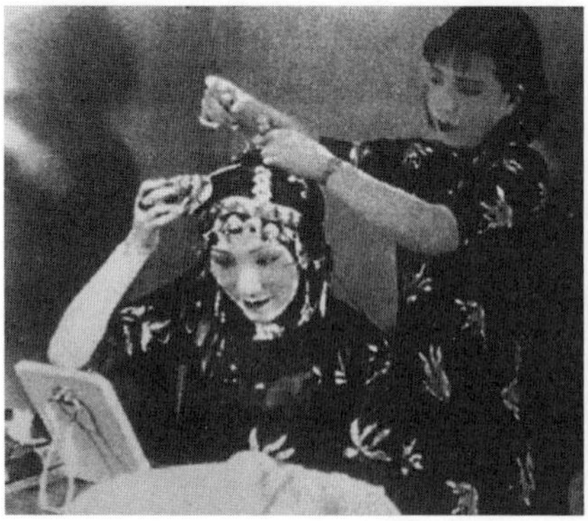

左：左翼电影开山之作《狂流》剧照
右：《春蚕》，由夏衍根据茅盾同名小说改编

流》是明星公司的第一部左翼电影，也是30年代上海左翼影片的“开山之作”；《春蚕》是“五四”以后将新文艺作品搬上银幕的首次尝试。这两部影片，在社会上产生了巨大影响。

谈瑛和程步高结为夫妇，也算是上海电影界的一对“标配”了。谈瑛主演影片《失足恨》，一炮而红，她的浪漫、大方，以及离经叛道的气质，无不给观众留下了深刻印象。1935年，她在影片《风云儿女》中饰演富孀施夫人，将一位婀娜、时髦的贵妇人，以及她空虚、无所寄托的心灵，演绎得栩栩如生，入木三分，又一次赢得了大量观众。

割不断的兄妹之情

联华歌舞班的白虹，是聂耳最喜爱的一位演员。白虹原名白丽珠，一次偶然机会，白虹走进了联华歌舞班，成为一名大红大紫的演员。

1931年，黎锦晖之弟黎锦（景）光去北平招聘女歌手。有位小女孩，引起了黎锦（景）光注意。小女孩看上去十岁左右，一问，果然，才十二岁。问她姓什么，叫什么，小女孩怯怯回答：白丽珠。

白丽珠长得瘦小，怕羞。前来应聘的人谁也没有注意到她。上场应考时，黎锦（景）光要她唱支歌，白丽珠一亮嗓子，全场惊艳！她的嗓子清亮，歌声甜美，所有目光一下转向了她。

黎锦（景）光很是满意，当即拍板：行，白丽珠，录取！

黎锦（景）光不虚北平之行，带着白丽珠回到上海。白丽珠进了联华歌舞班，取艺名白虹，《人间仙子》是她参演的第一部影片，也是她的银幕成名作。影片中，她饰演一个女孩，自然、清纯，观众好评如潮。银幕上的她，唱了同名主题歌，如同在北平招聘现场，歌声亮丽，倾倒了上海滩无数影迷。

白虹演唱的影片同名主题歌，后来灌成唱片，发行量很大。一个又瘦又弱的小女孩，随着影片《人间仙子》走红上海滩，成为冉冉升起在银幕的女明星。这部影片之后，她在影片《国色天香》中饰演的角色，也是大获成功。1930年代，上海滩有三位“同姓”

女演员，人称“女星三白”，一位是白杨，一位是白光，还有一位，就是白虹。“三白并列”，成为千万影迷热棒的女影星。

白虹天真、清纯，一种莫名情愫，在聂耳的心中渐渐萌生。他也是年轻人啊，年轻人当然有一颗年轻人的心，他为白虹的清纯迷住了，连他自己也很难说得清楚，究竟是爱慕，还是出于比白虹大了好几岁的哥哥之爱？

上海滩有个阔佬，在梅陇镇酒家大摆宴席庆祝生日，特意邀请《人间仙子》剧组赴宴。酒酣，阔佬对身旁的白虹悄悄说，散席后跟自己去公馆。白虹到底是涉世未深的孩子，不假思索，一口答应。这一切，瞒不过聂耳的眼睛。他心急如焚，又不便说破。散席后，白虹跟着阔佬正要步出宴席大堂，聂耳挤进人群，一把抓住白虹，将她拖出人群。

白虹被聂耳的举动吓了一跳，狠狠将聂耳的手一甩，大声喝问：“你，你要干什么！”

聂耳还是拉着白虹，使劲挤出人群，两人来到冷僻处，聂耳嗔怪道：“白虹，你怎么可以随便跟人走？太危险了！”

聂耳如此这般一说，白虹明白了：原来，聂耳是关心自己，暗中保护自己啊！白虹将阔佬要她去公馆的事一说，聂耳更加着急：“白虹，你怎么可以随随便便答应去公馆！要学会保护自己啊！”白虹醒悟了，对聂耳有了好感，他真像一个大哥哥啊。之后，白虹和聂耳的来往渐多，日子久了，对聂耳产生了说不清道不明的情感。

聂耳和白虹相差七八岁，真是剪不断，理还乱，他的心情很复杂，更多的是将白虹当作小妹妹，疼她，爱她。白虹也明白，聂耳喜欢上她了，但又不好意思说破，所以也就像个孩子，常常在聂耳面前撒娇，甚至毫不讲理，哭哭闹闹，她明白，反正，聂耳不会怪她。白虹哪里知道，她的撒娇，哭闹，反而更加受到聂耳的宠爱了。

在聂耳日记中，频频出现白虹的影子。但是，聂耳大约不想被人知道，他在日记中，称白虹为“P”，或“不黑”等隐语。他经常在日记中倾诉自己的心情。对于白虹，聂耳说，自己只是出于兄长的一份关爱，但又觉得，自己完全被朦朦胧胧的情网包裹了：“我这爱，也不过是一般的爱而已，并不会想到什么特殊的企图。只愿她能当我自己的小妹妹一样，因为她是这么小的一个小孩。”“今天在公司门前见到小白，心头一跳，想上前打招呼，但是她走得很快，我也只好装作没有看到她。一直走到拐弯处，才停下来，回头久久看着她，她走得好快，一会儿就看不见了。”“这几晚做梦都会梦到小白，小白唱歌的样子实在好看，她的歌也唱得好听，我写词作曲，好像每首歌都是为她写的，她可以使我快乐、懊恼、疯狂。”

聂耳不否认，“爱之魔力，为何如此之大？？？人的感情，为何能生出这种不可解的力？！”“我累累提及的小白，着实是产生了这种情感的表现。她是一个小孩，活泼天真的小孩，我发现了我爱她是在不久以前。我爱她，我真的爱死了她！梦境依然继续着！”天真、活泼的白虹，使他感到有一种难以言喻的“魔力”，将他拉向复杂的情感漩涡，“我诚恳地说一句，‘除了小白外，以后再不会跟谁好了。’她们所说的三个人，也只有白算是真一点”。

聂耳所说的“三个人”，一个是王人美，一个是谈瑛，另外一个，便是白虹。

聂耳迎来了二十岁生日，朋友们说，二十岁是“大生日”，要好好庆贺。聂耳矛盾极了，自己的心情怎么对朋友们说呢？他像掉进了情感漩涡，挣扎，想要爬出漩涡，他的心中有着隐隐的痛：“自己想哭，想伤心地去多哭几场。”面对祝贺的朋友们，他必须抑制自己想哭的情绪冲动，虽然也知道，由于他“假装的功夫不到”，想哭的情绪“当然会显露在人家眼前的”。

白虹因主演《人间仙子》而走红上海滩，成为联华影业公司的台柱子，老板对她充满希望。聂耳和白虹兄妹式的爱，引起了老板不满，他禁止白虹谈情说爱。为了不致被公司解雇，白虹决定和聂耳假意分手，见面互不理睬，表现得形同陌路。暗地里，白虹却是以泪洗面，偷偷写信告诉聂耳：“我们不说话以后，我一想起我从前对你那样，真是不对，你现在是想我还是恨着我呢？我现在整天地想呀，想呀，望你来信。”

聂耳和小白（中）

聂耳也很痛苦，和白虹近在咫尺，不能来往，老板实在是太不讲理了，他拿起笔，一天一封，给白虹写信，倾吐心中的话。他的信，不巧落到了公司老板手里，盛怒之下，非得白虹承诺：五年内不许恋爱，要不，就会给她颜色看！

人生，真是充满了太多、太多的戏剧性和不确定因素啊。被黎锦（景）光一眼“相中”的白虹，成为走红上海滩的女明星，后来接受了黎锦（景）光抛去的红玫瑰，双双走进了婚姻殿堂。

报考“国立音专”

聂耳对袁春晖的感情没有变，袁春晖也在思念她心中的“聂四狗”。

按照聂耳的想法，自己在上海打拼，手头不宽裕，等以后有了钱，将袁春晖接来上海，一起发展音乐事业。袁春晖也清楚，“聂四狗”是有志向的青年，她要等着他，有朝一日和他携手。她和聂耳，鸿雁传书，在信中互诉衷肠。她希望，聂耳“做一个不平凡的人”！

上海有所高等音乐学府，那就是国立音乐院，创办于1927年，1929年改为国立音专，拥有许多杰出音乐人才，如作曲教授黄自、青主（廖尚果）、应尚能、周淑安、李惟宁和陈田鹤、刘雪庵、江定仙等。校长萧友梅，1909年毕业于东京帝国大学（“二战”后，东京帝国大学改名东京大学，中国现代著名作家、新文学团体创造社发起人之一郁达夫曾留学此校），1913年留学德国，就读于莱比锡音乐学院，同时在莱比锡大学攻读哲学和教育学。1916年，萧友梅以优秀论文《十七世纪以前中国管弦乐队的历史的研究》获莱比锡大学博士学位，后进入柏林大学，选修哲学、教育学、音乐、美术等学科。1919年学成，萧友梅返回中国，应北京大学校长蔡元培聘请，担任北京大学中国文学系音乐讲师兼北京大学音乐研究会导师。

1927年，萧友梅在上海创办中国第一所专业高等音乐学校，即上海国立音乐院，并担任校长，致力于培养中国音乐人才。萧友梅创建中国第一所专业音乐学校，在中国音乐史上，功不可没。此外，萧友梅还创造了多个历史上的第一：创建由中国人组建的第一支管弦乐队，且第一次演出贝多芬的交响乐；创作辛亥革命后由国民政府正式颁布的第一首国歌《卿云歌》。百年树人，矢志不渝，为寻求名师，萧友梅不遗余力，凡是能够联系得上的中外著名音乐家，如世界著名钢琴家、俄罗斯人查哈罗夫等，均礼聘到校。凭借渊博的学识和艺术才华，萧友梅编撰了大量音乐教材，如《乐学研究法》《和声学纲要》《初级中学乐理教科书》《钢琴教科书》《风琴教科书》《小提琴教科书》《普通乐学》与讲义《近世音乐史纲》。萧友梅一生创作了多种体裁的音乐作品，如 1920 年代初陆续创作的配有钢琴伴奏谱的艺术歌曲，是我国早期艺术歌曲的代表作和最早出版的作曲家的个人专集。

进上海国立音专深造，聂耳梦寐以求。袁春晖希望聂耳报考上海国立音专，也正符合聂耳的心愿。他是不是去报考上海国立音专了？几十年后的今天，学界说法不尽一致。有人说，聂耳去报考了，但没有被上海国立音专录取。有人对于这样的说法持不同看法，并以聂耳日记作为依据。真相究竟如何？刘再生先生写《音乐界的一桩历史公案》一文，可做参考。

意大利优秀小提琴家法礼国，毕业于米兰音乐学院。1921 年 8 月，法礼国来上海，担任工部局乐队首席小提琴，兼上海国立音专小提琴组主任（工部局对于乐手的要求甚高，据历史记载，杰出的人民音乐家冼星海去工部局应试，工部局认为，冼星海的演奏水平达不到他们要求，未予录用）。1934 年年初，聂耳报考国立音专提琴科，主考人正是意大利人法礼国。聂耳的身份是百代唱片公司音乐部主任，此时在上海音乐界已是声名鹊起，但上海国立音专没有录取他。原因是，聂耳曾在明月歌剧社担任过小提琴手，国立音专对明月歌剧社有“门户之见”，认为录取聂耳有损学校形象，因此，借口聂耳

国立音专

的演奏水平不高，不予录取。学界此说，是对于历史研究的一个“简单逻辑判断问题”，没有史料可以证明这件事。

1934 年 2 月 24 日，聂耳在日记中提到了报考国立音专，但只有寥寥几字：“需要画上几笔，已经一个月没写了！……‘百代’收音、作曲，配音——《人生》，自己练琴，赴演奏会唱歌队，便是这一个月的主要工作。……音专失败。”

如何会“音专失败”？聂耳在日记中没有细说。翻看《聂耳日记》，见聂耳写于 1931 年 9 月 11 的日记：“萧友梅、罗明佑、黎民伟来听我们的音乐。我们奏了《Spring Time》和《湘江浪》。关于到音乐院免费学习的事，恐怕难办，因为萧友梅说，若我们要去，可以办一个特别班，每人每学期六十元。”学者刘再生认为，这一事实说明，如果萧友梅认为录取聂耳会“有损国立音专的声誉”，绝不会有开办“特别班”的想法，因此，关于“校方因聂耳曾在明月歌剧社奏乐，认为录取了聂耳有损国立音专的声誉，于是以演奏水平低为借口，没有录取”的说法，用聂耳自己讲的事实就完全可以否定这样的结论。刘再生此说，不无道理。

考证一桩历史留下的“悬案”，需要治学者以严谨的“智学”，去拨开重重迷雾，厘清事实。历史，终将会拨去重重迷雾，使湮没在历史河床的真相浮出河面。

聂耳（后排右三）与明月歌剧社

情之殇

聂耳和袁春晖最终没有走到一起，随着时间的流逝，他们的恋情由“热”转“冷”，最终分手。此事，并非突然，而是早就有了预兆。

聂耳考入联华歌舞班，天天忙于工作，给袁春晖的信不如在云丰申庄那时多了，这就引起了袁春晖的猜疑。她想：上海，花花世界，美女如云，难道，“聂四狗”变心了？当然，这是袁春晖最初的猜想，不料，一张照片证实了她的想法。

有一天，袁春晖去朋友家，谈笑间，猛然看见朋友家里有一张照片，是聂耳和歌舞班女演员的合影。猜疑“升级”了。张庚侯既是袁春晖亲戚，又是聂耳好朋友，还是袁春晖和聂耳热恋的牵线人，他也听说了上海滩传闻。出于对聂耳的关心，更是为了证实这件事，张庚侯写信给聂耳询问情况。聂耳在回信中，说了自己在歌舞班的状况，也说了自己和袁春晖的恋情，对于照片，他也作了说明。至于《影剧生活》刊登的“花边新闻”，聂耳解释说，纯属捕风捉影，要张庚侯等昆明朋友不要轻信这样的“花边新闻”。但他没有料到，自己和歌舞班女演员的合影照，竟会引起袁春晖猜疑。读了张庚侯来信，他明白了，自己和袁春晖的恋情出现了危机。

银汉迢迢，割不断的是思念之情。初到上海，聂耳和袁春晖频繁书信往来。有了第一个月月薪，省吃俭用，买棉布，买法兰绒裤子，寄给袁春晖。进了联华歌舞班，他和袁春晖的恋情却发生了细微变化。由于忙于工作，写给袁春晖的信少了，这是一个原因。一张合影，更是促成了他和袁春晖最终分手！

左：聂耳（前）和好友张庚侯
右：前排左为聂耳、右为杨家祥，后为张庚侯

怎么能埋怨袁春晖呢？是的，聂耳没有埋怨袁春晖。他理解袁春晖："小三晖"的内心，有苦衷啊！

确如聂耳所想，袁春晖有苦衷。就在她陷入迷茫、痛苦时，有个人走进了她的内心，安慰她，给她温暖。这个朋友，聂耳并不陌生。刹那间，离别昆明的映像，浮现眼前：为防止发生意外，离昆前一天晚上，他不就寄宿在这位朋友家里的吗！

聂耳很快平静了下来。

彭寂宽不止一次地催促过"老儿子"早日成婚，正如前述，聂耳在写给母亲的信中，坦率地谈了自己对于婚姻问题的看法。此时的他，已经将婚姻这件事，看得非常平淡了："我对于我的婚姻问题似乎是一桩极平凡的事，而且是不需要在现在二十岁的我所应当去解决的事。您们记得我在家里常常发表的舆论吗？'一个人结了婚，他或她便减少了对社会上的使用性。'这话说起来虽然抽象一点，然而它也有着它的实际性。我一向总是抱着一个正当宗旨：'我是为社会而生的，我不愿有任何的障碍物阻止或妨害我对社会的改造，我要在这人类社会里做出伟大的事业。'"

对于袁春晖的婚恋选择，聂耳显得相当平静，决计要"为社会而生，为社会做出伟大的事业"。

第九章 动荡不安的岁月

1931 年 9 月 18 日晚上，日本关东军铁道“守备队”炸毁沈阳柳条湖附近的铁路路轨，嫁祸中国军队，并以此为借口，炮轰中国东北军北大营，这是日寇有预谋、有计划制造的“九一八”事变（又称奉天事变、柳条湖事件），为进一步侵略中国埋下伏笔。第二天，日军侵占沈阳，之后东北三省相继沦陷。

“日有所思，夜有所梦”

9 月 20 日，聂耳打开报纸，一条消息扑入眼帘：“日军占据沈阳城，炸毁南满路……”他的心猛地一跳，打开日记本，记下了消息。几十年过去，读《聂耳日记》，这条消息为解读当年镜像提供了“历史注脚”。

第二天早上，楼下传来喧哗之声，聂耳赶紧下楼，买了一份《时报》，读了起来：“天津、北平、青岛……”事态严重，日寇侵略魔爪，已从“关外”（东北三省）伸向了关内！接连几天，类似的消息不断传来。上海滩动荡不安了：一边是，上海市民怒火中烧，声讨日寇侵略罪行；一边却是，日本右翼分子庆祝“胜利”，日本人商店，店门口挂起了“庆祝日军占领沈阳”横幅；日本小汽车，挂着“庆祝胜利”标语，在街上横冲直撞。消息像长了腿，在上海滩风传，说是日军的驱逐舰开进了黄浦江，在江面上游弋。虹口的局势更加严峻，街上密布日本警察，空气凝固了一样，随时都有爆炸可能！

有一天晚上，聂耳做了个很奇怪的梦——

中国军队和日本兵在进行激烈巷战，地址就在爱文义路，他趴着窗户向外看，冷不防，一颗流弹飞了进来，他急忙躲开，向门外跑去，刚跑到门口，右腿好像被什么东西刺了一下，隐隐作痛，下意识告诉他，不好，中流弹了！他没有停止，还是向门外跑，到了门外，一看，腿上的皮破了，露出的伤口，像一只小眼睛，狰狞地看着他。他拼命用力，仍然向前跑，可怎么也用不出力了，两条腿也不听使唤，再也迈不开了！怎么啦？这是怎么啦，他非常着急，还是没用，一使劲——双眼猛地睁开了，原来，是在梦境中呢！

聂耳哑然失笑了：真是“日有所思，夜有所梦”啊！这些日子来，他确实心神不宁，这不，刚睡下，就迷迷糊糊地做起了“中日交战”的梦！此刻，他摸了摸腿，奇怪，还真有点隐隐作痛的感觉呢！

“一 · 二八”事变

在中国抗战史上，上海发生过两次重大事件：1932 年“一・二八”事变，1937 年“八一三”事变。

“一・二八”的起因是，1932 年 1 月 18 日，中国工人和日本右翼分子在马玉山路发生冲突。下午，三友实业社总厂义勇军在厂内操练，日五名右翼分子向厂内投掷石块，引发冲突。日总领事馆称，日方死亡一人，重伤一人，污蔑系三友实业社总厂纠察队所为。1 月 21 日，日本驻上海总领事村井仓松向上海市长提出“取缔和解散上海以抗日救国会为首的一切反日组织和团体”等四项蛮横要求。23 日，日“大井”号巡洋舰和四艘驱逐舰，以及大批海军陆战队到达上海。24 日，“能登吕”号特务舰驶抵上海。截至 28 日下午，日军在上海集结的兵力为：军舰二十四艘，飞机四十多架，海军陆战队一千八百多人，还有全副武装的三四千名日本侨民。

中国迅即作出应变反应：1 月 27 日下午，国民党军参谋总长朱培德、军政部长何应钦调宪兵第六团接替第十九路军在上海闸北地区的防务。当晚八时，该团从南京开赴上海，28 日正午抵达真如，先头部队一个营下午到达上海北站，准备 29 日拂晓时分接替十九路军第七十八师第一五六旅第六团在闸北的防务。不料，1 月 28 日午夜，日本第一遣外舰队司令盐泽幸一指挥海军陆战队，兵分三路，突然对闸北国民党第十九路军发起攻击，由此点燃了战火。

“一・二八”淞沪抗战爆发了。

战火，迅速向闸北以外地区蔓延，日寇开始进攻江湾、吴淞，遭到中国军队阻击。

吴淞口“炮战”，是“一・二八”淞沪抗战的重要一役。

吴淞口炮战

吴淞口，古称“黄浦口子”，是黄浦江流入长江的“咽喉”。据南宋咸淳《玉峰续志》卷九：明永乐二年(1404)，开浚范家浜，引黄浦江于今复兴岛附近，这就是今天的“吴淞江口”。倘若打开这个“咽喉”，也就打开了上海门户。另据记载，吴淞口在清代有五座炮台，可谓“一夫当关，万夫莫开”，震慑四方，为守护上海发挥了作用。五座炮台分“东炮台”“西炮台”。“东炮台”建于清康熙五十七年（1718），鸦片战争时毁于英军炮火。“西炮台”也称老炮台，建于清顺治十七年（1660）。鸦片战争，清政府战败，并为之付出沉重代价，甚至与侵略者签订了丧权辱国的不平等条约。

炮声，震醒了昏庸的清朝廷，外国列强的炮舰政策，使朝廷意识到炮弹的威力，在西炮台建明、暗炮台各一座，大小炮位二十三尊，所有炮口一律朝东，遥指吴淞口外，那里正是“三夹水”水面。吴淞口除了建有东炮台和西炮台，还有建于光绪十年（1884）的“南石塘北炮台”和建于光绪二十五年（1899）的“南石塘南炮台”，“南石塘北炮台”有八尊炮，“南石塘南炮台”有七尊炮。从军事设施看，吴淞口的防务能力实际上并不算弱。

“一・二八”当晚，在蒋光鼐、蔡廷锴指挥下，第十九路军在北站、天通庵、横浜桥等处与日军展开激战。吴淞口防务开始吃紧，到了2月3日，二十六艘日舰在吴淞口外排成了半弧形，向吴淞炮台猛烈开炮，十五架日机从川沙飞到吴淞要塞上空投掷炸弹，弹如飞蝗，铺天而下。第二天，日方集中兵力，形成海空之势，夹击南石塘炮台。守军司令邓振铨率部血战二日，因缺乏防空设备，炮位被毁。之后半月，炮战时断时续，中国守军顽强抗击日寇。2月20日，日军陆海空逼近吴淞要塞，三十多艘日舰围攻狮子林，遭到中国守军顽强抵抗。之后数日，日机轮番轰炸，蕴藻浜、吴淞镇要塞、狮子林，摧毁过半。战至25日，狮子林炮台只剩下四门炮了，第二天又有二门炮毁于战火，第三天剩下的炮全毁。3月1日，日军向中国守军发起总攻击战，驻守吴淞要塞的中国将士，寸步不让，血战报国，终因寡不敌众，3月2日不得不退守第二道防线，将士们发出铿锵宣誓："台亡俱亡，孤军坚守，死战不退！"第二天，炮台失守，中国军队向月浦、嘉定方向撤退，日军侵占吴淞口要塞。

这段史料，真实地记载了当年中国军队与来犯之敌日寇侵略者在吴淞口的血战场面。

有关中国军队不敌日寇军事装备的事实，《淞沪抗战画史》也有记载："吴淞各炮台均成于逊清之季，台基悉用灰沙，殊不坚实，炮身又经多年之风雨侵蚀，几已不可一用。最大的炮，射程仅万三千码，火药炮弹多为三十年前旧存，药力已经过性，这就毋怪挡不起日人的飞机炮舰，在'一·二八'之役全部残毁了。"中日交战之惨烈，当年的《新闻报》亦有记载。吴淞口炮战结束以后，该报记者曾两次去吴淞要塞凭吊我阵亡将士，向报社发回的报告称："司令部、守备营、旗台、探海灯台等房屋悉数倒塌，各炮位西歪东倒，残缺不全，地上深穴百余，裂痕数千条，实无一片完整之土。记者前曾参观要塞，气象庄严，今已不堪回首！""……至吴淞炮台遗址视察，支离破碎，已至不可收拾之地步。查吴淞炮台地面辽阔，长凡一里有半，计分南北二炮台，旧有大小炮座二十尊，北炮台有大炮五尊，南炮台为小炮十一尊，今完全破坏，无一幸存，其在战事中未被轰毁者，亦俱于日军占据后肆力破坏，除炮身被毁外，复用化学药液，将各炮头口径削断。当吴淞要塞战事剧烈之时，敌方海空二势力虽双管齐下，但敌舰火炮之射程，为一万二千米远，往往超越炮台后方四五里，而始落下。反之，我方最大之炮，射程仅八千米远，但我方炮手，亦不乏瞄准精准人，故敌舰屡被巨创，唯敌机居高临下轰炸准确，故战后遗迹各炮台及火药库、营房之被轰炸，创痕累累，不堪目睹……"

陈定山是上海滩文化名人，著有《春申旧闻》《春申旧闻续》等佳作，读陈先生笔

1932 年 2 月，上海市民义勇军开赴淞沪抗战前线

下的“旧闻轶事”，读到的也是当年的影像，他在《哀吴淞炮台》一文中写道：“笔者尝于劫后登临，望风凭吊，接收炮台之接管会特派员林同兴暨兵工厂代表刘建新报告：‘南北两炮台各地：计为二点二寸口径者四尊，弹重四十六磅。四点七寸口径者五尊，弹重四十六磅。六寸口径者四尊，弹重一百八十磅。其十二点四寸口径者四尊，弹重八百磅。其中尚属完好炮为二点二寸口径与四点七寸口径者各二尊，但已为日军搬运而去。’‘炮台既毁，储弹室亦完全炸去。台后兵房栋折梁倾，千疮百孔，（南北）两（炮）台弹穴甚多，间积成潦。弹壳俯拾即是。而炮径中亦多有留存未发之弹，足见我军当时撤退之匆促。’”

巍巍乎，狮子林

姑苏以园林著称，清末时城内外有园林 170 多处，以拙政园、留园为代表的苏州古典园林被誉为“咫尺之内再造乾坤”，是中华园林文化的翘楚和骄傲。1997 年，苏州古典园林中的拙政园、留园、网师园和环秀山庄被列入世界文化遗产名录；2000 年，沧浪亭、狮子林、耦园、艺圃、退思园作为苏州古典园林的扩展项目，也被列为世界文化遗产。

上海也有狮子林，但并非古典园林，而是由古树名木组成的小树林，位于宝山县（今宝山区）城西北，远看如狮子，故名狮子林。光绪十五年（1889），朝廷在这里建成“狮子林炮台”，离南石塘大约二十里，有六尊炮。炮台靠近长江的入海口，由于地势平坦、土质密实，很适合银杏树生长，造林人叫张金惠，在此种有十三棵银杏树，张金惠死后葬于此。所以，狮子林旧时也称狮子坟。张金惠种下的树，长大成林，守望吴淞口，成了指引长江口来往船只的标志。岁月倏忽，如今的狮子林，尚余十棵银杏，树龄均在 200 年以上。其中有一棵，因建设宝山钢铁厂，迁移至上海共青森林公园，“不服水土”，毁于自焚。

光绪十五年，两江总督曾国藩在狮子林建有炮台，沿用狮子林名称，狮子林炮台因而得名。当年，中国守军姚子青率全营官兵在罗店、宝山、狮子林与日军浴血奋战六昼夜，寡不敌众，全部壮烈殉国，震惊中外。

“八一三”事变，又称“八一三”淞沪抗战，是日本帝国主义蓄谋已久、扩大侵华战争，在上海制造的“第二次事变”；是“七七”事变后，上海军民又一次奋起抗击日本侵略军的壮烈战斗。史载：1937 年 10 月，日寇从狮子林旁的江滩登陆，守卫狮子林的十九路军六十一师一团三连，与日军展开激战，持续了好几天。战士们隐蔽在狮子林，占据有利地形，日军地面进攻屡屡受挫，妄图以空中优势遏制十九路军火力。敌机疯狂呼啸，日军向三连阵地逼过来，情况万分紧急。这时，有个名叫王强的战士发现，三连阵地有狮子林可作掩护，敌机投弹轰炸必须尽可能接近地面，才能对阵地造成威胁，而敌机俯冲，离地面近，每俯冲一次，就必须赶紧拉升，不然就会撞上狮子林，机毁人亡，如果不能连续轰炸，攻击力就会减弱。王强趁敌机拉升空档，迅速跑到狮子林， 隐蔽在一棵银杏树后，等敌机俯冲，迫近，他突然从树后闪出，抬起手中的中正式步枪，“啪”的就是一枪！日机尾冒出一道黑烟，东摇西晃，栽向长江。顿时，战士们欢呼起来。十九路军战士王强在狮子林用步枪打下日军飞机的喜讯，在淞沪战场传扬开来，鼓舞了军心。现在，狮子林已被划入宝钢厂区，列为二级古树保护，在蓝天下依旧挺立……

日寇制造的两次“上海事变”，聂耳经历了其中的一次：“一·二八”事变。1937 年，上海发生“八一三”事变，聂耳已长眠地下两年多了。

“一·二八”事变，对于聂耳有刻骨铭心之痛。事变，唤醒了民众，抗日救亡运动风起云涌。面对热血沸腾的抗日情绪，罗明佑坐不住了，赶紧在联华影业公司内召开抗日救国团第四次全体会议，且在会上发表“训词”。罗明佑的惺惺作态，引起了聂耳不满，尤其是罗明佑在会上发表的训词，被聂耳斥为“狗屁到了极点”的东西。

1 月 29 日早上六点多，有飞机向爱文义路联华歌舞班宿舍上空飞去，如果是平时，马路上到处是人群，熙熙攘攘，可是今天，下着大雨，马路上空寂无人，没有电车，也少有汽车。聂耳抬起头，看那从空中掠过的飞机，低低的云端，传来了飞机的轰鸣声，一架、两架，越来越多的飞机，都是红头红屁股的双翼水上飞机，日机越来越猖狂了。他和联华歌舞班几个同事，还有一位姓张的《时报》记者，走到北四川路，看了一眼马路上，店铺都已关门，人群拥挤在靶子路口，都是来看热闹的，搬家的、逃难的，越来越多，几乎阻塞了马路。

聂耳和朋友们停下脚步，挤在人群中，也看起了热闹。头上，战斗机在不断盘旋，嗡嗡声不绝于耳。街上行人，恐慌之极，装着家什的汽车，拉着人的黄包车，还有各式汽车，纷纷攘攘，在从华界逃向租界。远处，房子在燃烧，冒起了冲天黑烟，枪声如炸豆，噼噼啪啪，胆子大一些的市民，挤在靶子路口，议论纷纷，说的全都是有关战争的事情。

聂耳和朋友们走到大马路，买了一份《大美晚报》，一面走，一面看，报上登载的新闻，也全都是中日交战的事情，北站被炸，商务印书馆起火，日机在金利源码头掷了炸弹炸伤三人，日军死伤百余人等消息充斥报纸版面。街上，张贴着工部局戒严布告，北四川路也张贴了类似工部局戒严的布告，刺目的是“大日本帝国海军陆战队”的“布告”，以统治者的口气安慰民心。

聂耳一路走，一路看，中国人是有民族尊严的，不容外侮欺凌，一些中国商店冒着危险，在店门口贴出了标语，上面写着“日兵犯境，罢市御侮”，用罢市表达中国人的民族气节！

一连两天，空气中充满了浓浓的火药味，到了第三天，形势更加严峻，聂耳发现，天空中“轰轰”地飞来了飞机，一数，竟多达十七架！起先，路人还以为是中国飞机，兴高采烈地欢呼了起来，但是，远远看去，究竟是中国飞机，还是日本飞机？没有一个人吃得准。看那情状，聂耳怀疑了，好像不是中国飞机！飞蝗似的飞机越来越近，越来越近，几乎就在大家的头顶上了，大家这才看清楚，这哪里是中国飞机啊，分明是机身上涂着红膏药似的日本飞机！欢呼声立刻“哑”了。大街上，仍然是络绎不绝的难民在奔逃，空气十分惨淡。吃过了晚饭，聂耳拿起《时报》，是一份没有期发数的“号外”，醒目地印着：“今天又击落了两架日机！”读完，激动不已。胸中，好像有激情在燃烧。

战事，什么时候结束啊？没有人能够告诉聂耳。消息满天飞，说是虹口、闸北一带，中日两国军队还在交火，增援的日本兵上去了，情势越来越紧张了。沪西一带，成为危险区域，静安寺路、爱文义路、戈登路，都在安装临时炮台，看来，激战是不可避免的了。这天夜里，聂耳又做了一个梦：坐着小汽船到了黄浦江，忽然发现，一艘日舰向着自己驶来，舰上的探照灯，射出强烈光柱，向四面八方乱摇。他急忙卧下身，但为时已晚，日本哨兵看见了他，抬起枪，一阵扫射。他的左手中指痛极了，低头一看，啊，枪弹穿过了第一节手指，留下了一个小孔，在汩汩流血，他急忙弃船登陆，日本兵在后面追了过来。直到惊醒，他才知道，又是“日有所见，夜有所梦”！

“一·二八”淞沪抗战，是中日双方正面战场精锐部队的第一次大规模交锋，以第十九路军为首的中国军队的英勇抗战，彰显了中国人民不畏侵略的民族精神：在中国军队有力抗击下，日军数次增兵上海，三易主帅。十九路军总指挥蒋光鼐感动地说：“淞沪之役，我军得民众莫大之帮助，近者箪食壶浆，远者输财捐助，慰劳奖饰，永不敢忘。此同仇敌忾之心，使吾人感奋欲涕。而最后的停战协议中，既无割地内容，又无赔款条款，实为百年来所罕见。”

怎样去作革命的音乐？

2 月 1 日、2 日、3 日……一连好几天，有关侵略和反侵略的态势，聂耳在日记中都有记录，连睡梦也与战事有关：“一会火炮四鸣，传单乱飞，人群拥挤，口号震天，我全身的细胞里充满了兴奋和恐慌，找到附近一家小铺里躲着看热闹。不久，枪声大作，人群驱散，我由这小铺出来，跳上一部公共汽车，枪声仍然从背后追来。我突然想起还有同伴在后面，当车驰过两站的时候，急忙下车向后转走。这时枪声已息，但看不见一个拿枪的，满街摆满了死尸，一个个地排列在马路当中。有的还没有死，不时发出极悲惨的哭声。我数一数死伤的人总在三十以上，他们都是工人。走到摄影场门口，她们已坐上黄包车，迎面跑来，我也雇了一部在她们后面跑。死尸一条条地从脚下踏过，无意中会在死尸堆里发现一个小白的下半身，她穿了和平常一样的黄线袜，黑绒鞋，花棉袍。等车走近时仔细一看，唉！简直就是她，没有错。她满脸糊着很厚的血。这时，我的心如刀戳般的刺痛，回头再想多看，车已拖很远。”醒来时，聂耳发现，大半个枕头湿漉漉的，原来，睡梦中流了很多眼泪，他觉得又好笑又好气。梦中的小白，正是他爱恨交加，在情感上说也说不明白、道也道不清楚的白丽珠啊！

战事，牵动着上海人民的心，聂耳也在关注着事态的发展，有关“一·二八”，他在日记中写得很清楚：“今晚十时起租界施行特别戒严，马路不许通行，所以更为寂静。门口过的都是巡捕，机器脚踏车。昨晚无十分激烈的大战，今晚听到的枪声更少。报上又说：外国人鬼，今晚颇危险。”“情势更严重，社会秩序更紊乱。搬家的有的自西到东，有的自东到西，不知他们怎样去找一块安息的土地？！心里一样的在烦，站在晒台看街，一时两架飞机环旋天空，街上的行人有的跑，有的抬着头辨别是中国飞机还是日本的……闸北下午起开火。日机在法界、南市、城内、天通庵掷炸弹，炸伤好些市民……今晚八时半起，上海的电灯全部熄灭，他们都预备好洋烛。”“走到法界，交界处都是电网密布，小路口不通行，八仙桥、公馆马路外都摆着坦克车。搬家的更热闹，行人异常拥挤。”这些文字，都是他对于“一·二八”战事的亲身经历。

炮声隆隆中，聂耳迎来了二十岁生日。正如上文所述，生日这天，他的感情是复杂的，为他庆祝生日的朋友，也因为战事而心绪不宁。从清晨五时起，窗外就传来了炮击声，一直持续到下午四五点钟，炮声还是没有停息。“大炮给我祝寿辰。”“吴淞、闸北有激战，日舰被击沉一艘，飞机击落一架，焚毁民房很多。”“整个的世界已经在开

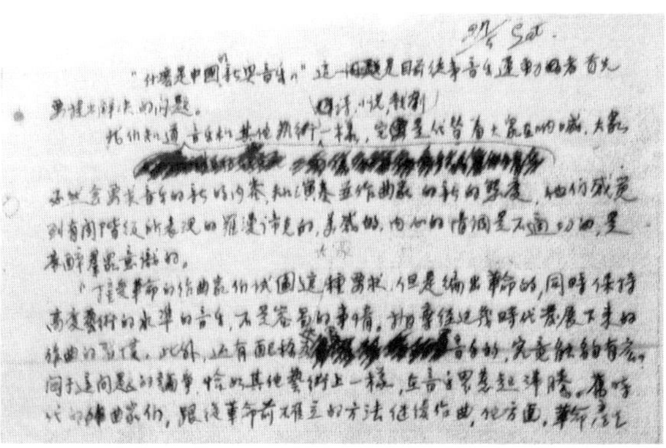

聂耳手稿：什么是新兴音乐

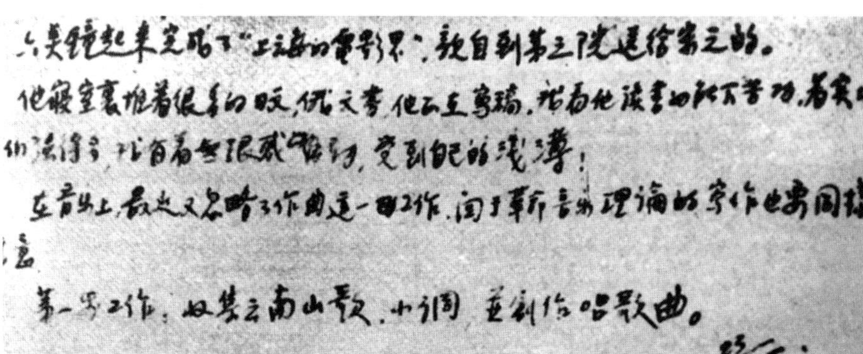

聂耳提醒自己要写作革命的音乐理论

始动摇了！帝国主义的冲突，第二次世界大战的伊始，到现在已经是无可隐蔽的事实。我的出路问题在这时候也好像随之动摇起来，所谓研究艺术，似乎不给你长远继续的可能，因了社会环境的决定，常常感到障碍和刺激，况且现在自己所重视的 classic music（外国古典音乐）是多么反革命的啊！”

动荡不安的时局，自己的出路究竟在哪？聂耳在深入思考，核心问题是：怎样去作革命的音乐？面对战事和复杂的环境，他开始反思了：“整天地在想，终没有想到一个具体的计划。所谓古典，不是有闲阶级的玩意儿吗？一天花几个钟头苦练基本练习，几年，几十年后成为一个小提琴演奏家又怎样？你演奏一曲贝多芬的奏鸣曲能够兴奋起、可以鼓动起劳苦群众的情绪吗？不对，此路不通！早些醒悟吧！你从前是怎样一个思想？现在居然如此之反动！照世界现在的情势，你想能给你很顺利地每天拉基本练习吗？像此刻的混战，简直不能安心地工作，以后不知还有如何厉害的转变？！”他像一头醒狮，在心中呐喊：国难当头，让革命音乐，鼓舞民众奋起，奋起！

惊险，与日军面对面

炮声、刺耳的飞机声。“一·二八”期间，聂耳有过一次“冒险”，回到宿舍，他写下了惊心动魄的“历险记”，名为《一个冒险的故事》——

2 月 11 日，聂耳带着照相机前往租界，他想为“一·二八”留下一些真实的镜头。炮声停了，空气中弥漫着阵阵难闻的焦土味，远远望去，黄浦江上停泊着几艘挂着外国旗的军舰。六架机身涂着“红膏药”的日本飞机，分成两列，在天空中迂回飞翔，发出刺耳的轰鸣声，像鬼叫似的。一会儿，日机又开始投掷炸弹了，巨大的“轰轰”声，震耳欲聋，响成一片，看上去，炸弹投掷的方向是闸北。中国飞机飞来了，一架、两架，只有两架，勇敢地冲向日机，猛烈开火。

聂耳举起相机，对着天空，拍下了中日战机交火的情景。随后，他去了租界，找了一个隐蔽地方躲了起来，将相机对准停泊在黄浦江上的外国军舰，拍摄很顺利，他还想拍摄更多的战地实况，随后跳上 9 路公共汽车。不多会儿，他到了汇山码头。

汇山码头被战争的阴影笼罩着，一队队日本兵，走下轮船，大步向码头上的日本军车走去。聂耳看见，就在他的前面，有沙袋垒起的工事，有四个美国大兵把守着。他走上前，对四个美国大兵行了个礼，用英文问道："我能从这里通过吗？""能！"美国大兵客气地回答他，"现在，不是戒严时间。"

得到许可，聂耳顺利地越过了美国大兵的工事，进入公共租界的日本区域。一架日机从西面飞来，他拿起相机，对准日机，迅速按下了快门。拍完一张，他还想再拍一张，这时，一辆日本军车向着他疾速驶来，"嘎！"日本军车在他的身后停了下来，从车上，跳下两个日本兵，端着枪，大步走了过来。车上，还有两个日本军官，虎视眈眈地看着他。

聂耳的心狂跳起来，一支冷冰冰的手枪，猛地对准了他的胸口。一个日本军官用英语喝问："你，干什么？！"

就像遭到了电击，聂耳颤声回答："对不起，我、我、我，就是拍个照……"说时迟，

淞沪抗战，聂耳拍摄的日寇军舰

"一·二八"事变，聂耳在汇山码头偷拍的日寇军舰

那时快，日本军官将他手中的相机夺了过去，捣鼓了半天，怎么也打不开，便用手枪对着他，示意跟着他们，上车！周围，聚集了看热闹的人。看这情势，聂耳是凶多吉少了。

就在这当口，一个美国大兵走了过来，劝说日本军官放下手枪。聂耳表示，在码头上拍照，只是好玩，没有其他意图，可以交出底片。美国大兵帮着说："给你们底片，不就可以了吗？"日本兵态度缓和了下来，收走了聂耳相机中的底片，让他"开路开路"，快走，离开码头！

真是有惊无险啊，要不是美国大兵出手救助，聂耳肯定要陷入虎口，生死难料了！第二天，他觉得自己的精神异常疲劳，一直睡到午饭时分才起床。他对几个同事讲了昨天的"历险记"，大家听了，面面相觑，有的人吓出了一身冷汗，称赞聂耳："聂子，胆大、勇敢！"

聂耳又一次陷入了思考：日军进犯，同胞逃难，此时此刻，自己的抗日救国精神，竟然如此无力，除了拍几张照片，自己还能做些什么呢？民族危亡当头，劳资矛盾日益激化，如此重压，聂耳对自己的前途有了新的想法，对陶醉在"莺歌燕舞"中的联华歌舞班也产生了看法。

山雨欲来风满楼

时局动荡不安，联华歌舞班也走进了动荡的漩涡。按照罗明佑的本意，联华影业公司与明月歌剧社合作，是打算利用明月歌剧社的歌舞优势，为联华影业公司生产的电影添加音乐和歌舞元素，当然，黎锦晖也有自己的想法，借助联华影业公司的资产优势，进一步树立明月歌剧社形象。但联手合作的结果，却是事与愿违，不欢而散，这是罗明佑和黎锦晖事先都没有预料，也无法预料到的尴尬事。

1932年1月22日，聂耳得知，罗明佑有意让联华歌舞班去南洋群岛演出，顿时感到，"好像周围充满无限的希望"。实际上，罗明佑此举，完完全全考虑的是自己，让歌舞班去南洋群岛演出，他和联华影业公司在中国电影界的地位必将更加提高，在中国电影市场的基础必然也将会更加坚实。只不过，包括黎锦晖，联华歌舞班的演员们并不知道罗明佑的用心罢了。因此，听说要去南洋演出，演员们十分高兴，不少演员去黎锦晖家商量节目的排练问题。聂耳没有去黎锦晖家，他的想法非常实际，如果去南洋演出，将会影响自己练琴，还是留在上海为好。但很快，又有消息传来，罗明佑打消了念头，歌舞班不去南洋演出了。更让演员们大吃一惊的是，罗明佑非但如此，而且还打算，联华影业公司不再与明月歌剧社合作！

这个消息太突然了，闹得歌舞班人心惶惶。大家聚在黎锦晖家，商量对策。商量的结果是，联华影业公司必须按合同行事，赔偿歌舞班每个人六个月薪水。

面对突发消息，聂耳思忖开了：歌舞班和联华影业公司一旦脱钩，又要面临失业之忧，怎么办？回昆明去？不行啊。在上海另谋出路，找一份工作？也不行！左思右想，举棋不定，正为之着急，"联华"又放出风声：公司将无条件辞退歌舞班所有人员！

简直是雪上加霜！

大家又开始商量起来，意见仍然是按照原来商定的办法，要求"联华"赔偿。黎锦晖也在积极想办法，与一家外国公司商量合作，拍摄一部有声电影。几天后，"联华"发布通告称，同意赔偿，不过，每个人只发两三个月薪水，就与明月歌剧社正式解约。这时，黎锦晖带来了好消息，与外国公司合作拍摄有声电影的事情有进展了。那家外国公司要求歌舞班先进行试演，如果满意，就和歌舞班签订合同，影片进入试拍阶段。

对于联华影业公司的赔偿，歌舞班的演员们表示不能接受。罗明佑终于给出了一个解决办法：减薪。歌舞班每人每月的生活费由九百元减到五百元，重新订三个月合同。到南洋去表演的收入，除去歌舞班日常开支，"联华"与歌舞班均分。演出期间，每人每月发五元钱作为零用，在演出收入中扣还给公司。三个月后，如果歌舞班仍然不能维持正常运转，每人发给一个月薪水，遣散。

罗明佑的条件是相当苛刻的，歌舞班商量后表示：可以去南洋演出，但要先发给每人一个月薪水，补发"联华"拖欠的一个月薪水。无论演出结果如何，或者演出超过三个月期限，"联华"必须将歌舞班全体人员送回国。三个月后解散，保留发给每人三个月半薪。几天后，"联华"又有变化：如若解散歌舞班，除原来所说发给当月薪水，歌舞班所用乐器和服装必须归还，公司不予借用。或者，公司将这些东西卖给歌舞班，然后给付当月薪水；继续维持原状，另订三个月新合同。以前三个月，歌舞班每人已领费用，应予扣还。

两个月后，“联华”决定，解散歌舞班。当天晚上，歌舞班召开全体人员大会，决定恢复明月歌剧社。会上，聂耳被选为起草委员，负责起草恢复后的明月歌剧社相关简章。

为了节省开支，黎锦晖决定迁出联华歌舞班宿舍。他在赫德路（今常德路）恒德里找了一幢多年没人居住，且积有厚厚一层灰尘的房子。1932 年 3 月 30 日，天气阴沉沉的，下着毛毛细雨。歌舞班全体人马从“联华”撤退，搬到赫德路恒德里集体宿舍，聂耳住楼上靠北房间，二十岁的他，成了“孩子王”，比他年龄更小的演员们围着他嬉闹、玩耍。

在赫德路恒德里住下后，明月歌剧社当晚召开全体大会，选出十一个执行委员，聂耳是其中之一。两天后，执行委员会召廾会议，决定由聂耳负责音乐研究股。

左：赫德路（今常德路）聂耳住处（明月歌剧社宿舍）
右：聂耳在练习单杠

第十章 “‘黑天使’风波”

1932年7月13日，上海《时报》电影特刊赫然刊发《黎锦晖的〈芭蕉叶上诗〉》一文，措辞严厉地批评明月歌剧社创始人黎锦晖音乐创作中的不良倾向。这篇批评文章发表一个多星期后，上海滩颇有影响的电影期刊《电影艺术》（第三期），发表《中国歌舞短论》一文，也是批评黎锦晖音乐创作中的问题。这两篇文章，署名都是“黑天使”。在肯定了黎锦晖的歌舞作品“并非全是一塌糊涂；有的却带有反封建主义的元素，也有的描写出片面的贫富阶级悬殊”之后，“黑天使”将笔锋一转，直言不讳地指出：“然而，我们需要的不是软豆腐，而是真刀实枪的硬功夫！你想，资本家住在高楼大厦大享其福，工人们汗水淋漓地在机械下暗哭，我们应该取怎样的手段去寻求一个劳苦大众的救主？！”面对民族存亡的危难，如果表演的“仍是为歌舞而歌舞，将不会再有人要看”。“你要向那群众深入，在这里面，你将有新鲜的材料，创造出新鲜的艺术。喂！努力，那才是时代的大路！”

黎錦暉的「芭蕉葉上詩」

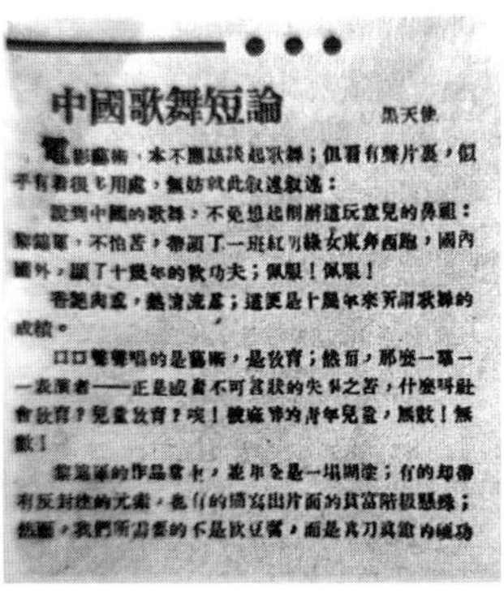

中國歌舞短論

黑天使

左：聂耳发表的《黎锦晖的〈芭蕉叶上诗〉》
右：聂耳批评文章《中国歌舞短论》

“我就是黑天使”

读了这两篇批评文章，黎锦晖如芒刺在背，心里很不是滋味。他无法，也不能接受“黑天使”的批评，便以干女儿黎莉莉的名义，写了一篇反驳文章，投寄《电影艺术》发表。黎锦晖在文章中辩解，说自己是爱国的，写了不少积极向上的歌曲，“黑天使”的批评，自己不能接受。

黎锦（景）光看了这两篇批评文章，更是忿忿不平，为自己的哥哥叫屈，表示要写信给上海《时报》和《电影艺术》，质询“黑天使”，为什么措辞如此激烈地对黎锦晖“说三道四”？黎锦（景）光更想知道，署名“黑天使”的这个人，究竟是谁？

明月歌剧社内，像炸了锅，谁都想知道，“黑天使”此人，究竟是谁？为什么要批评黎锦晖？

这时，明月歌剧社一位年轻人站了出来，对黎锦（景）光说：“你不要写信了，我就是你想要知道的那个‘黑天使’。”

“聂耳！”黎锦（景）光大吃一惊，“你？”

“是的，我就是‘黑天使’。这两篇批评文章，都是我写的。”

“什么？！”黎锦晖听了黎锦（景）光转述，也是吃惊不小。他简直不敢相信，那两篇文章竟然出自聂耳之手！

突然，太突然了！

黎锦晖越想越气恼，立刻去找聂耳理论，两人当场争执了起来。

聂耳为什么要发表批评黎锦晖的文章，这并非他一时的冲动。加入联华歌舞班以来，他对歌舞班和明月歌剧社的演出越来越有看法。国难当头，黎锦晖带领歌舞班，仍然在演出那些软绵绵的歌舞节目。虽然，黎锦晖的音乐创作思想、歌舞班和“明月社”的演出，并非全部是“软豆腐”，聂耳也没有如此说，但是，就眼前的状况，他觉得，无论是黎锦晖的创作，还是演出，都带有某些不健康的东西，非但不利当下的抗日救亡，甚至还起到了麻醉人们抗日意志的负面作用，使人沉醉在消极、颓废的情绪之中。

那么，歌舞班和明月歌剧社的演出，是不是全都违背，甚而至于逆时代潮流呢？平心而论，事实并非如此。

黎锦晖带领“明月社”赴南洋商演，开创中国境外商演之先河，在中国商演史上，无论如何是不应该，也不可以抹去这重要一笔的。1930 年春，黎锦晖带领“明月社”赴北平（今北京）公演，大获成功。对于这次公演，黎莉莉的评价非常客观：“清华大学礼堂，座无虚席。我和王人美都是第一次在《三蝴蝶》中以主角身份出现。王人美扮演红蝴蝶，我扮演白蝴蝶，黄蝴蝶由新团员赵晓镜扮演。剧场内，鸦雀无声。闭幕时，掌声如雷，谢幕多次方罢。”

恰如一枚硬币，有着阴阳两面，黎锦晖带领“明月社”公演，有成功一面，也有失败一面。赴北平公演，黎锦晖获得了一片掌声。这次公演，聂耳还没有进入明月歌剧社。后黎锦晖率团赴天津公演，聂耳参加了，时间是在他加入歌舞班后的第二个月。演出期间，歌舞班保留了原来的一些节目，考虑到要增加票房收入，黎锦晖临时决定，增加《桃花江》《妹妹我爱你》等节目。这些新增节目，风格浮荡、轻佻，赞赏者有之，不满者有之，批评者也有之。演出并没有达到黎锦晖的预期效果，聂耳对此十分不满，对黎锦晖留下了不好的印象。半个月后，黎锦晖率团赴南京、武汉演出，再次引起观众不满。聂耳对此有记录：“节目不良，嗓子坏，布景褴褛。临时换人，使观众不起好感，大嚷退票，在京（宁）、汉留污点。”此时，离“一·二八”日军侵犯上海，悍然发动“上海事变”仅仅只有三个月。百姓流离失所，民族遭受苦难，聂耳为之深深震撼，“我们应该有抗战的音乐，革命的音乐；抗战的舞蹈，革命的舞蹈”，而不是面对民族存亡的生死关头，“仍是为歌舞而歌舞”，为了要增加票房收入而“媚俗”！

在中共党组织领导下，田汉这时候提出要重视文艺评论，与不健康的文艺创作倾向

《三蝴蝶》（左二为黎莉莉，左三为王人美）

展开斗争。他向聂耳发出邀请，请他写点儿什么。

聂耳有多方面才能，在昆明读书时，对政治、哲学、文学、绘画、摄影都很感兴趣。此外，他还喜欢写作。他写诗，写散文，还写过剧本和小说。参加国民革命军第十六军，在去郴州的路上，目睹了那个小女孩被货车碾压的凄惨一幕，他不就将这事作为素材，写了一个短篇小说？加入歌舞班后，他也没有停止写作，写日记，写评论。《时报》《电影艺术》《电声日报》约他撰稿，他也有感而发，将自己对于上海滩不良演出倾向的看法写成文章，投寄给《时报》《电影艺术》等报刊。为了《电声日报》的约稿，他熬了一个通宵，写了《批评杂谈》。此外，他还写有《看人道试片随笔》（发表时文章题目改为《和“人道”的导演者的对话》）。看了蔡楚生的“下流影片”，他要给蔡楚生“一点影响”，拿起笔，写了评论文章《下流》，一直写到深夜两点。

接受了田汉邀请，聂耳终于将蓄积在心中、对于黎锦晖“带着一班红男绿女”东奔西跑，演出“媚俗”、趣味低下节目的不满情绪，诉诸笔墨，写下《黎锦晖的〈芭蕉叶上诗〉》《中国歌舞短论》两篇批评文章，投寄报刊公开发表。

一波未平，一波又起

黎锦晖是中国流行音乐的奠基人，在中国近现代音乐史上创造了好几个第一：首创中国最早的歌舞学校美美女校、首创中华歌舞专门学校（这是中国近现代音乐史上最早的一所专门培养歌舞人才的学校）、首任上海国语专修学校教务主任（后任校长，该校享有中国儿童歌舞摇篮之誉）、首创中国最早的歌舞表演团体中华歌舞团。对此，聂耳并没有加以否定。黎锦晖创作、演出中的不良倾向，确实也引起了聂耳的不满。他的这两篇文章发表后，“明月社”里议论纷纷，演员们七嘴八舌，各有各的看法和说法。一位创作正健的著名音乐家，被聂耳在报刊上公开点名批评，似乎有点“污名化”，在上海滩也引起了反响。有的人同情黎锦晖，有的人不理解，聂耳为什么要写这样的文章批评黎锦晖？“明月社”有的人甚至公开指责聂耳，说他写这样的文章，实在是“忘恩负义”！

事情在持续发酵，很快演变成了一场孰是孰非的“‘黑天使’风波”。聂耳感到：

“‘黑天使’问题，似乎要扩大起来。景光（即黎锦光——作者注）在忙着写信责问黑天使，桌上摆着第三期《电影艺术》，特别在那篇文字上面有许多记号，大概是预备反驳之处吧！”

如何看待黎锦晖的创作？当时的社会舆论，确也褒贬不一，毁誉参半。1920 年代，黎氏歌曲流行上海滩，甚至在校园里流行。这种状况，连国民政府也深感不安，不得不明令校园内禁唱《毛毛雨》《妹妹妹妹我爱你》等黎氏歌曲。当时有消息称，江西省音乐教育委员会甚至挥舞大棒，“禁唱”《三蝴蝶》《月明之夜》《葡萄仙子》《春天的快乐》《小羊救母》《小小画家》《最后的胜利》等。理由是，黎锦晖的歌曲含有“海洛因的毒”，必须禁唱。但是，也有舆论认为，黎锦晖的《月明之夜》等儿童歌曲，内容健康，积极向上，是对孩子进行品德教育的好音乐。还有人说，黎锦晖的歌舞作品，许多是健康的、格调明朗的。对于音乐的“平民化”，黎锦晖也以极大的热忱身体力行。1930 年 5 月，他率明月歌剧社赴津演出，此行的目的是要“使天津人知道中国人已经有了歌舞剧，希望大家都爱护这初萌的芽”。三个月后，他又率团踏上为期两个多月的公演之旅，在大连演出期间，舆论极佳。日本文艺界向他发出邀请，希望第二年春天赴东京、大阪等地演出。当时，中日关系急剧恶化，黎锦晖婉拒日本文艺界邀请。1931 年，“九一八”事变后，黎锦晖作词作曲，在一个月内创作了《义勇军进行曲》（与后来聂耳和田汉合作创作的《义勇军进行曲》异曲同名——作者注）和《追悼被难同胞》《向前进攻》三首抗日救亡歌曲，发表在当时全国发行量最大、影响甚广的《申报》。从这年 9 月到当年底，他在《申报》一共发表了十多首抗日救亡歌曲。他创作的爱国救亡歌曲，前后有几十首之多。上海“一·二八”事变发生后，他将四十首救亡歌曲交付出版，在“卷首语”中写道：“这些歌曲，是供给全国国民齐声高唱的……操练时、出发时、上课时、集会时……都可运用……慷慨悲歌，激我士气。向前奋进，效力疆场，救我国危亡，增我国荣光。杀尽敌兵，凯歌齐唱！”

正因为此，黎锦晖、黎锦（景）光读了聂耳的批评文章，感到委屈，认为聂耳有失公允，因而表现得相当气愤。客观说，黎锦晖的数千首音乐作品，像这类积极向上的歌曲，所占比例毕竟不大，他的创作主流是“另类”的，像《毛毛雨》《桃花江》之类的作品，也是与时代格格不入，这不能不说是黎锦晖音乐创作留下的“致命伤”！

“黑天使”风波在继续，金焰无意间向友人透露的一句话，使“风波”再起“风波”：聂耳之所以撰文批评《黎锦晖的〈芭蕉叶上诗〉》，是因为没有如愿在《芭蕉叶上诗》担任主角！

这，究竟又是怎么回事？

黎锦晖的“难言之衷”

黎锦晖编剧的《芭蕉叶上诗》，是中国的第一部歌舞剧影片。这部影片，剧情其实并不复杂：昭昭因思念在部队当营长的爱人，在芭蕉叶上题写了一首诗，表达自己的相思之情。村子里要举行传统的踏歌节，在前往踏歌节现场的路上，昭昭将写有情诗的芭蕉叶遗落了。同村一个无赖对昭昭垂涎三尺，一直无法得手。恰巧，他在路上捡到了芭蕉叶，心生一计，将自己的名字写在芭蕉叶上，寄给昭昭的爱人。昭昭爱人收到芭蕉叶，读了诗，看见无赖的名字，以为是昭昭写给那个无赖的，非常气恼，昭昭蒙受了不白之冤。同村有个姑娘，名叫秀秀，很同情昭昭的遭遇，写信给昭昭爱人，为昭昭洗刷了不白之冤。

黎锦晖不愧是一位创作歌舞剧的高手，将一件生活中的寻常事，编写得委婉曲折，充满了奇特、瑰丽的色彩。剧本写好了，谁来饰演主角？黎锦晖是颇费踌躇的。聂耳的想法是，若论表演才能，自己担任影片主角，应该没有什么问题，再说，他以前演过话剧，反串过女角，饰演的都是主角。

演员名单一宣布，聂耳失望了：黎锦晖没有考虑他，而是指定黎莉莉、王人美饰演影片中的女主角。

失望之余，聂耳对黎锦晖的用人之道很不满意，但不便流露自己的不满情绪。那么，黎锦晖为什么不用聂耳，而决定让黎莉莉、王人美饰演影片主角？他有“难言之衷”，没有也不能告诉任何人。对于黎莉莉，他必须格外关照，这又是为什么？

黎莉莉，原名钱蓁蓁，系中共隐蔽战线“龙潭三杰”之一钱壮飞的女儿。1927 年，“四一二”反革命政变，大批共产党人被抓被捕，有的惨遭杀害，上海左翼剧团联盟负责人田汉受党指示，将钱蓁蓁托付给黎锦晖，希望黎锦晖照顾好钱壮飞的后代。黎锦晖、田汉两人私交甚好，于是便接受了田汉委托，对钱蓁蓁呵护有加，悉心培养，钱蓁蓁有表演天赋，在黎锦晖培养下，充分发挥了艺术才能，在演员中脱颖而出。1930 年代的上海滩，黎莉莉、王人美、胡笳、薛玲仙，享有“四大天王”之誉，她们都是黎锦晖旗下明月歌剧社的主力演员，红极一时。黎锦晖对黎莉莉有抚育之恩，出于感激之情，黎莉莉认黎锦晖为“义父”，两人以“干父女”相称，这是明月歌剧社人所共知的事实。但是，歌剧社的演员们，包括聂耳，都不知道黎莉莉的身世，黎锦晖也不可能明说。黎锦晖也知道，自己此举，是意在扶持“党的后人”，这事怎么能公开呢？杀头之罪啊！所以，对于谁来饰演《芭蕉叶上诗》的主角，黎锦晖是存有“偏心”的，他不可能选择聂耳，而是要扶持自己的“干女儿”黎莉莉。

聂耳没有成为《芭蕉叶上诗》主演，的确颇感失望，但如果因此断言，聂耳迁怒于黎锦晖，写了批评文章，这便很有点牵强附会了。《芭蕉叶上诗》是中国第一部歌舞片，但不能算是一部成功之作，观众的反响也使黎锦晖颇为失望。影片公映后，受到了观众批评。黎锦晖带领“红男绿女”演出，聂耳虽然感到不满，但也并没有全盘否定黎锦晖。相反，他反倒称赞黎锦晖的作品有“反封建的元素”，是“阶级悬殊”的记录。

1931 年 10 月 28 日，聂耳在日记中记下了两天前的一场“爱国歌舞表演”：“今天在‘黄金’（即黄金大戏院，今黄浦剧场）表演，‘联华’应得都捐入抗日救国团。‘上下客满，明日请早’这套把戏在上海却是第一次。在有两千座位的‘黄金’，能有如此成绩，倒是出人意外。”对于这次演出，舆论反映是“国难声中”的一帖“兴奋剂”，以雄壮的歌声“刺动”同胞努力。对此，聂耳表示赞赏。

左：黎莉莉
中：黎莉莉演出广告
右：联华爱国歌舞表演海报

王人美如何评价黎锦晖?

"黑天使"写的两篇批评文章，在明月歌剧社引起了一场轩然大波。议论声中，影星王人美表现得相当理性，她是如何看待这起"风波"，又是如何评价黎锦晖的呢?

王人美说得很客观："黎锦晖是位值得敬重的长者。他不仅教我歌舞艺术，而且教我做人道德。"她不想为谁辩护，也不想为黎锦晖的创作思想辩解，几十年后，当有人问起这件事，她显得相当的冷静和淡定："我不想为他辩护，也不可能对他作什么全面的评价。我只是想把我接触或了解到的有关事实回忆出来，供大家分析、研究。"

这番话，完全是王人美的肺腑之言。在王人美看来，黎锦晖是一位厚道、风趣的长者，有事业心。更主要的是，"他决非纨绔之辈"！提起自己改名这件事，王人美十分感慨：黎锦晖绝非封建社会的卫道士，相反，倒是一位敢于向封建礼教挑战的文化勇士——

王人美，本名王庶熙。自从进了美美女校学艺，她很少有机会看见黎锦晖。为了赴南洋商演，黎锦晖整天将自己反锁在房间内，埋头创作歌舞曲，极少露面。创办美美女校，黎锦晖没有少掏钱，赴南洋演出，他也不是为了自己赚钱，而是一心一意要发展中国歌舞。王人美所说，中肯，实实在在。可以说，她的话是客观公允，不带任何偏见的。美美女校没有排练地方，黎锦晖慷慨地让出了自家客厅，请歌剧社演员们上他家排练，自己"躲"在房内，专心创作南洋商演节目。排练间歇，他走出房间，进行指导，给演员们纠正错误。

有一天，黎锦晖拉着王人美的手问："能告诉我你名字中的'庶熙'是什么意思吗?"

王人美说开了——

王庶熙这名字，是父亲给起的，"庶熙"的意思是，对中华古国寄予兴旺发达期望。黎锦晖听了，频频点头，称赞王人美父亲学识渊博，有忧国忧民情怀。黎锦晖迟疑了一会，对王人美说："庶熙"这名字，不错，古雅，但比较拗口。他用征求的口气问王人美，能不能另外起一个名字呢，通俗、好念，也好记?王人美望着黎锦晖，点头回答，可以，当然可以呀!

黎锦晖想了想，突然蹦出一句："为什么女子不能论资排辈呢，我给你起一个名字，叫王人美，你看好吗?"

王人美家乡有个传统风俗，家里如果生了男孩，可以根据辈分论资排辈，女孩就没有这个资格了。王人美的几个哥哥，都是人字辈：王人达、王人旋、王人路、王人艺。王庶熙改名王人美，在辈分上，不是和她的几个哥哥“平起平坐”，也是“人字辈”了吗？没等王人美说什么，黎锦晖又说：“这有什么不可以呢，女孩子也可以排辈，男孩女孩应该一视同仁。”

王人美笑了，对于面前这位和蔼可亲的长辈，充满敬仰之情。她在回忆录中披露了黎锦晖为自己改名的事，由衷地感谢黎锦晖：“这位‘宽厚、温和，没有架子’的慈祥长者，思想意识进步得很，半个多世纪前，他对女孩的看法，比现在那些重男轻女的思想还要进步！”

黎锦晖为王人美改名，还为周璇改名。周璇原名周小红，从小失去父母。人说，失去父母的孤儿最可怜，周璇就是个苦孩子。王人美回忆说：“大约一九三二年初春，歌舞班又增加一名十二岁的孤女周小红。她来之前，上海刚刚发生过‘一·二八’抗战。在同仇敌忾的气氛中，黎先生为歌舞剧《民族之光》写了主题歌。以后歌舞剧虽被禁止上演，但主题歌《民族之光》却多次演唱。在一次歌舞晚会上，小红演唱了这支歌，其中有一句‘与敌人周旋于沙场之上’唱得慷慨激昂。由于这支歌唱出了要求抗战的决心，受到观众的热烈欢迎，掌声久久不息。黎先生也兴奋地拉着小红的手，夸奖说：‘上海妹子，了不起，我看，你的名字就改成周璇吧。’”

周小红改名周璇，大家亲昵地叫她“小璇子”。没想到，“小璇子”后来以一曲《何日君再来》，唱响了上海滩！

对于“黑天使”那两篇批评文章，王人美有自己的看法。她和聂耳以“干兄妹”相称，但对于是非曲直，王人美考虑的不是“亲情”，不偏袒任何一方，而是有自己的独立思考：“我们评价一个人，是为了认识和了解一个人，应该历史地、全面地去看待他的功过，哪怕他对人民只做过一件两件好事，也要在评价这个人的时候实事求是地告诉人们，千万不要因为一个人犯了错误，就把他原来的成绩也一律抹杀，来一个全盘否定。这种恶则全恶，善则全善的做法，对党的事业没有任何好处。”

掏着一颗善良之心说话的王人美，面对大是大非，保持了自己的人格，在多事之秋的时代，实在难得，难得！她的言行，当可警醒世人！

对于“黑天使”风波，左联内部也有不同声音。事情发生后，聂耳一些朋友站了出来，有的人劝说他，也有的人很不客气地批评他。田汉和黎锦晖、聂耳都是朋友，田汉指出，音乐艺术的都市化和市民化，是一个复杂的、长期的创作课题，不能作简单否定或者肯定。按照田汉的意思，聂耳此举，显然是操之过急了。

不骑墙，不和稀泥，真诚、坦诚，这就是田汉。

黎锦晖为何写“靡靡之音”？

黎锦晖早期的音乐创作，既然以儿童歌舞为主，为什么又要去写被后人贬之为“靡靡之音”的情爱歌曲呢？

王人美道出了个中原因：“三十年代，《毛毛雨》《桃花江》等歌曲的流行，确实是起了麻醉人们斗志的消极作用，我并不想为他（指黎锦晖——作者注）辩护。其实，这些流行的情爱歌曲，大多是黎先生二十年代的作品。”

在王人美看来，就艺术而言，黎锦晖创作的《毛毛雨》《桃花江》等歌曲作品，都有相当的艺术特色，黎锦晖创作时态度严肃、认真。王人美同时直言不讳，黎锦晖也写过一些软绵绵、并不健康的“靡靡之音”，《毛毛雨》《桃花江》等歌曲，颓废、格调不高，的确迎合了部分小市民的艺术情趣。不过，黎锦晖写这样的“情爱歌曲”，不是为了自己，而是考虑明月歌剧社的“生存”。此话怎讲？明月歌剧社资金不足，这是黎锦晖必须面对的现实，作为歌剧社创办人，必须对歌剧社所有人负责。当初，创办美美

黎锦晖创作的《总理纪念歌》

女校，以及后来创办歌专，吃的、用的，没有钱不行。可是，钱哪里来？黎锦晖虽然富有，日子长了，也难于填补歌剧社入不敷出的“大窟窿”。即便去南洋商演，也并非赚得盆满钵满，恰恰相反，经济仍然捉襟见肘。黎锦晖坦言：“近一年辛苦，演出所得，除了支付日常开支，给大家分场费，并无积累……”更糟糕的是，连演员们回国的旅资都发生了问题！要带领一班人马，撑起明月歌剧社的旗号，又要面对资金不足，这便是黎锦晖的苦衷。这时，有人写信给黎锦晖，希望他写一些爱情歌曲，保证付给报酬。

黎锦晖答应了。

对于像黎锦晖这样一位名满上海滩的大师，写几首情爱歌曲，并非什么难事，很快，他就应约交出了自己的作品。这些应约创作的情爱歌曲，一经传唱，迅速走红。前前后后，黎锦晖创作的情爱歌曲，大约有近百首之多，迎合了音乐市场并不健康的需要，在国难当头，全民奋起抗击日寇侵略的动荡时代，《毛毛雨》《桃花江》等情爱歌曲，如同“海洛因的毒”，麻醉斗志，可以说的确起到了逆时代潮流而动的负面作用。但是，倘若探寻黎锦晖的音乐创作路径，《毛毛雨》《桃花江》之类的“靡靡之音”，从一个侧面反映了他的音乐创作思想，这与他“音乐要为平民服务”的“平民音乐意识”的创作思想是一致的。黎锦晖只活了七十多年，生命的周期并不长，但是，他留下了大量音乐歌舞作品，丰富了中国乐坛，除去小部分“靡靡之音”，他写有数量不少、积极向上的作品，如孙中山先生逝世，他写了《总理纪念歌》；北伐战争开始后，他写了《同志革命歌》《欢迎革命军》《解放歌》《当兵保民》，等等。他的这些歌曲，与《毛毛雨》《桃花江》的“靡靡之音”，音律不同，韵味不同，采用的创作手法也不同，当然，所起的作用也完全不同。

中国乐坛“裂变”为三个阵营

黎锦晖很不满意聂耳在报刊发表文章的做法，黎锦（景）光更是无法容忍“黑天使”对自己兄长的公开批评。聂耳对他坦诚地说了自己的看法，黎锦（景）光不予认同，并且很快在明月歌剧社召开全体人员会议，专门讨论“黑天使”事件。他的目的很清楚，在歌剧社内公开谴责聂耳的这种做法。聂耳并不知道黎锦（景）光的用意，也出席了会议。会上，出现了不同声音，有人说，聂耳是“明月社”一员，不应该写这样的文章。有人说，聂耳“吃里扒外”，更有人说，聂耳辜负了黎锦晖的恩情。有人沉默，不发表意见，有人作壁上观，谁也不得罪。王人美和聂耳私交好，又是“干兄妹”，对于聂耳撰文批评黎锦晖，不便说什么，但认为聂耳此举，确实失之偏颇。

会议进行中，黎锦（景）光发现聂耳在会场，怒气冲冲，当场下了“逐客令”：请聂紫艺立刻离开会场！接着，黎锦（景）光是不是“声讨”聂耳，那就不得而知了。至于聂耳离开后的会场气氛，更是无从知道，查阅相关文献档案资料，也并无相关记录。

“风波”还在发酵。

1932年8月10日，《时报》赫然刊出一则“启事”：“前本社社员聂紫艺（即聂耳）君，兹因故退出本社。”明月歌剧社选择《时报》刊登辞退聂耳“启事”，说来是颇有深意的，聂耳批评《黎锦晖的〈芭蕉叶上诗〉》的文章，就发表在《时报》上！

聂耳不得不离开“明月社”了，这是他来到上海后的第二次失业。

聂黎有关音乐创作问题的“纷争”，改变了30年代“黎氏音乐”一统上海滩乐坛的格局，出现了三种不同的音乐流派：一种是，以黎锦晖为代表的流行唱法（通俗唱法）。其风格特征接近欧美流行音乐，相对而言，比较社会化、个性化和都市化。还有一种是，从欧美舶来的美声唱法，比较经典，典型的学院派。另外一种是，聂耳和冼星海倡导的群体化、美声化、民族化（新民歌）唱法。

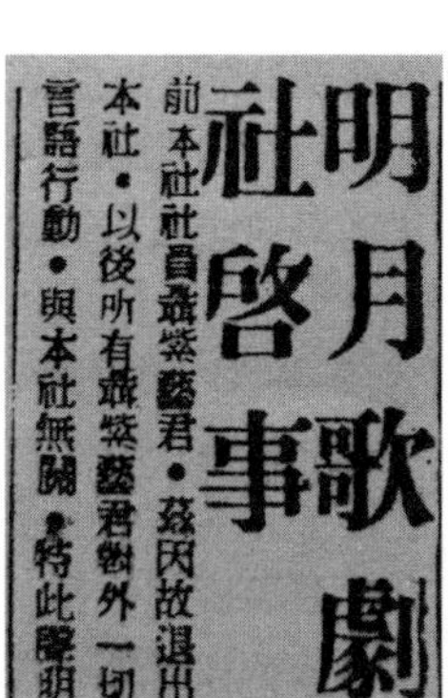
明月歌劇社啓事
前本社社員聶紫藝君・茲因故退出本社・以後所有聶紫藝君對外一切言語行動・與本社無關・特此聲明

《申报》明月歌剧社启事

1935 年 6 月 3 日，聂耳在日本东京中华青年会馆举行的“第五次艺术界晚餐会”上发表题为《最近中国音乐界的总检讨》演讲，就提到了中国乐坛的“三个阵营”：“代表中国封建意识的保守的音乐家群；以国立音乐院萧友梅等人为代表、受政府豢养的学院派，他们的工作，是死命制作古典的歌曲，供政府及一些学校采用……作品内容枯燥，结果除供政府御用之外，一点也得不着大众的欢迎。”聂耳的同乡好友张天虚也著文，发表类似的观点：“由萧友梅领导下的所谓学院派一伙——陈歌辛之流小卒亦属此类——在为艺术而艺术的臭招牌下，发卖着他们的艺术万应药膏，在如何讨好主人的原则下，以最忠实的姿态出现在乐坛……”

功过、毁誉、荣辱，究竟如何评价黎锦晖？几十年后，洪波涌起，改革潮奔，历史褪去了朦胧的面纱。

2005 年 9 月 30 日，《文汇报》发表前国务院副总理李岚清《中国近现代儿童歌舞音乐的开创者——黎锦晖》一文，对黎锦晖作出客观评价：“过去有人说他（黎锦晖）是‘黄色音乐之父’，这是不恰当的。其实，他创作的歌曲，比现在的流行歌曲要高一个档次。”

第二部

回上海去，再续生命的弦歌

以时间为“分水岭”，聂耳在上海的五年，可以分成两个“时光片断”：1930 年 7 月到 1932 年 8 月，这是聂耳在上海的最初两年，也是他经历了失业、再就业的两年。经历了生活和工作的变化，他感受到了社会的动荡不安。1932 年 11 月到 1935 年 5 月，这是聂耳在上海的最后三年。这时的他，音乐创作日趋成熟，尤其是 1933、1934 两年，是他音乐创作的“丰收年”。1935 年，当淮海路上一幢三层小楼夜半响起《义勇军进行曲》的第一声，聂耳在上海写下了他音乐创作生涯中的“生命绝唱”。这首《义勇军进行曲》，划破夜空，唱响了中华民众血色黎明的“前奏曲”。

第一章　“北漂”的日子

1932年8月7日，聂耳离开了上海。从1930年7月来到上海，到1932年8月离开上海，已经两年多了，从陌生到熟悉，再到融入上海石库门生活，聂耳对上海有了认识。可现在，就要离开这座城市了，此刻，说什么好呢？“黑天使”风波闹得沸沸扬扬，以致他和明月歌剧社不得不分道扬镳。既然，明月歌剧社不想再挽留他，那就走吧！昆明不可能回去，其他城市呢，也不合适，他想去北平闯一闯，寻找发展机会。临行这天，他起得很早，整理行李，将小提琴放进琴盒。这把小提琴，陪着他，度过了多少白天和黑夜，他将自己的情感，化作音符，发抒心曲，寄托在小提琴的四根弦中。现在，要走了，要离开上海了，什么时候回来，再回到上海的石库门？他说不准，心里也没有底，谁知道呢，说不定就不会回来了呢！他就像一只鸟儿，无枝可依，无树可攀，在上海滩生活了两年多（云丰申庄半年多，“明月社”一年多），其间经历了两次失业，对于一个有志青年，每一次失业，恍如一道坎，必须跨过去啊。

北平云南会馆

上海去天津大沽口的轮船，定在当天下午一点开船。聂耳似乎与大海有缘。两年前，他从昆明来上海，绕道越南海防，在中国香港换船；这回，从上海去北平，坐的也是船，到天津大沽口，再换乘列车。两年后，他从上海去日本，坐的还是船！然而，去了日本，葬身大海，聂耳没有生还，而是魂归西山了。

驶往天津大沽口的轮船延误，等了三个多小时，这才“呜——”的一声，缓缓驶离了码头，在江心一个大转弯，向着吴淞口外驶去。船尾，浪花翻卷，散了开去，散成了大片、大片的白色泡沫，在江面上浮动着，几只江鸥，张开翅膀飞翔，追逐着轮船，像似在欢送聂耳。眼前的景象，多么熟悉啊，聂耳想起刚来上海，轮船航行到外滩码头时，不也是眼前的这般景象吗？

想到这，聂耳不由感慨：“再见了，上海！”

夕阳西斜，江水滚滚。落日余晖，像一张巨大的网，罩住了黄浦江。江面上，跌落的阳光，如碎金般，斑斑驳驳。一张年轻的脸，英俊而又自信，眺望江两岸，风景从船舷旁闪过，聂耳的心，一如船尾翻卷的浪花，真是人生匆匆，让人捉摸不透这人生路上发生的诸般物事啊！

一路顺风顺水，经过三天三夜航行，轮船驶进了大沽口。下船，换车，到了塘沽，聂耳顾不上旅途困顿，换乘当天晚上九点半的列车，到达天津已经是夜半时分了，找了一家旅馆住下。到底是二十岁出头的年轻人啊，精力旺盛，不知疲倦。夜深人静，万籁俱寂，铺开信笺，聂耳给上海和昆明的亲友们写起信来了，一直写到东方发白，整整一夜，竟然一口气连续写了二十多封信！第二天早上，他搭上天津开往北平的列车，两个多小时后，列车驶进了北平正阳门车站。拿着行李，跳下列车，他叫了一辆洋车，对车夫说：“宣武门外校场头条3号。”洋车拉着他，飞奔而去。

云南会馆就在宣武门外校场头条3号。这里是聂耳在北平的暂住之地。

北平有很多会馆，解放前夕，曾作过一番调查，当年的北平，会馆星罗棋布，数量

越南海防港

多达五百多家。北平的会馆，为什么数量这么多？探源溯流，这就要说说历史上的中国京城了——

北平，古称蓟城，先秦时期，燕国定都于此。秦时为广阳郡治所，西汉时先后为燕国、幽州燕郡、广阳国、广阳郡治所，王莽时改广阳国为广有郡、蓟县为伐戎，蓟城仍为治所。东汉建武十三年（37）广阳并于上谷郡，和帝永元八年（96）复置广阳郡，蓟城仍为广阳郡治所。自曹魏以下，蓟城或为幽州燕郡治所，或为燕国治所。十六国时期，前燕鲜卑慕容儁还曾一度在此建都六年（352—357）。隋大业三年（607）废幽州为涿郡，唐武德元年（618）复改为幽州，治所均仍在蓟城。唐代，蓟城又称幽州城。唐玄宗天宝元年（742）废幽州为范阳郡，唐肃宗乾元元年（758）复改范阳郡为幽州，蓟城仍先后为郡、州治所。辽会同元年（938）升幽州为南京，建为陪都，又称燕京，蓟城则称南京城或燕京城。金朝灭辽后，海陵王天德三年（1151）在辽南京城的基础上，扩展其东、西、南三面，次年竣工。贞元元年（1153），改燕京为中都，迁都于中都城。元朝灭金以后，元世祖至元三年（1266）十二月决定以金中都城东北的原辽、金离宫为中心，修筑新城，次年（1267）正月兴工。至元九年（1272）命名为大都，定为京师。至元二十二年（1285），大都城基本竣工，历时十八年。明初改元大都为北平。明成祖永乐元年（1403）正月，北平改名北京，为陪都。永乐十八年（1420）以北京为京师，宣布迁都。清朝，也将北京定为都城（1644年9月）。按照这样的历史记载，古老的北平城，至少有三千年历史了。

明清时期的北平，每三年要举行一次科考会试。到了会考期间，各地举人老爷纷至沓来，“皇城根儿”一下增加很多前来应考的举人老爷，吃的、住的，压力很大。为了

左：北平云南会馆
右：聂耳（前右二）与北平云南会馆同乡

方便来京城赶考的举人老爷们，北平大兴土木，建造会馆。从各地来到北平的生意人，也纷纷建造具有家乡特色的会馆。多年后，北平的会馆越来越多，成为一道富有中国特色的风景。会馆，方便了进京会试的举人老爷，也方便了各地来北平的生意人，住宿问题得到了解决。尤其是来自家乡的乡贤，聚在一起，使家乡的会馆成为一方小天地。

北平云南会馆，建造的年代较久，房间里散发着一股陈年气味，厚重、古朴，来到北平的云南乡亲，到了云南会馆，就像到了自己的家，会馆里响起了浓浓的乡音，大家觉得分外的亲切。

初来乍到，聂耳眼里的北平，也是一座陌生的城市，就像他刚到上海的感觉一样。眼下，最紧要的事，是在北平找一份工作，解决生活问题。

挫折，接踵而来

生活，需要理想。然而，窗外并非处处鲜花盛开。远方有诗，有风景，脚下的路，却并不平坦。聂耳在北平，一波三折，在“北漂”的日子里，屡遭挫折。正在北平的同乡告诉他，有所中学要招聘一位音乐老师，建议他去试试。同乡的建议，正合聂耳心意，心想，自己读的，不就是师范吗？要说音乐，也正是自己的专长，再说，在北平立脚未稳，最需要解决的就是生活问题。不料，带着希望前去应聘，结果却带着失望的心情而回。聂耳追求光明、向往革命，是一位热血青年，与该校校长的阶级立场格格不入，一经面试，校长将他拒之门外了。初试失利，聂耳并不气馁，四处奔走，但仍然求职无门。

时间，过去了一个多月，要不要继续逗留北平？还是回上海去？聂耳踌躇了。正在他举棋不定的时候，郑易里从上海给他来信了。郑易里在信中劝说，希望他在北平，去考艺术学院，如果被录取，那就专心学习，提高艺术修养。

1932年9月14日，聂耳去了艺术学院。这是他在北平的第二次“应试”，入学艺术学院，也正与他的艺术爱好和追求相契合。入学考试自然是免不了的，一共三门：党义、国文、数学。每门考试，各有三道试题，允许考生“三选一”，分别是：党义，略述三民主义之内容；根据民生主义，拟你家乡的农村经济办法；国难期中研究艺术的学生之责任。

国文，何谓艺术；吾人对于艺术之使命如何；写理想的精神之寄托。数学试题，代数、几何、三角。

聂耳经历过多次考试，参加入学考，并不是什么难事，三门考试结束，走出考场，他的总体感觉是：数学“马马虎虎”，做对了“四个半”。其他各门，发挥得也都不错。但是，他的党义试题卡了壳！按照校方规定，考生可以“三选一”，他选的是“国难期中研究艺术的学生之责任”，这是他感兴趣的问题。不料，主考官却是“明修栈道，暗渡陈仓”，希望考生选择“略述三民主义之内容”，聂耳的选择没有错，完全符合校方“三选一”规定，但他不知道，自己的选答与主考官的意图不相符，学院将他拒之门外了。

求职不得，上学不成，聂耳产生了“回上海去”的想法，犹豫了又犹疑，还是拿不准主意。还是去日本吧，但又觉得，日本也是人地生疏。又一想，何不先去日本“一转”呢，不行的话，那就再回上海：“若是有点勇气，还是跑日本好，反正我冒过的险也不少，多来几次又何妨？现在回到上海固然有很多好处，但去日本一转再来，不是好处更多吗？总之，从稳处走便是回上海；去日本便是冒着险打张彩票。”“前进吧！由日本而美、欧，有什么可顾忌的？！”

聂耳为什么想去日本“一转”，但又难于决断，原因是：去日本，既有“读日文、考察音乐和戏剧的好处”，也有因为“没有经济实力，无法进日本学校学习，以及受制于日文基础，不能直接参加活动”的不利。而如果继续逗留北平，既有“空气好，北京话好听”，又有“没有生活费、学费，心神不定。会馆里不能充分地用音乐的功夫，不是学音乐的环境”的不利。那么，回上海去呢，既有“有收入，有免费教师，有加入乐

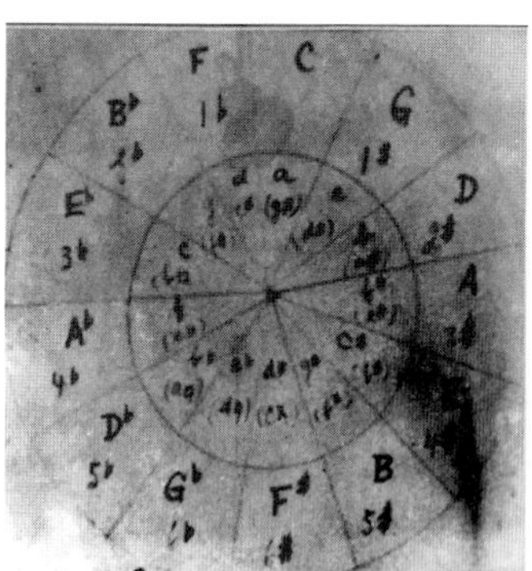

聂耳自学乐理用的图表

队演奏的希望”，也有“现在还想不出有什么坏处”。

回上海？还是留在北平？抑或去日本“一转”？聂耳被这些问题搅得整天心绪不宁。在难以决断的困难时刻，他没有放弃做一个“音乐人”的理想，仍然坚持天天“基练”：“据最近的经验所得，对于音乐知识的修养不但要常听，而且研究音乐理论应当是和‘基练’一样的日常工作。有时我曾对音乐抱过消极的态度，但读了一些音乐家的历史会即时鼓起很强的勇气。Wagner 的一生都是和苦痛奋斗着。”

王人艺在上海的时候告诉过聂耳，北平有一位俄籍小提琴家，名叫托诺夫，倘若去北平的话，不妨到他那里去上琴课，进一步提高小提琴琴艺。按照王人艺给的地址，聂耳去了托诺夫家，托诺夫答应收他为学生。面对高昂的学费，聂耳简单地说了一些自己的情况，希望托诺夫给予适当减免学费。遗憾的是，托诺夫没有答应。一个月很快过去，是继续随托诺夫上琴课？学费怎么办？没有工作，连生活都快要发生问题，聂耳打了“退堂鼓”，找了个借口，对托诺夫说，自己必须回上海去处理些事，不能继续来上琴课了。托诺夫说，聂耳的音乐基础非常好，如果“半途而返”，实在太可惜了。托诺夫不知道聂耳“回上海”的真正原因，惋惜之余，称赞聂耳：“你是一个绝顶聪明的孩子，将来的提琴会拉得不错的。”

聂耳没有虚耗一个月的学习，在托诺夫指点下，小提琴琴艺有了明显提高，他也觉得：“上行下行换位时，第一指无论如何要紧压弦上，先把握着正确的把位再打别的指。”

一曲《国际歌》震撼全场

聂耳在北平并不顺利。现实告诉他，北平和上海一样，也是一座风云际会、救亡运动风起云涌的城市。他四处奔走，参加社会活动，努力融入北平民主进步和社会活动。来到云南会馆的乡亲，有普通民众，有民主人士，也有革命者。在云南会馆，聂耳遇到了几位朋友，其中有至交张天虚，也有新认识的陆万美。

陆万美是共产党员，和张天虚都是左翼文化活动的积极参加者。聂耳的北平之行，是一次重要的人生历练，在北平左翼文化人士影响下，他的情绪高涨，青春热血澎湃，坚定了与时代共命运、做一个革命音乐人的意志。在北平三个月，陆万美给了他许多帮助。经陆万美介绍，聂耳认识了一位中国左翼戏剧家联盟重要成员，名叫许可。同时，他开始接触北平左翼剧联，认识了北平左翼剧联其他重要成员如于伶、李健（李元庆）、陶也先、老志诚、王丹东等人。在北平，他虽然像无根的浮萍，漂泊不定，没有工作，日子过得很艰辛，但革命活动坚定了他的意志，从左翼文化中汲取希望，蓄积前行之力。

在陆万美帮助下，聂耳观摩了左翼戏剧《血衣》《九一八》《战友》等，加深了对于左翼文化的认识。他参加集会，参加示威游行，加入抗议日本侵略、抗议国民政府“不抵抗”的行列。他的社会活动，引起了北平当局的注意。

上海剧联总盟党团书记赵彝铭给北平剧联负责人于伶写来一封信，向于伶介绍了聂耳的情况。于伶去了云南会馆，和聂耳交谈之下，印象很深。于伶当即向聂耳介绍了北

北平云南会馆的云南同乡（前为陆万美）

平剧联，希望聂耳为北平剧联撰文，参加抗日宣传演出活动。

于伶的来访，不啻在暗夜里点燃的一把火，温暖了在艰辛中游走的聂耳。交谈中，他感受到了组织的力量，积极投身于抗日救亡运动。

1932 年 10 月 28 日，清华大学毕业同学会为声援东北抗日义勇军，在学校举行演出募捐，向北平剧联发出邀请，聂耳当晚应邀演出。《国际歌》响了起来，这是他经过准备，在演出现场为清华大学学生进行演奏的一支曲子。慷慨、激昂的《国际歌》，将演出募捐活动推向了高潮。突然，混进演出现场的右翼分子开始捣乱了，有的人尖叫，有的人起哄，有的人扔石子，为聂耳伴奏的合作者，吓得逃离了舞台。聂耳顶着压力，沉着气，继续演奏，小提琴弓，在琴弦上跳跃着，飞越的旋律，铿锵有力。一曲终了，全场震撼！

在北平，聂耳遇到过一次险情。那天，一个不速之客来到云南会馆。此人叫马匡国，

左：聂耳（左一）在颐和园
右：聂耳（后排左一）与北平朋友

从云南专程来到北平。马匡国声称，自己是来北平参加大学入学考试，令人奇怪的是，马匡国的年龄早就超过了大学入学考试的年龄。聂耳见了马匡国，立时警觉：马匡国此人，绝非寻常之辈！

聂耳在昆明被列入黑名单，执行逮捕任务的，正是这个马匡国！但是，很奇怪，马匡国没有抓捕聂耳，居然还邀请聂耳当天晚上前去赴宴！

显然，聂耳在北平的住所暴露了，必须赶紧转移。经陆万美和党组织帮助，聂耳脱离了险境，转危为安。

11 月的北京，天气格外寒冷。聂耳没有过冬的衣服，加上漂泊不定，他又一次萌生了回上海去的念头。恰巧，有朋友从上海来信，带来了好消息：联华影业公司打算聘用聂耳，希望聂耳回上海应聘。读完来信，聂耳立刻向北平共产党友人报告，北平左翼剧联听完聂耳报告，表示支持：对，回上海去！

聂耳临行，北平党组织委托他将三份材料带回上海，转交上海剧联党组织。三份材料，一份是中国左翼戏剧家总同盟北平分盟一年来的工作情况，一份是聂耳在北平的表现，以及经北平剧联党组织讨论，同意吸收聂耳入党的意见，还有北平剧联写给夏衍的一封信。

1932 年 11 月 6 日，停靠在北平站台的列车，缓缓启动，向着上海奔驰而去。

第二章 从“联华影业”到“百代唱片”

1932 年 11 月 8 日，列车徐徐驶进了上海北站。

“上海，我回来了！”聂耳结束了三个月的“北漂”生活，回到了上海。从回到上海，到再次离开上海，其间相隔了两年多时间，这是聂耳在上海生活的最后时光，也是他生命的最后两年多。重回上海的他，生活的道路是不是就此一马平川了呢？昆明云丰商行的倒闭，上海云丰申庄的关门，使他承受了失业之痛。之后，在上海滩闹得沸沸扬扬的“黑天使”风波，又使他再次面临失业之忧，不得不出走上海，远赴北平。没有想到，在北平也不顺利，三个月后，他还是选择，回上海去！与两年前初次来到上海的心情相比，重回上海的聂耳，不只是感慨有加，更多的是对于生活的认知。人生是一本书，有的人，闯荡了一辈子，写下的人生之书，很厚。有的人，却是因为时光的脚步太过匆忙，未及写完，生命之树就枯萎了，留下的每一页，都是沉甸甸的生命底色，记载了花开花落、秋风秋语、潮起潮落的时光。聂耳的生命周期不长，他将自己五分之一的生命长度留给了上海！

“聂黎纷争”以和解落幕

回来啦，聂耳回来啦！

消息像长了腿似的，迅速传了开去，朋友们为聂耳的回来而兴高采烈。然而，回到上海的聂耳，最大的困难是住宿问题，自从离开明月歌剧社后，他在上海就居无定所了。这时，好朋友金焰向他伸出了援手，热情地对他说：“聂子，不要为住的地方发愁，住到我家里来吧！”接着，在金焰等朋友帮助下，聂耳的工作问题得到了落实。

聂耳正式入职联华影业公司了。第二年，春暖花开时节，他租了房子，搬离了金焰家。

联华影业公司筹划拍摄影片《除夕》，金焰等向公司举荐，聂耳有表演才能，建议让聂耳出演《除夕》中的角色，公司同意了。这年年底，《除夕》开机，公司突然改变主意，转聘聂耳担任《除夕》场记。聂耳以前从未接触过电影拍摄，在云丰申庄工作期间，有一天外出办理业务，路过一家电影公司影片拍摄现场，见到过拍摄影片的情景，但也只是“远距离”看了一会，那时怎么也不会想到，这时的自己，竟然会坐在摄影场里了。

场记是影片在拍摄阶段的一项主要工作，担任场记的专职人员要做的事情是，将现场拍摄的每个镜头，比如镜头编号、拍摄方法、镜头长度、演员动作、演员对白，以及音响效果、布景、道具、服装、化妆等详加记录。任何一部电影的拍摄，都会将剧本分割成若干场景、数百个镜头按序拍摄，如因故不能按镜头顺序进行拍摄，场记所作的现场记录，有助于影片各镜头之间的衔接，为导演接下来的拍摄，以及补拍、剪辑、配音、洗印等工作提供准确的数据和资料。

聂耳第一次参加影片拍摄，场记这份工作对于他来说，是一项全新挑战。这是一个新的工作领域，他觉得很生疏，却蛮有趣味。他热爱这份工作，珍惜来之不易的机会。在拍摄现场，除了担任场记，做好本职工作，他还抢着干其他的事情，如搬道具、管理服装等剧务。总之，哪里需要，聂耳就出现在哪里。不久，联华影业公司又有改变，聂耳被聘为音乐制作人，专为影片配乐。

终于回归本行啦，成为影片音乐制作人的聂耳，满心高兴，浑身有使不完的劲头，他要为自己的理想而创作，为影片进行音乐制作，对于他，实在是一个十分难得的平台。

“黑天使”风波发生后，田汉等上海剧联负责人曾经指出，聂耳写文章批评黎锦晖，言辞“过激”，聂耳也进行过反思。实际上，他并没有全盘否定黎锦晖，从内心说，黎锦晖在音乐创作上是有成就的，他也写过一些很好的音乐作品。聂耳和田汉第一次见面，对田汉也说过自己对于锦晖音乐创作的一些看法。署名“黑天使”发表文章，对黎锦晖音乐创作中的不良倾向进行批评，并非事出突然。聂耳还对田汉说过，他热爱明月歌剧社，只不过，对于黎锦晖音乐创作中的不良倾向，表示持保留意见，特别是在外侮入侵、国难当头之际，人民大众需要的是“新兴音乐”，而不是“软豆腐”，更不是那些“靡靡之音”。从北平回到上海，经过一段时间冷静思考，聂耳觉得，田汉说得没错，在对待黎锦晖的音乐创作问题上，自己的确“沉不住气”，操之过急，言辞过激了。这样一想，他感到有点对不起黎锦晖，再怎么说，黎锦晖是自己音乐创作的“引路人”啊！他想去看望黎锦晖，不是为了道歉，而是为了重叙旧好。他想，黎锦晖是自己的师长，又是自己的朋友，“黑天使”风波已经发生，无论如何，自己是得去看看黎锦晖了。

《除夕》开拍的第二天，聂耳就去了黎锦晖家。他们很久没有见面了。黎锦晖见聂耳上门看望自己，十分高兴。这位誉满上海滩的音乐大师，并没有记恨聂耳，对于聂耳的批评意见，也没有一概不接受，而是表现得颇有长者风度。他在和聂耳的交谈中，坦率地说了自己的看法。黎锦晖特别强调，自己的音乐创作观点和聂耳不一样。因此，不能接受聂耳在文章中的批评。黎锦晖表示，理解聂耳为什么要写文章批评他，只是，聂耳在性格上有点缺陷：易冲动，过于急躁。离开黎锦晖家，聂耳一路走，一路想：是啊，黎锦晖说得没错，田汉不也批评过自己吗，在对待黎锦晖的音乐创作问题上，自己的确是太过急躁了。

去黎锦晖家拜访，聂耳带着诚意而去，黎锦晖谅解了他。这次拜访，化解了聂耳和黎锦晖的“宿怨”，两人重归于好。之后，聂耳像以前一样，常常去黎锦晖家，有时和朋友一起去，有时单独去，他们一起喝茶、聊天，一起探讨音乐创作，更多的是，聂耳虚心听取黎锦晖的意见。从内心说，聂耳是敬重黎锦晖的，也认可黎锦晖的音乐创作成果，他在日记中这样检点自己：“我爱所谓‘动的生活’，是我的好处，同时是我的缺点。根据几年来的经验，得到不少的教训，以后该给它一个正确的理解：什么时候该动？什么时候该静？”“听了锦晖处新收的唱片，音乐却有很大的进步，嘴上虽在骂，心里却不安：自己实在浅薄，何敢去批评人？！你骂他不对，你不但不能做出比他好的东西来，连你所骂的都做不出，这有什么意义？！照近来的生活看来，我已显然脱离了音乐之途，外面挂着空照牌，肚子里拿得出的是什么？”

“黑天使”风波，从纷争到和解，终于戏剧性地落幕了。然而，这场风波，余韵未了，在上海滩留下了一段耐读、耐看，耐人寻味的乐坛史话。

成为“党的人”

1932 年 12 月，中国和苏联恢复邦交。中苏关系走向正常化，给两国文化交流带来了机会，中国开始放映苏联电影。《生路》是第一次出现在中国银幕上的苏联影片。作为联华影业公司音乐制作人的聂耳，对《生路》的音乐制作表现出了相当的兴趣，花时间进行专门研究，并且撰写专题文章，投寄《晨报》发表，这是他作为中国影片音乐制作人公开向社会“发声”的开始。

1933 年年初，由田汉发起、宋庆龄领导的“苏联之友社”音乐小组在上海成立。这个音乐小组，又名“中苏音乐学会”（后来在“苏联之友社”音乐小组基础上，中国左翼戏剧家联盟音乐小组成立），成员有张曙、任光、吕骥、安娥等上海左翼音乐家。田汉介绍聂耳加入了“苏联之友社”音乐小组，由此，聂耳结识了活跃在上海乐坛的一批著名左翼音乐家，开展左翼音乐研究，投身左翼文化活动。频繁的社会活动，使他有机会和左翼音乐家们走到一起，学习、研究、创作。这些活动，深刻地影响着他的音乐人生，为后来的电影音乐创作积累了丰富的艺术营养。

上文已叙，上海剧联负责人赵铭彝得知聂耳将要从北平返回上海，代表中共上海党组织写信给北平剧联负责人于伶，按照文委在文艺界发展党员的指示精神，上海剧联正考虑发展聂耳入党。聂耳动身前，北平左翼剧联交给他三份材料转交上海剧联党组织，其中有一份就是专门介绍聂耳在北平期间的表现。聂耳成为联华影业公司的一员，由场记到音乐制作，上海党组织始终在关注着他的成长。赵铭彝受党组织委托，特地去了联华影业公司，找聂耳谈话，征求他对于入党的意见。聂耳表示，愿意加入中国共产党。

经考核，党组织决定接受聂耳入党。白色恐怖下的上海滩，社会环境、政治环境异常险恶，党组织经过充分考虑，决定聂耳的入党仪式，因地制宜，化繁为简。

田汉是聂耳的入党介绍人之一，夏衍是聂耳的入党宣誓监视人。按照党组织指示，田汉和夏衍来到“联华一厂”，选择工厂冷僻一角，为聂耳举行入党仪式。现场没有党旗，他们找了一张白纸，在白纸上画了中共党徽，代表一面党旗。聂耳面对这面临时党旗，举起了右手，握拳宣誓：我志愿加入中国共产党，为信念、为理想奋斗终身！从此，聂耳成为“党的人”。他在上海的音乐人生之旅，发生了质的变化，从一个音乐爱好者，向着革命音乐人的人生转轨。

就在聂耳入党前后，由中国共产党领导的“中国电影文化协会”成立，他被选为执行委员。紧接着，联华影业公司再次改组，聘请聂耳担任“联华一厂”音乐部主任，负责统筹影片配音。

聂耳从初到上海、离开上海，再重回上海，戏剧性的“三部曲”，将他推向了生活舞台的中心。

上海滩“三影业”鼎立

中国电影从无到有，迄今走过了一百多年时间，留下的是一条耀眼的发展轨迹。20世纪20年代，在半封建、半殖民地化的中国，电影业开始渐渐趋向繁荣。其标志是，上海滩出现了许多由私人投资的电影公司，正如前面所说，其中规模较大的有三家：一家是“明星公司”，一家是“天一公司”，还有一家就是“联华公司”。这三家电影公司，在上海电影界形成了三足鼎立之势，其他一些影业公司，规模都不大，只能望其项背。客观说，“明星”“天一”“联华”三家影业公司，为中国电影业的发展，起到了历史性的推动作用。即便在国难当头的时候，这三家影业公司也拍过不少健康的、进步的、积极向上、鼓舞民众奋起的好电影，但是，它们也拍过不少“趋炎附势”、迎合小市民庸俗欣赏口味的不良电影，有关这三家影业公司的功过是非，荣辱毁誉，历史自有评说。

罗明佑，一位能干的实业家，左手扩张，右手兼并，加速了联华影业公司发展，在中国影业圈形成了相当的经营规模。联华影业公司属下有个闸北分厂，毁于“一·二八”战火，罗明佑将公司一分为二，成立“联华一厂”“联华二厂”。“联华二厂”旗下，聚集有上海滩一批优秀的电影人才，如中国共产党领导下的左翼电影小组成员蔡楚生、孙瑜、沈浮、谭友六等，以及在上海滩红极一时的名演员王人美等。联华影业公司成立之初，专以拍摄一些光怪陆离的影片为主。共产党人和左翼文化人士加入公司后，先后拍摄了一批宣传抗日的影片，如《共赴国难》《三个摩登女性》《母性之光》等。

日寇入侵，民族矛盾加剧，民众对神怪武侠、封建伦理的影片心生厌倦。联华影业公司如果继续生产这类影片，必然会失去大量观众，如此一来，不要说盈利，公司还将赔本，罗明佑不会傻到放弃电影市场，眼睁睁地看着同行赚取白花花银子，也在思量如何突破狭隘的拍摄题材。早先，共产党人和进步人士打进私营电影公司，借助影业公司这个平台，推出了一批左翼电影，受到观众欢迎，罗明佑嗅到了商机，遂改弦更张，跟着拍起了进步电影，有的以战地写实，或以抗战为题材，客观上起到了宣传抗日的积极作用。

联华影业公司推出的影片，有不少主题鲜明，艺术表现手法不俗，如1932年生产的故事片《共赴国难》、纪录片《十九路军抗日战史》等。其中的纪录片《十九路军抗日战史》，尤为珍贵。影片“全景式”地记录了淞沪战役，不少镜头，如日寇轰炸闸北，十九路军在闸北、庙行、八字桥三场战役，还有上海人民支持十九路军抗战，如救治伤病员、妇女慰劳会慰劳抗战将士等，在影片中都有真实记录，为上海抗战史留下了一份弥足珍贵的历史档案。在炮火连天的社会背景下，联华影业公司还组织过一支“战地摄影队”，冒着枪林弹雨，深入战地拍摄，将一些不可复制的镜头，如“庙行之役”十九路军勇猛打退日军坦克进攻等，抓拍、抢拍下来，这更是非常难得的。据此考证，罗明佑和联华影业公司，确也为历史留下了难得的镜头，为后人解读当年的抗战提供了影像底片，这是需要补上一笔的。《十九路军抗日战史》影片公映后，民众反响强烈，被誉为是一部“唤醒民众的爱国主义的教科书”。

白色恐怖下的“左翼影片”

淞沪战役，长了中华民族豪气，鼓舞了上海人民的抗日斗志。几个月后，卖国求荣的国民党反动派，与日方坐在了谈判桌前，签下了“淞沪停战协定”。日方要求中方停止抵抗，取缔一切抗日活动。国民党反动派无耻地答应了。

“淞沪停战协定”一落地，当局就开始行动：禁止拍摄和放映涉及抗日的影片。国民党“中央宣传部”发布“通令”称：“以后关于战争及含有革命性之影片，均在禁摄之列。”“当此战事结束之际，政府正谋对外和平，且停战协定，业经签定，不日将开圆桌会议，国际间充满和平空气，如一旦发现此项挑拨刺激之影片，将影响和平进行，大背政府初衷。”同时，对已经摄制，或正在摄制，以及准备摄制的抗日题材影片和电影剧本，严格检查，如发现与“通令”不符，立即强行禁止摄制。

早些时候，一批如《上海战史》《上海之战》《上海抗日血战史》等抗日新闻片、纪录片，上海租界工部局禁止在租界内放映，可以在租界外的影院放映。“通令”颁布后，上述影片一律不得放映。新闻片、纪录片如此，故事片也如此，如《东北二女子》公映不久，因涉及抗日，也被强行禁映。对于有些影片，当局反复进行多次检查，对一些镜头大肆删除，如影片《东北义勇军抗日血战史》，因片名带有“抗日”两字，被改为《东北义勇军血战史》，抹去了令当局色变的“抗日”两个敏感字。诸如此类的倒行逆施，激起了上海民众极大愤慨，责问当局：“《淞沪血战史》为什么禁止放映？”上海电影刊物如《电影艺术》等，也纷纷提出抗议：“为什么要禁止摄制含革命性的影片？”

读中国电影史料，可以清楚地读到当年的“文化围剿”与反“围剿”——

面对上海拍摄的左翼影片，国民党反动派如坐针毡，加紧对左翼影片“封杀”。“中国教育电影协会”是国民党当局的御用社团组织，名为协会，实质上是专为当局服务。当局“封杀”政策甫一落地，“中国教育电影协会”即召开第二届年会，提出“电影在教育上应负的任务”是“救贫致富”“起弱图强”等荒谬主张，甚而至于，该协会还重申所谓的“忠孝仁爱信义和平”陈词滥调，表示要成立所谓的“电影年鉴编辑委员会”，出版“中国电影年鉴”。鼓噪之下，就有一班御用文人推波助澜，相互呼应，东方影片公司不惜以重金“购买”剧本，专门摄制颂扬反动政权“德政”的影片，“南昌行营”“政治训练处”不甘落后，紧随潮流，成立了所谓的“电影股”，配合国民党反动派对苏区五次围攻，炮制反共纪录片，攻击左翼电影运动。

1933年3月初，黄高漠、刘响腾等一批国民党反动派御用影评人士，创办《现代电影》杂志，贩卖兜售“软性电影”谬论，在上海一些无聊报刊相继发表文章，攻击左翼电影运动和左翼电影工作者；9月，国民党“中央宣传委员会”成立“电影事业指导委员会”，下设“剧本审查委员会”“电影检查委员会”，手段不一而足，一时间，黑云压城城欲摧，白色恐怖甚嚣尘上。更让人深感震惊的是，针对左翼影片的法西斯暴行发生了。

“艺华影片”遭“蓝衣社”捣毁

1933 年 11 月 12 日，上午。

“蓝衣社”召集三十多名打手，冲进艺华影片公司，顷刻间，好端端的一家公司，被打砸得不成模样，毁于一旦。“蓝衣社”的法西斯暴行，激起了民愤。第二天，《大美晚报》发表专题文章，对这起事件进行报道：“昨晨九时许，艺华公司在沪西康脑脱路金司徒庙附近新建之摄影场内，忽来行动突兀之青年三人，向该公司门房伪称访客，一人正在执笔签名之际，另一人遂大呼一声，则预伏于外之暴徒八人，一律身穿蓝布短衫裤，蜂拥夺门冲入，分投各办事室行捣毁并散发白纸印刷之小传单，上书‘民众起来一致剿灭共产党……’等等字样，同时又散发一种油印宣言，最后署名为‘中国电影界铲共同志会’，约遍七分钟时，由一人狂吹笛一声，众暴徒即集合列队而去……该会且宣称昨晨之行动，目的仅在该公司，如该公司及其他公司不改变方针，今后当准备更激烈手段应付，联华、明星、天一等公司，本会亦已有严密之调查矣。”

法西斯迫害进一步在升级，连上海各影院也未能幸免于难。11 月 16 日，《大美晚报》报道：“‘上海电影界铲共同志会’在 11 月 13 日还向上海各影院发出了所谓‘警告信’，对于田汉（陈瑜）、沈端先（即蘩叔声、丁谦平）、卜万苍、胡萍、金焰等所导演、所编剧、所主演之各项鼓吹阶级斗争、贫富对立的反动电影一律不予放映，否则必以暴力手段对付，如艺华公司一样，决不宽假……”

艺华影片公司被砸之后，良友图书公司、神州国光社、光华书店，以及承印《中国论坛》的印刷所等一批带有左翼色彩或有进步倾向的文化机构，相继被国民党特务捣毁。国民党反动派不仅唆使特务、恶棍捣毁进步书店，而且到处散发所谓的“警告文化界”传单，扬言要“对于文化界来一清算”“除对于良友图书公司给予一初步的警告外，于所有各书局各刊物均已有精密之调查”“严重警告，对于赤色作家所作文字”，不论作品、文章、剧评、苏联情况之介绍等，“一律不得刊行登载，发行。如有不遵，我们必以较对付艺华及良友公司更烈更彻底的手段对付你们，决不宽假……”

1934 年 1 月，“中国青年铲共大同盟”散发“除电影赤化宣言”，警告上海各家影片公司，“以后绝对不得再摄制‘宣传赤化’、‘描写阶级斗争’和对于社会病态黑暗面描写”的“普罗意识”电影，一批如《上海二十四小时》《丰年》《风》《黄金时代》《烈焰》《肉搏》《中国海的怒潮》《民族生存》等，以及“正在摄制或已制而未公映的影片”，“应即自动删改”，“不能删改者，应即停止摄制”；《三个摩登女性》《狂流》《母性之光》《盐潮》《压迫》《香草美人》《天明》《女性的呐喊》《城市之夜》等“已经放映过的鼓吹共产的影片”，“须一律自动制剪”，其中“挑拨阶级对立，宣传共产思想的描写者，须彻底除之”。这些人威胁说，田汉、沈端先、钱杏邨、茅盾、沈西苓、楼建南、许幸之等“赤色作家或共产党徒”已被“呈请政府通缉”，“各公司对彼等所编剧本，绝对不得采用”。如果租映没有经过“修正”的上述影片，“定以炸弹轰炸各该放映之电影院”，“各电影刊物及各大报之电影副刊”亦应“勿再刊载鼓吹赤化之影评，否则亦当以炸弹奉飨”。

国民党特务头子陈立夫，竟然出面代表“官方”讲话，在报上公开叫嚷，不准映出“煽动阶级对立”“挑拨贫富斗争”的“普罗意识作品”。

反动当局变本加厉的迫害，迫使中国电影文化协会停止了活动，夏衍等人被迫先后退出明星公司。田汉、阳翰笙、聂耳等人在“艺华”“联华”也不能公开活动了。原来由左翼影评人支持的电影副刊，有的被迫停刊，有的开始转轨，曾受左翼影响的个别不坚定的电影工作者，离开了左翼电影队伍。正面宣传反帝抗日、直接描写阶级斗争、深刻暴露社会黑暗的影片，都失去了摄制的可能。

面对咄咄逼人的形势，罗明佑吓坏了，立刻“变脸”，来了个一百八十度大转弯，提出了“挽救国片、宣扬国粹、提倡国业、服务国家”主张。接着，罗明佑策划抛出所谓的“国粹”影片计划，代表“联华”与国民党“中央党部”签订合约：合拍新闻片。罗明佑的反动立场，遭到了进步影人的坚决抵制，他抛出的“四国主义”，引起了一片讨伐之声，阳翰笙斥之为“死国主义”“锁国主义”。

在中共党组织领导下，联华影业公司组织成立了联华同人会。聂耳是联华同人会负责人之一，带领联华同人会与罗明佑进行针锋相对的斗争，要求撤销“四国主义”主张。面对群情激愤，罗明佑不得不取消“四国主义”，但老于世故的他，接着又抛出“提倡艺术、宣扬文化、启发民智、挽救影业”主张，这一新口号再次遭到抵制。聂耳当即痛斥“提倡艺术、宣扬文化、启发民智、挽救影业”主张，实乃换汤不换药，是“四国主义”

的翻版，带有极大的欺骗性。

聂耳的大声疾呼，使罗明佑非常恼怒。针对聂耳的计划，在他的心里开始酝酿。

获奖影片《渔光曲》台前幕后

1934 年 2 月 1 日，北京路、贵州路口新落成了一家影院，它就是后来闻名上海滩的金城大戏院。“大戏院”落成四个多月后（1934 年 6 月 14 日），一部反映民生、揭露社会黑暗面的电影——《渔光曲》，在这里首映。

金城大戏院既然冠名“大戏院”，为什么放映电影？说起来，这与金城大戏院创建者提倡放映民族电影的思想有关。

金城大戏院为浙江籍人士柳中亮、柳中浩兄弟创建。早在 1926 年，柳中亮、柳中浩在南京新街口创建世界大戏院，开创了我国电影史上第一家由私人投资创建电影院的先河。其后，柳中亮、柳中浩来到上海，先后创建金都大戏院、国泰影业公司。1938 年，两兄弟创建国华影片公司，在四年不到的时间里，接连推出四十多部影片，这不能不说是中国电影史上的一个奇迹。建设金城大戏院，两兄弟只用了一年时间就告竣工，成为上海滩专门放映民族电影的基地。

《渔光曲》由蔡楚生编剧、导演，罗明佑监制，联华影业公司出品。影片首映后，在上海滩引起轰动。6 月的上海，是一年中最难受的黄梅季节。当年的气象打破了六十

《渔光曲》海报

年来的气温纪录。然而，《渔光曲》首映后引起的轰动效应，堪比黄梅季节的“热效应”。观众络绎不绝，影片连映八十四天，天天爆满，仍然不能满足观众需要，金城大戏院不得不在门外高高挂起“客满”的牌子，还是遏制不了观众的热情，有的观众非但不理睬“请回”的告示，反而在金城大戏院门口等候“退票”，希望一睹为快。这种现象，在上海滩鲜有其例。

这是怎样的一部电影，为什么如此受到观众欢迎？

故事，发生在东海边的一户渔民家——

渔霸何仁斋逼租，渔民徐福出海捕鱼，惨死暴风雨中。徐福妻子不得不去何仁斋家当奶妈，以为抵债。一晃，十八年过去，何仁斋家的少爷子英、徐妈的孪生子女小猫小猴，都已长大成人。由于出身门第不同，三个孩子的命运也不同。何仁斋将子英送到国外攻读渔业。小猫小猴继承父业，租了何仁斋家的渔船，以捕鱼为生。他们和子英同在一个渔村长大，彼此结下友情。子英临别，小猫小猴到海边，为他唱起了《渔光曲》。子英当即表示，学成后回国，改良渔业。

东海边，海匪猖獗，洗劫渔村。小猫小猴扶着双目失明的妈妈，投奔上海的舅舅。何仁斋此时也已迁居上海，与人合办华洋渔业公司。小猫小猴在上海找不到工作，为了生活而去捡垃圾。小猴长相傻傻的，却是天生的一张喜剧脸。于是，小猫小猴和舅舅一起沿街卖唱。正巧，他们遇见了学成归来的子英。子英得知小猫小猴舅舅家生活困难，资助一百元钱。谁知，小猫小猴被人诬告，一百元是抢劫得来，两人因此被判入狱。等到出狱，舅舅家已遭火灾，成为废墟，妈妈、舅舅，也已经葬身火海了。

子英将小猫小猴带回家，被何父赶出家门。为此，子英和父亲大吵了一场。他感到无法实现自己改良渔业的志向，与小猫小猴一起上了渔船去捕鱼。不幸的是，小猴捕鱼受了重伤，临死前要小猫再唱一遍《渔光曲》，用歌声为自己送行。

读《渔光曲》剧本，催人泪下，编导演三位一体，将剧本演绎成电影，将旧中国渔民的苦难生活，表现得入木三分，如一卷打开的社会生活画卷，展现在观众眼前，委婉凄凉的歌声，深深地扣动了观众心弦。联华影业公司拍摄《渔光曲》时，正是中国默片转变为有声片的“特殊时代”，这部影片既保持了中国默片在视觉表现上的高水准，又体现了编导演对于电影音响效果的有益探索。当银幕上响起由王人美演唱的影片同名主题歌《渔光曲》时，观众们掉下了同情的眼泪。

王人美在影片中如泣如诉地唱道——

云儿飘在海空／鱼儿藏在水中／早晨太阳里晒鱼网／迎面吹过来大海风／潮水升 浪花涌／鱼船儿飘飘各西东／轻撒网 紧拉绳／烟雾里辛苦等鱼踪／鱼儿难捕船租重／捕鱼人儿世世穷／爷爷留下的破鱼网／小心再靠它过一冬／东方现出微明／星儿藏入天空／早晨鱼船儿返回程／迎面吹过来送潮风／天已明 力已尽／眼望着渔村路万重／腰已酸 手也肿／捕得了鱼儿腹内空／鱼儿捕得不满筐／又是东方太阳红／爷爷留下的破鱼网／小心还靠它过一冬

这首主题歌，凄凄惨惨、苍苍凉凉、悲悲戚戚。王人美唱得是那样的深情，那样的委婉，一曲终了，戏院内一片唏嘘，有的观众掏出手绢，不断地擦着眼睛。随着《渔光曲》上映热度持续不减，主题歌《渔光曲》蹿红上海滩，王人美受到万千影迷追捧，有的影迷不再叫她“小猫”，而是叫她“野猫”了。一个“野”字，表达了观众对于王人美的喜爱，同时也表达了王人美演技的“烈度”。

《渔光曲》获得了国际影坛赞誉，在莫斯科国际电影节上荣获第九名，成为中国第一部获得国际荣誉的影片。然而，观众坐在影院里，专注于银幕上的故事，却很少有人关注银幕背后的事——《渔光曲》的拍摄，并非一帆风顺，演员们在拍摄中承受着万般辛劳——

1933 年 9 月，编剧兼导演蔡楚生带领三十多名演员，坐船到达浙江象山县石浦镇，

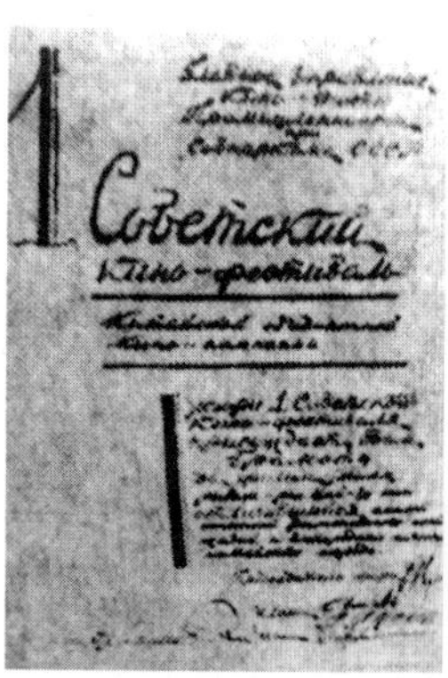

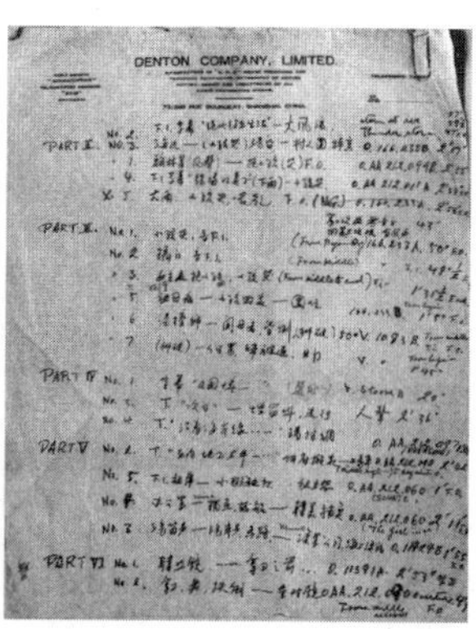

左：《渔光曲》荣获国际奖
右：聂耳为《渔光曲》所配音效手稿

拍摄《渔光曲》外景。聂耳是《渔光曲》音乐制作人，随剧组到了石浦镇。

石浦，临海小镇，镇上都是渔民之家，生活贫困，没有电灯，用的是昏暗的油灯。吃的、住的，条件都很差。演员们都觉得很不习惯，坐船出海，风浪颠簸，更是吃尽了苦头。影片开拍不久，很多演员就病倒了。幸亏，影片主角之一的王人美没有病倒，回忆往事，她清楚地记得当年的拍摄情况：“我年纪轻，身体好，加上从小爱跑爱跳，跟着黎锦晖下南洋，坐过海轮，所以我很快适应了海上拍摄。”

演员不够了，蔡楚生不得不另想办法，请聂耳作为临时演员，饰演影片中的渔民，聂耳一口答应。停止的摄影机又开始转动起来，聂耳进入了角色。谁知道，影片开拍了几个镜头，聂耳也病倒了。这下，蔡楚生更加着急，希望聂耳好好休息，病好后继续拍摄。聂耳也急了，要求继续拍摄。蔡楚生又指挥人马，开始抢拍。紧张关头，聂耳又一次病倒，一连好多天，高烧不退。蔡楚生一看，情势不妙，赶紧派人将聂耳护送回上海。

第三次失业

聂耳的病情，是一年前落下的病根。入职“联华一厂”，由于没日没夜地拼命工作，他常常感到头昏，但还是不停奔忙，顾不上休息。《母性之光》开机后，他在片场忙个不停，用他的话说，“辛苦得连脑袋都快要裂开了”。完成了《母性之光》拍摄，接着开拍《人生》，聂耳仍然担任场记，还是拼了命工作。那天，摄制组在永安公司拍摄外景，聂耳

聂耳（右一）、王人美（右二）在《渔光曲》外景地

感到一阵头晕，摔倒在永安公司的门口。经紧急送往附近的仁济医院治疗，病情得到缓解。劳累过度，旧病复发，聂耳向联华影业公司提出请假养病要求，罗明佑答应了。

这次去石浦，参加《渔光曲》拍摄而病倒，比起上一次拍摄《人生》，聂耳的病情要严重得多，不得不又向公司提出请假养病的要求。聂耳在给母亲的信中，曾经说起过在永安公司门口昏倒这件事。从仁济医院出来，医生说需要长时间休息，至少六十天，院长写了一封证明信给公司，算是准了假。照公司的规则，请假照例扣薪。这回请假，情况就不同了，罗明佑因为聂耳带领联华同人会与他进行斗争而怀恨在心，当他提出请假要求，罗明佑立即表示同意，但很快“变脸”，以聂耳需要养病为由，解雇了他。

这是聂耳在上海的第三次失业。前两次失业，除了云丰申庄倒闭，另一次失业是因为写文章批评黎锦晖，引起一场风波，这是聂耳“作革命音乐”“做革命音乐人”，与黎锦晖“软豆腐”式的音乐创作较量的必然结果。这第三次失业，是因为他与罗明佑反动立场进行斗争而导致的结果。三次失业，都有诱发因素，反映了他在上海短短三四年间，对于人生和音乐艺术的思考和追求。

聂耳被“联华”解雇了，又成了无业青年。这时，有朋友介绍聂耳去南昌。朋友说，南昌有个“怒潮剧社”管弦乐队，就凭聂耳的音乐基础，一定会被“怒潮剧社”管弦乐队录用。眼下，聂耳又将陷入衣食之忧，既然有这么一个机会，当然不愿放弃。果然，他的运气不坏。据聂耳致友人张庾侯信：1933 年 1 月 25 日（农历年三十）晚，“我加入了中央怒潮剧社的管弦乐队，明天——大年初一从上海动身到南京、南昌、福建，以后我会从广东兜回上海”。中共党组织获悉聂耳要去南昌“怒潮剧社”管弦乐队，当天

左：聂耳在影片《母性之光》中饰演黑矿工
右：电影皇后胡蝶为百代唱片做的广告

晚上就找他谈话，明确指出：“怒潮剧社”管弦乐队，并非一般乐队，而是受国民党南昌行营政训处管辖的音乐机构，专为蒋介石军事“围剿”苏区中央红军服务。聂耳一听，吃了一惊，立即取消了南昌之行。之后，他以笔为枪，以微薄的稿费维持在上海的生活。

冬去春来，小草开始了新一轮生命之旅。4 月，在任光、安娥等朋友帮助下，百代公司向聂耳开启大门，经历了三个多月失业的聂耳，又有了一份工作。

“百代”是一家著名的唱片公司，前身为世界五大唱片公司之一的 EML。20 世纪 30 年代，EML 收购法国 Pathe-Marconi 公司，为了扩张业务，EML 在上海设立分公司，法文 Pathe，翻译成中文，就是“百代”。因此，EML 在上海的分公司，也叫百代公司，这是上海租界内最早开业的一家唱片公司。黎锦晖创作的流行歌曲《毛毛雨》，就在百代公司灌制成唱片，恍如安上了翅膀，《毛毛雨》等“靡靡之音”传遍了上海滩。

聂耳在上海的音乐创作活动，实际上并非从入职百代唱片公司开始，而是在入职“百代”前的1932年，就已在尝试音乐创作了。那年，他创作了三首曲子：一首是《进行曲》(口琴曲)，一首是《圆舞曲》，还有一首是《天伦之爱》(歌舞曲)，只不过，这三首乐曲少有人知而已。三首乐曲之后，他陆续创作了广为人知的一批歌曲：《开矿歌》《饥寒交迫之歌》《卖报歌》《走出摄影场》《卖报之声》《小野猫》《雪花飞》《一个女明星》等，其中的《走出摄影场》《一个女明星》，是他和安娥继合作《卖报歌》之后的又一次合作。他的很多作品，经任光、安娥推介，被百代公司灌成唱片，聂耳的名字迅速传遍了上海滩。

左：百代公司标识
右：百代唱片《毛毛雨》

第三章 《卖报歌》传遍上海滩

啦啦啦！啦啦啦 / 我是卖报的小行家 / 不等天明去等派报 / 一面走，一面叫 / 今天的新闻真正好 / 七个铜板就买两份报 / 啦啦啦！啦啦啦 / 我是卖报的小行家 / 大风大雨里满街跑 / 走不好，滑一跤 / 满身的泥水惹人笑 / 饥饿寒冷只有我知道……

这首《卖报歌》，流行于1930年代上海滩，几乎家喻户晓。这是由聂耳谱曲，安娥作词，两人专为上海滩一个卖报女童所写的歌曲。其时，聂耳在“联华一厂”供职，一次偶然遇到的事情，使他产生了创作冲动，写下了《卖报歌》。

聂耳创作《卖报歌》前，这个卖报女童还没有名字，报摊周围的人都叫她“小毛头”。有了《卖报歌》，“小毛头”一边唱，一边卖报，在上海滩成了“新闻人物”，走红上海滩而成为名人，并且在“贵人”帮助下，有了自己的名字。

“小毛头”哭诉苦难家事

吕班路（今重庆南路）附近有个体育场，1933年的一天，聂耳和公司同仁去体育场打球，回来路过吕班路霞飞路（今淮海中路），听见有个孩子在大声哭喊，感到奇怪，立即遁声找了过去。在路口，他看见有个小女孩，年约八九岁，坐在地上大哭不止。

小女孩为什么坐在地上大哭？

原来，小女孩是个卖报女童，她家的报摊就在吕班路霞飞路口的有轨电车站附近。这天，小女孩手拿一叠报纸，在车站旁流动卖报。一辆有轨电车进站停下，车上跳下几个乘客，将她撞翻在地。小女孩这一跤摔得不轻，头上起了大血泡，手上的报纸散落一地。

聂耳见状，急忙上前，从地上扶起小女孩，接着又弯腰捡起了地上的报纸，关心地问小女孩，为什么要跑到电车站流动卖报？小女孩说，报摊生意不好，买报的人不多，电车站这里买报的人比报摊多。

聂耳问起了她家情况，小女孩哭诉开了——

小女孩出生在苏州，七岁那年，父亲患病，没钱医治去世了，家里没有经济来源，母亲带着一家人来上海谋生，借住在闸北一间简屋。"一·二八"事变，日寇投掷炸弹，闸北成了一片火海。母亲带着家人逃离闸北，在"八仙桥"附近暂时住下，后来才搬到吕班路顾家弄（今重庆南路 26 弄）。小女孩母亲没有工作，在吕班路霞飞路口（今上海妇女用品商店东边）摆了个报摊，小女孩跟着母亲卖报，用卖报的微薄收入维持一家人生活。

小女孩边哭边说，聂耳更加同情她家的遭遇了，掏钱将捡起的报纸全部买了下来。问小女孩叫什么名字，小女孩说，家里很穷，上不起学，没有名字，只知道自己姓杨。报摊附近的人，都叫她卖报"小毛头"。聂耳的心情越发沉重，心想，"小毛头"上不起学，连个名字都没有，一家人靠卖报为生，真是太不幸了。他想帮助"小毛头"，可是，怎么帮助呢？自己只有那么一点月薪，只够维持日常生活呀！他想了想，突然有了主意：给"小毛头"写首歌？让她一边唱，一边卖报！对，写首歌！

霞飞路（今淮海中路）小毛头卖报处

谁来为“小毛头”写歌词？聂耳想起了安娥。

安娥，诗人兼剧作家，中共谍报人员，战斗在隐蔽战线，有“红色女郎”之誉。1929年，安娥从苏联回国，在中共中央特科工作，后打进国民党内部，任中国国民党组织部调查科驻上海中央特派员杨登瀛秘书。安娥受中共党组织委托，在敌特内部收集情报，直接送交陈赓。

聂耳兴奋不已，对，安娥有诗情，非常合适为“小毛头”写首歌词！他立刻去找安娥，如此这般一说，安娥也觉得，“小毛头”一家很可怜，应该帮助她们。不久，安娥写好歌词，交给了聂耳。读了安娥的歌词，聂耳更高兴了，太好啦！很快，他为歌词谱了曲，兴冲冲来到“小毛头”家的报摊，唱给她听：

> 啦啦啦！啦啦啦！
> 我是卖报的小行家，
> 不等天明去等派报，
> 一面走，一面叫，
> 今天的新闻真正好，
> 七个铜板就买两份报……

“小毛头”越听越喜欢，情不自禁地跟着聂耳一起唱了起来。他们一边唱，一边卖报，歌声吸引了过路人，纷纷停下脚步，看个究竟：怎么回事？哦，原来是一个大人带着一

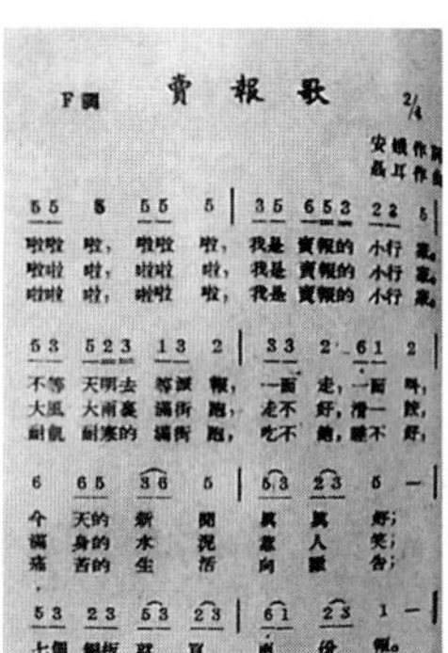

《卖报歌》

个孩子在卖报啊！卖报还唱歌？太新鲜了，人们好奇地听聂耳和“小毛头”一起唱《卖报歌》。这首歌，节奏明快，感情深沉，听着听着，路人也同情起“小毛头”一家的遭遇了，纷纷掏钱买报。

很快，这事成了新闻，长了腿似的，在上海滩传了开去。

吕班路霞飞路口的一个报摊，《卖报歌》从这里唱响，飞向大街小巷，孩子爱唱，成年人也爱唱，1930 年代的上海滩，《卖报歌》成了一首流行歌曲。几十年后，上海解放，戴着红领巾的孩子们，也爱唱《卖报歌》，但很多孩子并不知道《卖报歌》背后的故事。

聂耳和“小毛头”成了忘年交。这以后，聂耳经常来到吕班路霞飞路口，和“小毛头”一起唱《卖报歌》，帮助她家卖报。

卖报女童成长为女影星

卖报女童唱着歌儿卖报，这在以前的上海滩从来没有过，消息传出，“小毛头”成了新闻人物。从不相识的聂耳叔叔为她写歌，帮助她卖报，这是“小毛头”没有想到的。“小毛头”更没有想到，《卖报歌》改变了她的命运，她的歌声在吕班路霞飞路口响起，越传越远，日后她竟背着报袋，将《卖报歌》唱到了歌剧舞台上！“小毛头”尤其没有想到，在聂耳叔叔帮助下，她成为演员，从歌剧舞台上的卖报女童起步，在多部影片中饰演角色，成长为上海滩当红女影星。

《人生》是一部无声电影，在联华影业公司拍摄的诸多影片中，这部由阮玲玉主演的影片，是联华影业公司摄制的最佳影片之一。《人生》讲述一个孤儿，从野孩子、奴婢、女工……到为生活所迫而沦为妓女，辛酸的故事，凄惨的人生，催人泪下。阮玲玉主演过很多影片，但说起《人生》，这位广受影迷喜爱的影星不无感慨，说《人生》这部影片，“是我最满意的一部”。一部影片，如若广受好评，除了“一剧之本”好，主演是关键因素，顾名思义，《人生》描述的是故事主人公的一生，阮玲玉将银幕上的人物形象演绎得相当感人。然而，但凡动人心扉的影片，在银幕背后往往会有鲜为人知，甚或不为人知的细节，《人生》的背后，又有些什么细节？

费穆，上海滩著名电影导演。1932 年，费穆执导批判现实的剧情片《城市之夜》而广受关注。继《城市之夜》之后，费穆先后执导的影片有《香雪海》《天伦》、古装剧情片《孔夫子》等，在中国电影史上，这是一位极具才华的电影人才，首创了多个第一：第一次采用中国民族乐器配乐、1948 年拍摄中国第一部彩色影片《生死恨》、1941 年为中美两国第一次合作拍摄的影片《世界儿女》编写剧本。在抗日救亡运动中，费穆拍摄了号召抗战的国防电影《狼山喋血记》。《人生》也是费穆执导的一部银幕佳作。开拍前，费穆颇费踌躇：谁来饰演童年时代的女主角，也就是那个孤儿呢？

聂耳想到了“小毛头”。这个孩子，出身贫寒之家，不正是一个合适的人选吗？他对费穆说了“小毛头”的身世，推荐“小毛头”饰演影片中的那个孤儿，费穆接受了。“小毛头”“破天荒”地走进片场，完成了《人生》的拍摄。不料想，上海滩一位女影星由此诞生。“小毛头”由配角开始，参与多部影片拍摄，在《青春》《慈母泪》《秋海棠》等影片中饰演不同角色，她的名字走进了万千电影观众的视线，成了上海滩一位影星。1944 年，中华文化出版公司出版《一百位男女明星》，“小毛头”被收进了这本书，在书中排序第四十一位。

金嗓子周璇，1930 年代红极一时的电影女星，因拍摄《马路天使》与电影结缘。明星影片公司出品的剧情片《马路天使》，是中国电影史上的一部杰作。这部影片由袁牧之导演，拍摄于 1937 年。影片通过几个小人物“悲喜剧”式的遭遇，再现了 20 世纪 30 年代生活在中国都市社会底层民众的苦难，刻画了一群有血有肉的人物形象，风格独特。袁牧之本来是请“小毛头”饰演影片中的小红，但“小毛头”没有情爱方面的生活体验，

“小毛头”卖报

袁牧之只得“临时换将”，另外寻找“小红”。

大上海，人海茫茫，到哪里寻找合适上镜的“小红”？袁牧之犯了难。生活中的一个女孩闯进了袁牧之的视线，她就是周璇。巧的是，这个女孩也叫“小红”，她就是黎锦晖为之改名的周璇。一试镜头，袁牧之高兴极了，生活中的“小红”，无论气质，还是演技，非常符合要求，袁牧之当即决定启用周璇。

那年，周璇十六岁，因饰演《马路天使》一炮而红，成为冉冉升起在上海滩的银幕新星。

人生有许多机缘，《卖报歌》改变了“小毛头”的一生，《马路天使》使周璇脱颖而出，不一样的是，周璇为很多影迷熟知，很多人因为《卖报歌》而熟知“小毛头”，至于她的从影史，知道的人并不多，“小毛头”后来的情况如何了？知道的人就更少、更少了。

“小毛头”的人生，因着聂耳的帮助，发生了喜剧性变化。晚年的她，生活安定。改革开放年代，媒体记者在上海一个工人新村找到了她。岁月匆匆，当年的卖报女童已经是一位八十多岁的耄耋老人了。说起《卖报歌》，一头白发的老人眼圈红了。她说，聂耳叔叔帮助她改变了人生，使她走上银幕，成为上海滩的一位女影星。如果没有聂耳叔叔的帮助，她们家真不知道如何熬下去！

说到这里，老人向记者透露了一个久埋心底的秘密——

当年，一位陌生的叔叔来找“小毛头”。叔叔自称姓张。张叔叔说，他也是电影迷，喜欢看“小毛头”饰演的影片。听说“小毛头”还没有上学，连名字也没有，愿意帮助她。问“小毛头”，喜欢不喜欢读书？“小毛头”点点头，想读书，可家里没钱供她上学。张叔叔表示，愿意为“小毛头”提供学费，送她去学堂读书。真有这样的“好事”吗？“小

《马路天使》中的周璇（前）

毛头”起先不相信。张叔叔一脸认真，充满期待地看着她：“对，去学堂上学！好好读书，做一个有文化的电影明星！”

在张叔叔帮助下，“小毛头”终于像其他孩子一样，背起书包走进了学堂。她怎么也忘不了张叔叔帮助，要是没有张叔叔帮助，她不可能成为一个有文化的人。那天，张叔叔还给她起了个学名：杨碧君。从此，“小毛头”不再是卖报“小毛头”，而是小学生杨碧君啦！

读完小学，杨碧君升入中学，也是张叔叔提供的帮助，使她读完了中学。她一直想知道，这个张叔叔，到底是什么人？为什么要帮助她？可是后来，张叔叔不见了，她再也没有见到过张叔叔。

张叔叔到哪里去了？杨碧君不知道。

直到改革开放后的一天，杨碧君终于了解到，张叔叔是中共党员，真名张光锐。她还了解到，自从上了银幕，成为影星，中共党组织决定培养她，专门派张叔叔来找她，这就有了张叔叔送她去读书的故事。

忙碌的1934年

寒来暑往，聂耳在上海滩生活了将近四年。人世间，众生都在奔忙，有的人为生活，有的人为理想，虽苦不辞。聂耳也在为生活奔忙，但更多的是追求理想。四年不到，时

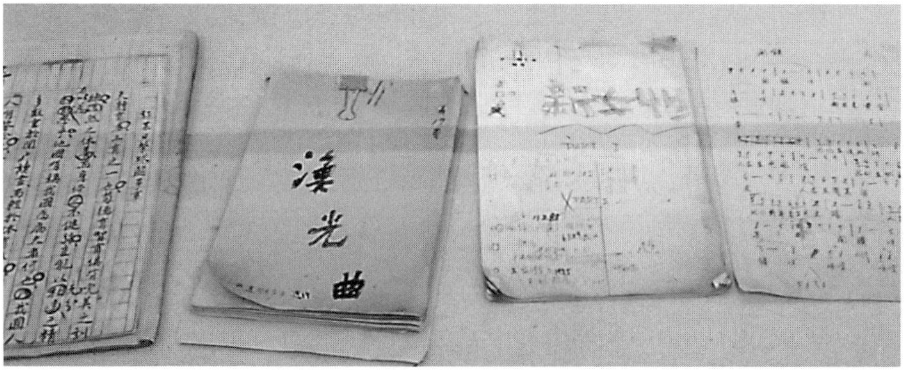

聂耳作品手稿

间不长，对于人生短暂的聂耳，很难用时光的尺度丈量，为生活，为理想，他几乎一刻也没有消停。转眼，到了 1934 年，这是聂耳在上海五年生活中最为重要的一年。在艰难中坚持，在挫折中奋起，这些年的经历，使他日渐成熟，激情喷涌。聂耳创作于 1934 年的作品，几乎占了他在上海五年创作总量的一半，《走出摄影场》《一个女明星》《雪花飞》《翠湖春晓》《金蛇狂舞》《打砖歌》《打桩歌》《码头工人歌》《毕业歌》《大路歌》《开路先锋》《飞花歌》《新女性》等，都创作于这一年。

1934 年，聂耳除了音乐创作，还身兼数职，天天忙个不停。但他乐在其中，乐此不疲。这一年，是他忙碌的，也是成果丰硕的一年。这年年底，他在回顾一年来的创作活动时说，1934 年是他的“音乐之年”。在“百代”七个月，他的才能得到了充分发挥，在日记中连连写道：“一致地赞许”“批评甚佳”等。1934 年 11 月 2 日，他在写给二哥聂子明的信中，抑制不住内心的喜悦，如此写道：“你知道我近来是了不得的红！”自从进了“百代”，他的经济状况有了好转，“百代”给他的月薪是六十元，比在“联华”的月薪翻了一倍。六十元，在上海滩算不上高薪，对于长期经济拮据的他，至少，生活是不用发愁了。“百代”需要他完成的工作，除了录音，还有就是作曲。在“百代”工作期间，聂耳还身兼中国电影文化协会执行委员、中国左翼剧联音乐小组组长，工作繁忙，社会活动多，此外就是音乐创作，这是 1934 年聂耳在上海生活的“主旋律”。这年 5 月，“百代”将他的两首曲子灌成唱片，取得了意想不到的成功，公司感到非常满意，老板约他谈话。聂耳一口流利英语，更是得到了老板赞赏，聘他担任公司音乐部副主任，每天工作六个小时，余下的时间，聂耳全都用在社会活动和音乐创作上了。

左：《金蛇狂舞》乐谱
右：《翠湖春晓》乐谱

百代公司打算成立一支国乐队，聂耳又有了用武之地。不是吗，在昆明求实小学，学校不就有一支小乐队？他和张庚侯、廖伯民等好友，不也组成过一支小乐队吗？还有，他家不也有一支小乐队的吗？现在，“百代”要成立小乐队了，对于聂耳来说，还有比这件事更让人高兴的吗？传承国粹，弘扬民族音乐，一直是他的心愿啊！

“百代”成立的乐队，也叫“森森国乐队”，主要是为公司灌制唱片服务。聂耳是乐队队长兼指挥。乐队规模不大，只有五个成员，都从社会招收，分别来自学校、商店等。他们是：王为一，原名王之泉，著名电影导演。陈中，擅长二胡。林志音，擅长笛子。徐骏佳，擅长琵琶。除了这四个成员，就是队长兼指挥的聂耳了。

王为一，左翼戏剧家联盟成员，与赵丹、徐韬是挚友，是影片《渔光曲》的主要配乐人员。1934 年，王为一进入艺华影业公司当场记，参与拍摄的第一部影片是由阳翰笙编剧的《生之哀歌》。在“百代”，王为一和聂耳结下了很深情谊，他们为公司灌制唱片《金蛇狂舞》《翠湖春晓》，为影片《桃李劫》灌制唱片《毕业歌》。

“百代国乐队”的乐器不多，主要是二胡、笛子、琵琶之类的民族乐器。不过，在上海滩提起“百代”，提起“百代国乐队”，那可是“如雷贯耳”了，“老上海”少有不知其名的，吹拉弹唱是“百代国乐队”特色，其中不乏为人熟悉的《彩云追月》《花好月圆》，以及由聂耳编曲的《金蛇狂舞》《翠湖春晓》等。聂耳在上海创作了四十二首作品，除创作于 1932 年的口琴曲《进行曲》《圆舞曲》，歌舞曲《天伦之爱》，其余三十九首都由“百代”灌成唱片，向社会公开发行。1934 年，聂耳开始转为影片配乐，到 1935 年离开上海，他已经为多部影片创作了主题歌。在他的全部作品中，有四首是在流传于云南的地方乐曲基础上进行编曲的，一首是《一个女明星》，根据云南玉溪花灯曲牌《玉娥郎》编曲；另一首是《昭君和番》，也是以广泛流传于云南民间的乐曲为基础进行编曲；还有两首根据云南民间乐曲编曲的民间器乐合奏曲，那就是《金蛇狂舞》和《翠湖春晓》了。

传承和弘扬国粹之作

流传在云南地区的民间音乐，滋润了聂耳的音乐创作细胞，洞经音乐给了他丰富的音乐滋养，管弦乐《金蛇狂舞》就是他根据传统曲目《倒八板》创作的。这首乐曲，节奏明快，音符飞扬，欢乐、奔放。聂耳以高超的音乐才能，古为今用，借鉴了民间锣鼓点中的“螺丝结顶”形式，对答呼应，句幅逐层减缩，速度逐渐加快，以锣、鼓、钹、木鱼等打击乐器烘托，生动地再现了民间喜庆时的巨龙舞动、锣鼓喧天的欢乐场面，整首乐曲洋溢着鲜明的民族性格特色和生活气息。很难想象，一支乐队，只有四名演奏员，在聂耳指挥下，将这首曲子演奏得如此气势磅礴。奥秘在于，四位演奏员，每个人身兼几个演奏员角色。作为队长兼指挥，聂耳的才能更是发挥得淋漓尽致，他用三弦弹出了强有力的和弦音，以此激发其他几位演奏员的演奏情绪。小乐队发挥了大作用，取得了有口皆碑的音乐效果，获得了好评。1934 年夏，百代公司将《金蛇狂舞》灌制成唱片，在社会上引起了反响。

《翠湖春晓》和《金蛇狂舞》同为管弦乐，将聂耳在百代公司的音乐创作提高到了一个新高度。《翠湖春晓》完成前，有一年端午节，家家户户粽子飘香，又到了祭奠伟大诗人屈原的时候。云南的洞经音乐，在香烟缭绕中不绝如缕。这天清晨，聂耳起床给母亲写了一封信，表达对故乡的眷恋和对故乡音乐的思念，聂耳在信中说：“现在我想在中国的各地民间歌谣上下一番研究，请三哥帮我收集一些寄来，不论什么小调、洞经调、山歌、滇戏牌子都要。千万急！！！”为了向母亲表示自己的急迫心情，聂耳在“千万急”后面连加了三个惊叹号！

写完给母亲的信，聂耳又拿起笔给好友张庾侯写信，也是要张庾侯帮忙：“我要请你帮忙收集一些云南的民谣、民歌、山歌……我们到杭州去拍外景，倒很有趣，我相信几年后的翠湖，并不亚于西湖。”从聂耳的这些话中可以看出，他对于家乡的一山一水，以及读书时代和恋人袁春晖经常去游览的翠湖，情感是多么的深沉！他编创的管弦乐《翠湖春晓》，表达的就是对于家乡的那一份“剪不断、理还乱”的炽热情感！

《翠湖春晓》是聂耳根据昆明洞经音乐改编的民族管弦乐曲，它以洞经音乐的经腔《老卦腔》（也叫“宏仁卦”）为素材，运用“增板加花”变奏手法，使乐曲由慢而快，跌宕起伏，再现了翠湖九龙池晨曦初露、晴空丽日、天人合一、风情万种等诗情画意。乐曲的节奏明朗、热情雄壮，委婉秀丽、柔美和谐，表现了浓郁的云南民间风格和地方音乐特色。这首曲子，聂耳带领百代国乐队，在民立女中游艺会上演奏过。1934 年 6 月，百代公司将这首曲子灌制成唱片，在社会上同样引起了音乐迷热捧。7 月，聂耳在写给聂叙伦的信中说："请替我收集些云南音乐材料如洞经调之类寄给我。宏仁卦已收成唱片。"聂耳在信中所说的"宏仁卦"，正是昆明洞经音乐中的《老卦腔》。

民国时期的翠湖

第四章 朋友之情深如海

“哲学”，也称“聪明学”“智慧之学”。什么是哲学？胡适这样解释：“凡研究人生切要的问题，从根本上着想，要寻一个根本的解决：这种学问，叫做哲学。”如何使哲学走出高深莫测的学院，抑或走出哲学家们构建的理论“象牙塔”？艾思奇作出了回答。

艾思奇，历任中共中央高级党校哲学教研室主任、副校长，中国哲学会副会长，中国科学院哲学社会科学部学部委员，著有《大众哲学》（初版名《哲学讲话》）、《辩证唯物主义纲要》《哲学与生活》等通俗读物，为哲学成为大众认识世界、改造世界的有力思想武器做出了贡献。共和国缔造者毛泽东称赞艾思奇是“中国的理论领域的忠诚战士”。

艾思奇原名李生萱，云南腾冲人。1927 年，艾思奇十八岁，为了追求光明，告别故乡，先后两次留学日本。在日本期间，艾思奇加入中共东京支部“社会主义学习小组”，积极从事革命活动。他对哲学有浓厚兴趣，广泛阅读西方经典哲学著作，接受马克思主义哲学思想。“九一八”事变发生后，艾思奇放弃留学，返回祖国，从事马克思主义哲学宣传活动，写下大量通俗易懂、生动活泼的哲学文章，将发表在各种报刊的文章汇编出版。

艾思奇

艾思奇和聂耳同为云南籍人，共同的革命理想，使他们走到了一起，成为好朋友。艾思奇给予聂耳很多帮助。后来，艾思奇来到上海，在泉漳中学做教师，两人频繁来往，艾思奇的哲学思想，更是影响了聂耳。

“写振奋人心的曲子”

艾思奇的《大众哲学》，连续三十二次再版，这在中国出版史上，是并不多见的现象。中国民主同盟早期领导人之一、杰出的社会教育家李公朴，在给《大众哲学》写的序中说：“这本书是用最通俗的笔法，日常谈话的体裁，溶化专门的理论，使大众的读者不必费很大的气力就能够接受。这种写法，在目前出版界中还是仅有的贡献。”“尤其值得特别一提的是这本书的内容，全是站在新哲学的观点上写成的。新哲学本来是大众的哲学，然而过去却没有一本专为大众而写的新哲学著作。这书给新哲学做了一个完整的大纲，从世界观、认识论到方法论，都有浅明的解说。”“这一本通俗的哲学著作，我敢说可以普遍地做我们全国大众读者的南针（原文如此——作者注），拿它去认识世界和改造世界。”

毛泽东读了《大众哲学》《哲学与生活》等，写有《艾著〈哲学与生活〉摘录》，长十九页，他写信给艾思奇，称赞《大众哲学》是一本“通俗而有价值的著作”。毛泽东说，《哲学与生活》是艾思奇“著作中更深刻的书，我读了得益很多”。

在日寇步步紧逼，中华民族生死存亡之际，一本书、一首歌，影响了大批有血性的中国青年，鼓舞他们奔赴抗日斗争第一线。一首歌，是聂耳和田汉合作创作的《义勇军进行曲》。一本书，就是艾思奇写的《大众哲学》。

聂耳和艾思奇早在昆明求学时就认识了。1925年，艾思奇就读于云南省立一中，“五卅惨案”发生后，昆明学生走上街头游行，声援上海工人。云南省立一中是昆明学生的聚集地，聂耳是云南省第一联合中学的学生代表，在云南省立一中参加集会，认识了艾思奇。此后，两人频繁来往，追求光明、向往进步，革命理想如一条纽带，将他们的命运紧紧联系在了一起。艾思奇喜欢读书，聂耳也喜欢读书，艾思奇向聂耳推荐了多种版本的读物，其中有哲学书，也有鲁迅的《呐喊》《彷徨》等文学书。聂耳读的书很杂，文学、历史、哲学，多有涉及。受艾思奇影响，聂耳对马克思主义哲学产生了兴趣。《聂耳日记》，以及聂耳的学习笔记，都有马克思学说的摘录，也有读了哲学书引发的思考，而思考最多的是社会经济和阶级斗争。艾思奇研究的是哲学，并非音乐，但对于音乐有自己的思考，认为音乐应该是积极向上、振奋人心、鼓舞人民前进的艺术。他直率地对聂耳说了自己的看法，建议聂耳“要演奏一些振奋人心的乐曲”。艾思奇认为，那些振奋人心的乐曲，和传统的民乐相比，“能够收到很好的效果，改变人的精神”。

聂耳早期的音乐活动，基本以民乐为主，家庭乐队、学校乐队等演出，基本上也是演奏传统的民族音乐，艾思奇的建议，对于聂耳是启发，也是激励。尚在上学的聂耳，接触的乐器有限，手头也只有一些如《梅花三弄》的传统民族音乐乐曲，到哪里去寻找如好朋友艾思奇所说的让人“热血沸腾”的曲子呢？他将自己的困惑对艾思奇说了，艾思奇说：“找不到，那就自己作曲啊！一个搞音乐的人，只会演奏一些传统的曲子，不会作曲怎么行呢？搞音乐，要成为音乐家，就一定要学会自己作曲！”

“对呀，不会作曲，只会演奏，那算什么音乐家！”艾思奇的话，说到聂耳的心里去了，“我一定要学会作曲，写振奋人心的曲子！”过后不久，艾思奇买了一支竹笛送给聂耳，这让聂耳兴奋不已，两人越发惺惺相惜了。

艾思奇也是为了躲避昆明反动当局迫害去日本留学。此时，聂耳已经考入云南省第一师范学校，并在学校加入了共青团。艾思奇留学日本期间，买了《国际歌》《马赛曲》《伏尔加河船夫曲》等经典的外国歌曲，以及音乐研究资料，回到昆明，他将这些资料作为礼物，送给了聂耳。多么珍贵的礼物，多么珍贵的朋友情！聂耳激动极了。艾思奇对他说的话，又一次在他耳边响起，“要成为音乐家，就一定要学会作曲，写出和演奏‘振奋人心的乐曲！’”是的，要学会作曲，写出让民众“热血沸腾的曲子”，艾思奇的话如重锤，击打着一颗年轻人的心。火星，落在艾思奇和聂耳的情感之弦上，发出了心灵间的“和音”。

1931 年，艾思奇从昆明来到上海，千里迢迢，远离故乡，聂耳和艾思奇重逢了，说不尽的家乡话，道不完的朋友情。郑易里在上海开书店，发行进步书籍，艾思奇来到上海后加盟其中，推广、宣传左翼文化。聂耳去书店拜访，接受郑易里、艾思奇灌输的革命思想，他和艾思奇都是上海反帝大同盟成员。

同龄人“情同手足”

人世间有太多的巧合，不经意间，在人生的十字路口相逢和叠合。张天虚和聂耳是昆明老乡，两人同龄，都是有才华、有志向的青年，也都是左翼作家联盟成员。更巧的是，张天虚和聂耳同一年离开昆明到了上海，同一年去了日本。甚至，张天虚和聂耳同一天从日本回国，但两位青年才俊的命运归属不同——张天虚活着回来；聂耳呢，永不身还了——他的骨灰盒，被朋友们从日本护送回上海——这，留待后文叙述。

张天虚本名张鹤，中国左翼作家，写有很多作品，代表作有长篇小说《铁轮》、中篇小说《五月的麦浪》、报告文学集《运河的血流》、独幕话剧《王老爷》等。可惜，天不假年，张天虚英年早逝，生命的列车奋进了二十九个年头，便戛然而止了。

“四一二”反革命政变，昆明城笼罩在白色恐怖之中。中共党组织决定成立党的外围组织“互济会”（又称“济难会”），救援被关押在监狱中的民主进步人士。张天虚和聂耳都是“互济会”成员，在救援活动中相识。作为好朋友，张天虚希望聂耳走出本校，到昆明各学校业余演出。“玫瑰田”是聂耳喜欢游玩的景点之一，他有时邀请袁春晖同去，有时约好朋友同往，张天虚就是其中一个。朋友们从“玫瑰田”回来，张天虚有感而发，写了一篇散文，题目《玫瑰田畔》，投寄《民国日报》发表。张天虚为什么借题（玫瑰田）发挥，是因为了解聂耳，此时，聂耳和袁春晖正在热恋之中，张天虚写作此文，就是要为聂耳和袁春晖的反叛精神鼓与呼，他在作品中热情赞扬聂耳和袁春晖的自由恋爱，“在封建的昆明，这是罗曼斯的奇迹”。

张天虚

1929 年 7 月 11 日昆明城内大爆炸，聂耳和张天虚都投入了“抢险帮难”活动，他们运送伤员，安置死者，为灾民煮饭、募捐，演讲、义演。

张天虚、聂耳先后到了上海，聂耳从事音乐创作，张天虚从事文学创作，两人都加入了中国左翼作家联盟。张天虚在上海花了两年多时间，三易其稿，完成了长篇小说《铁轮》，郭沫若为之作序，连载于《东流》丛刊，后印成单行本出版。作品反映现实，鞭挞社会黑暗，在中国近现代文学史上占有十分重要的地位。著名作家茅盾发表评论文章说：《铁轮》是作者（张天虚）“痛心于十年‘内战’的抗议”之作。

张天虚、聂耳同一年离开上海，东渡日本。东渡日本的原因相同，都是因为国民党反动当局迫害，免遭毒手。张天虚到了东京，找了寓所住下。随后，聂耳也到了东京，找到张天虚寓所，两位好朋友在异国他乡见面了，激动之情溢于言表。东京左联东京支盟，下设多个小组，他俩分别加入“小说之家”“戏剧之家”，从事文化活动，在夜空点亮音乐、文学之灯。

亦师亦友的合作者

田汉本名田寿昌，剧作家、文艺活动家，中国现代戏剧三大奠基人之一，五四新文艺第一个“触电”者，编剧的影片有《三个摩登女性》《母性之光》《风云儿女》等。十八岁那年，田汉考入日本东京高等师范学校。中国有句古话，叫做年少气盛，田汉有才华，年轻，有理想，自喻“中国未来的‘易卜生’”，也在情理之中。1926 年，南国电影剧社由田汉创立。对于电影艺术，田汉有独到的追求，并寄予无限遐想：“没有比电影再便于实现空想世界。”（田汉：《银色的梦》）

田汉生于 1898 年，比聂耳大十多岁。他的造诣深厚，作品颇丰。田汉是聂耳的入党介绍人。两人，既是同志，又是文化艺术“同道人”。田汉和聂耳，亦师亦友。聂耳化名“黑天使”写文章，公开批评黎锦晖，在上海滩引起轩然大波，田汉直言不讳，批评聂耳言辞失当，如此坦率直言，也正是建立在两人紧密合作的基础上。

田汉的革命活动轨迹，可追溯到五四运动期间。在那些日子里，他投身反帝、反封建的新文化运动。1921 年，田汉从日本回国，与郭沫若等人组织创造社，后创办南国艺术学院、南国社，主编《南国月刊》。1930 年前后，田汉参加民权保障大同盟、左翼作家联盟（任执行委员）。1932 年加入中国共产党，任左翼剧联党团书记、中国共产党上海中央局文化工作委员会委员，写有大量作品，以鲜明的革命立场和强烈的爱国主义精神鼓舞人民进行革命斗争。

聂耳在上海五年，有两个人对他的影响最大，一个是黎锦晖，另一个就是田汉。有人说，如果没有黎锦晖，就不会有聂耳的音乐人生，而如果没有田汉，就不会有气壮山河的《义勇军进行曲》！这样的评说，并不过分，符合实际。

新中国成立后，田汉写过不少回忆聂耳的文章，他在文章中说："是我介绍聂耳加入中国共产党的，我们无限荣幸，能为党吸收这样一位年轻有为的音乐战士。"

田汉和聂耳是如何认识的呢？

时间要回溯到 1931 年。聂耳那时已经考入联华歌舞班。由明月歌剧社"变身"的联华歌舞班，尚未正式和联华影业公司签订合作协议，黎锦晖打出的仍然是明月歌剧社旗号，演员是明月歌剧社的原班人马。田汉因事来到明月歌剧社，与聂耳不期而遇。听聂耳说来自云南，有志从事音乐创作，为他的热诚而感动。两人在明月歌剧社找了个地方，坐下交谈。聂耳做了自我介绍，他的经历引起了田汉关注。面前的这位青年人，是一个追求光明、向往革命的有志青年，之所以报考联华歌舞班，是希望进了歌舞班能学到音乐理论，掌握小提琴演奏技巧。言谈间，聂耳还流露，想找中国共产党，投身上海革命运动。这时，田汉还没有加入中国共产党，聂耳坦诚若是，使田汉更加刮目，两人遂结

左：田汉
右：聂耳（后排左一）、田汉（后排右一）

为朋友。1932年，田汉加入中国共产党，受中共党组织委派，与聂耳的往来更加密切，介绍他参加上海文艺界左翼音乐小组。1933年，也是田汉介绍，聂耳加入了“苏联音乐组”。这年，是聂耳在上海从事音乐创作的重要一年：他和田汉开始了合作。8月6日，田汉创作的电影剧本《母性之光》由上海联华影业公司开拍，影片中有一首插曲《开矿歌》：

开矿，开矿，开出来黄金黄；
我们在流血汗，人家在兜风凉；
我们在饿肚皮，人家在餍膏粱。
我们终年看不见太阳，
人家还嫌弃水银灯不亮；

开矿，开矿，开出来黄金黄；
我们大家的心，要结成一板墙；
我们大家的手，要联成百炼钢！
我们造出来的幸福，我们大家来享。
…………

这首歌的词作者是田汉，为《开矿歌》谱曲的，就是聂耳。这是聂耳和田汉的第一次合作，也是聂耳电影歌曲的滥觞之作。这首歌，聂耳采用的是劳动号子节奏，具有相当浓厚的生活气息，一唱三叹，表现了劳苦大众的劳动场景，折射了民众生活在社会底层的悲惨生活，同时表达了聂耳对于挣扎在社会底层的劳动者的同情，专家、学者评论说：《开矿歌》“唱出了阶级矛盾，也唱出了工人的团结和他们的革命向往。聂耳以蓬勃的朝气，激扬的旋律，出色地表达了工人阶级的精神气质”“开创了我国三十年代革命电影歌曲的先声”。

《开矿歌》是聂耳将歌曲与劳动号子相结合的一次创作尝试，为他以后的歌曲创作，特别是反映码头工人生活的歌曲创作奠定了坚实基础。

《聂耳日记》为什么很少提及田汉？

在上海五年，聂耳创作的四十二首曲子，其中为歌词谱曲的有三十五首，器乐曲四首，还有口琴曲《进行曲》，歌舞曲《圆舞曲》《天伦之爱》，代表作有《毕业歌》《前进歌》《大路歌》《开路先锋》《新女性》《飞花歌》《塞外村女》《铁蹄下的歌女》《告别南洋》《梅娘曲》《卖报歌》《打砖歌》《打桩歌》《码头工人歌》《苦力歌》。1936 年，《苦力歌》改名《前进歌》。此外，他创作的还有民族器乐曲《翠湖春晓》《金蛇狂舞》（上文已有涉及，不再赘述）。

《进行曲》（口琴曲）、《圆舞曲》《天伦之爱》（歌舞曲）创作于 1932 年，它们是聂耳在上海音乐创作的发轫之作。1933 到 1935 年，这是聂耳在上海的最后三年，也是他生命之旅的最后三年。这三年，是聂耳音乐创作的鼎盛期，他的大部分音乐作品，都创作于这三年。1934 年，用聂耳的话说，是他的 “音乐之年”。

聂耳和田汉合作的歌曲有十四首，占了他在上海创作的全部歌曲的三分之一，它们是：《开矿歌》《大路歌》《毕业歌》《码头工人歌》《苦力歌》《打砖歌》《打桩歌》《告别南洋》《春回来了》《慰劳歌》《梅娘曲》《打长江》《采菱歌》《义勇军进行曲》。其中，家喻户晓的电影《风云儿女》插曲《义勇军进行曲》，是田汉和聂耳合作的巅峰之作，也是聂耳创作音乐的“绝唱”。这三年，白色恐怖阴云密布，共产党人随时都可能有危险发生。聂耳和田汉密切往来，创作活动十分活跃。他们创作的电影主题歌和电影插曲，从银幕飞出，唱响了社会。《义勇军进行曲》如暗夜的一道闪光，刺穿天幕，惊醒社会，激励着劳苦大众“冒着敌人的炮火”，向前、向前。

田汉在相关文章中回忆说：“当时，在进步的音乐界中，作词、作曲、演出的工作是结合得非常紧密的。当我们还比较自由的时候，还可以当面对作曲者提出要求；听了试唱之后，我也常常提一些修改的意见。及至白色恐怖严重化，我们完全转入地下，直接联系困难了，但通过间接联系也还是能迅速解决问题的。1934 年我写了三幕剧《回春之曲》的一些歌词，全是通过间接联系交给聂耳的，但他还是处理得那样合乎要求。其中的《告别南洋》写得有些像中国旧体诗的言古风，我怕作曲者很难处理，有心改写，但聂耳还是无难地谱好了，而且谱得那么有力，这给我很大鼓励。” “我和聂耳合作的歌曲不少，超大部分是电影、戏剧中的主题歌或插曲，都在演出中采用了，只有《打长江》是例外。这是一部描写旧社会里江南农民抗旱故事的影片的主题歌之一，原是聂耳作曲的，但可能由于聂耳对这家影片公司不满，把曲子撤回了，改由任光作曲，曲调不如聂耳所作的感情激越……尽管影片中没有采用，聂耳所谱的曲子也仍然在人民群众中得到了广泛的流传。”

田汉和聂耳结下了深厚的革命情谊。然而，一部四十多万字的《聂耳日记》，有关田汉的“原始记录”少而又少，因而有人质疑，聂耳和田汉除了音乐创作，关系似乎很一般。如此推断，失之偏颇。历史是一面镜子，照见的不只是现在，更有1930年代的镜像。白色恐怖笼罩下的上海滩，党的活动转入地下，聂耳和田汉是共产党员，从常理推断，聂耳尽可在他的日记中提及其他朋友，提及他的所爱、所恨，但对于同为“党的人”的田汉，他只能在日记中留下“只字片语”，社会环境的极度险恶，不容许他在自己的日记中留下过多的记录，之所以“一笔带过”，恐怕也正是聂耳出于安全考虑的原因吧！

“英魂应化狂涛返”

1935年7月17日，聂耳在日本藤泽市鹄沼海滨游泳，不幸溺亡。其时，田汉已被国民党反动当局逮捕，幽禁在南京监狱。后来，他为年轻合作者聂耳的遽然去世赋诗一首，追念他和聂耳的往日情谊：

> 一系金陵五月更，故交零落几吞声。
> 高歌正待惊天地，小别何期隔死生！
> 乡国只今沦巨侵，边疆次第怀长城。
> 英魂应化狂涛返，重与吾民诉不平。

这首诗的后面，田汉还写了一段文字，作为小序：“入狱中朋辈叛攻者颇多，出狱日忽闻聂耳兄又以学游泳于太平洋羁魂不返。其与吾国之音乐、戏剧、电影界之损失，一时殆无法补偿。上海友人有追悼之意，从而写此，不觉泪随笔下也。”

聂耳逝世后，骨灰由他生前好友张天虚、郑子平等人从日本护送回上海，寄放在南市云南会馆。两年后，聂叙伦专程从昆明来上海将骨灰接回昆明，安葬在昆明近郊西山的一个山坡上。这里，正是聂耳生前最喜欢的地方，诚如前文叙述，他在自己的作文中已经流露“盖一间茅屋”的遁世之念了。不料，一语成谶，逝世后真的圆梦了。解放后，昆明重修聂耳墓，墓的侧墙为大理石，田汉的这首悼念亡友诗，就镌刻在大理石墙上。

田汉对聂耳的感情是深沉的，他们俩的亦师亦友关系，也是亲密无间的，诚如田汉在《忆聂耳》一文中追述：“1944 那年，我到了云南省会昆明，由聂耳的哥哥聂守先引导，在昆明湖附近的一所庄子里，拜见了聂耳的母亲，还采了些山花野卉，献在我这年轻战友的坟上。”

1954 年 2 月，田汉率全国人民慰问解放军云南分团代表团到昆明慰问，第二次到西山祭扫聂耳墓。此时，正是春暖花开时节。田汉对随行人员说：“采些野花，献给聂耳吧！”于是，大家分头采来红的、黄的、白的、蓝的各色花草，田汉将它们扎成一把花束，摆放在聂耳墓前，向聂耳墓三鞠躬。田汉眼含泪花，神情肃穆，久久地缅怀亲密战友聂耳，在场的人全都为之动容了。

1934 年 5 月，由田汉编剧、聂耳为之谱曲的《扬子江暴风雨》上演，田汉因故未能观看演出。1960 年 10 月，他在上海看了《扬子江暴风雨》彩排，想起故友，不禁感从中来，写了一首《忆聂耳、冼星海》：

黄浦滩上路，熙攘未大改。
当时中国人，今日作主宰。
崇楼入云汉，巨舶耀光彩。
建设新国家，汗水任挥洒。
扬子风雨暴，黄河浪涛骇。
当时新乐府，赖于起衰怠。
生命虽短促，艺术是千载。

第五章 青年会公演“暴风雨”

1934年6月30日，上海八仙桥青年会礼堂。会馆外，人来车往，从四面八方赶来的人，涌向会馆，走进了大礼堂。

抗日救亡歌剧、中国第一部新歌剧《扬子江暴风雨》，正式在这里公演了。

青年会上演中国第一部新歌剧

大幕，徐徐拉开，演出开始了。

舞台下，观众安静地坐着，跟随剧情发展，渐渐走向了情绪高潮。

《扬子江暴风雨》的剧情是：扬子江码头在“一·二八”事变中落入日寇之手。码头工人在日军的刺刀和皮鞭威逼之下，从日本货轮卸下一个个沉重的木箱，将它们搬上岸。

老王是一个打砖工人，他在搬运中发现，木箱里装的全是炸弹，高喊：“我们不给敌人搬运炸弹，屠杀中国同胞！”

码头工人听见老王的喊声，扔下木箱，不再搬运。日军一看，气急败坏，端起枪，威逼码头工人搬运。码头工人还是不搬，日军开枪了，“乓乓！”枪弹，击中了工人阿二和老王的孙子，暴行，激怒了码头工人。群情激愤，奋起反抗。日军再次开枪，击中了多名码头工人，倒在地上。码头工人怒不可遏，像燃烧的烈火，拿起榔头、锤子，砸开木箱，手提炸弹，奋不顾身地冲上前，与日军展开了殊死搏斗。

台下观众，看到这儿，热血沸腾，纷纷站起身，高呼口号：“打倒日本帝国主义！”

剧终。

大幕垂下，拉起，演员们上台谢幕。在热烈的鼓掌声中，舞台上又一次响起了《码头工人歌》：

从朝搬到夜，从夜搬到朝，眼睛都迷糊了，骨头架子都要散了。搬哪！搬哪！唉咿哟嗬！唉咿哟嗬！唉咿哟嗬！唉咿哟嗬！笨重的麻袋，钢条，铁板，木头箱，都往我们身上压吧！为了两顿吃不饱的饭，搬哪！搬哪！

歌声，低沉如吼、一步三顿，激起了观众共鸣。刹那间，台上台下，齐声唱和，山呼海啸，响彻礼堂。

第二天，《扬子江暴风雨》再次在青年会礼堂上演，又一次点燃了观众抵御外侮的怒火。暴风雨从舞台愤怒地传遍上海滩。遗憾的是，白色恐怖之下，《扬子江暴风雨》演出两场就不得不停演了。

聂耳是新歌剧《扬子江暴风雨》的歌曲作者兼导演，他在舞台上还饰演了打砖工人老王。他的出色表演，以及他为《扬子江暴风雨》写的歌，赢得了观众的热烈掌声。

上海滩一些报纸，纷纷发表评论文章，给予《扬子江暴风雨》很高评价。品尝胜果，聂耳心情激动，他写信给聂叙伦，兴奋之情流泻在字里行间："这给我鼓起不小的勇气。我想中国的新歌剧运动从此开始了，今后的责任，多半是在我头上。"

国民党反动派对文艺界实行"封杀"政策，在这样的社会背景下，《扬子江暴风雨》是如何登上青年会礼堂的？青年会在上海八仙桥附近，地处上海闹市中心，人来人往，很多"鹰犬"混迹其中，它又是如何瞒过当局"眼睛"，冲破当局监控，在青年会礼堂公演的？

1934年5月的一天，田汉去百代唱片公司，他有要事告诉聂耳。两人找了个地方，

左：聂耳作曲的《码头工人歌》
右：青年会馆现貌

交谈起来。田汉说，左翼剧联正在创作两部歌剧，反击国民党反动派“文化围剿”。田汉所说的两部歌剧，一部是《出走后的娜娜》；还有一部，就是《扬子江暴风雨》。田汉是《扬子江暴风雨》的编剧。他对聂耳介绍了剧情，接着说，《扬子江暴风雨》要穿插四首歌曲，开头两首，中间一首，结尾一首。左翼剧联已经约请诗人蒲风创作其中的三首歌词，另外一首由他自己创作。歌词创作的问题解决了，那么，谁来为这四首歌词谱曲？田汉说，聂耳是一个合适人选。除了要请聂耳谱曲，还要请他饰演剧中的码头工人老王。

聂耳当即对田汉说：“行！请放心，我一定会干好的！”

1934 年《扬子江暴风雨》演出本的剧情是——

扬子江沿岸，某埠码头，以汽船军舰为远景，吐出一个空坪。左侧有建筑中的堆栈的钢骨架，架旁有大的小的打桩台，许多工人在打着桩。前景泥砖的堆下，又有男女老幼的苦力在打着砖。大小汽船的汽笛声。船上起重机声。码头工人从汽船上肩扛着笨重的货物，“杭哟杭哟”地向左边走过。打砖工人老王在烈日下，和孙子汗流如雨，领着他的那伙儿，唱着《打桩歌》：“今天打砖，明天打砖，从早到晚不分班。臂骨痛，腰骨酸，打砖为了要吃饭。小孩打砖，老头打砖，老老小小都打砖。你出汗，我出汗，血水汗水都流干。”

《打砖歌》是《扬子江暴风雨》四首插曲中的一首。另外三首插曲是：《打桩歌》《码头工人歌》和《苦力歌》（1936 年，歌名改为《前进歌》）。前三首歌由蒲风作词，《苦力歌》由田汉作词。《扬子江暴风雨》有几个主要人物：一个是打砖工人老王（聂耳饰），

《扬子江暴风雨》一场景，聂耳（中）饰老王

一个是老王的孙子小栓子（田汉儿子田海男饰），还有一个是卖报女童。前两个演员确定了，卖报女童由谁来扮演？

聂耳脑际闪过了一个穷苦孩子形象："小毛头"。经他推荐，"小毛头"走上了舞台，这是她第一次登台表演。这次演出，"小毛头"很成功，完成了她的人生角色转换，为后来几十年从影生涯打下了基础。

聂耳饰演的打砖工人老王，是歌剧中的主要角色，聂耳演得非常出色，当日军开枪打死小栓子，老王抱起小栓子，悲愤地唱道："同胞们，大家一条心，挣扎我们的天明！我们不怕死。"（白）"不用拿死来吓我们！"（继续唱）"我们不做亡国奴，我们要做中国的主人！让我们结成一座铁的长城，把强盗们都赶尽；让我们结成一座铁的长城，向着自由的路，前进！"他的出色表演，悲情演唱，为《扬子江暴风雨》添上了浓重一笔，观众看到这里，情绪高涨，心中燃烧起了反抗外侮的怒火。

赵丹回忆当年的演出情景，感慨地说："演出条件很差，乐队很少，演员必须参加合唱。有时服装来不及换，就得赶快奔出去，帮着一起唱……大家演出时的热情很高，我发现聂耳是有成为演员的素质，我真没有想到他会演得这么好。"

聂耳为了逼真地反映码头工人的艰苦劳动，在歌曲中应用了"扛棒号子"（"慢步号子"）："搬哪！搬哪！唉咿哟嗬！唉咿哟嗬！唉咿哟嗬！唉咿哟嗬！"一连四个"唉咿哟嗬"，一唱三叹，回旋有力，表现了码头工人劳动之沉重，以及压抑在心头的愤懑。当帷幕徐徐拉起，《打砖歌》《打桩歌》接连唱响，一曲《码头工人歌》让人如同置身在码头，强化了演出效果。

老王（中，聂耳饰）悲愤地抱起被日军枪击而亡的小栓子（田海男饰）

上海老码头史话

午后的北外滩，绿树婆娑，一江碎金，江对岸的陆家嘴金融贸易区，高楼耸立，倒映江中。江鸥，扑棱双翅，从江面上掠过，一飞冲天。此刻的北外滩，显得分外的宁静。

黄浦江沿线，原来有许多老码头，它们是上海开埠的见证。一百多年过去，老码头有的已经不复存在，有的变了模样。黄浦江仍然在流淌。在昔日的地基上，人们在绿草丛中，寻找着历史的陈迹。老码头，是聂耳创作新歌剧《扬子江暴风雨》的创作背景，他熟悉上海的老码头，在同春里居住期间，多次去公平路码头，在脑海中留下了码头工人的劳作镜像，为了反映码头工人的艰辛劳动，创作《扬子江暴风雨》，他多次深入老码头采风，老码头为他创作《扬子江暴风雨》积累了丰富的素材。

老码头是记载上海城市变迁的重要档案，读老码头，有助于了解上海老城——

清道光二十二年（1842），清政府在鸦片战争中战败，与英政府签订屈辱的《南京条约》。条约要求，中国开放广州、厦门、福州、宁波、上海五处为通商口岸，实行自由贸易，史称五口通商。外国列强用“炮舰政策”打开了中国大门，使中国成为西方列强商品的倾销地。

史料记载：1843 年 11 月 17 日，上海道台宫慕久与英国第一任驻沪领事巴富尔（Balfour）商议，取得一致意见：上海开港，以便和外国通商。随着上海开港，外国快速帆船（俗称飞剪船）蜂拥而来。清人徐愚斋在其《上海杂记》写道：“洋人初到此间，无一座码头可卸货物，各船均抛于本江，货由小船驳岸。”从 1845 年开始，英国人率先在外滩建造驳船码头，苏州河南岸到洋泾浜（今延安东路）之间，共 2900 英尺长、沿黄浦江西岸一侧的江面，划定为外国船只停泊区。外国快速帆船到了上海，抛锚停泊在黄浦江面，然后通过驳船运送旅客和货物往来外滩边的码头。同年，英商东印度公司在虹口徐家滩（今大名路高阳路）造了一座简易的驳船码头，名称是“虹口码头”。

上海开埠之初，苏州河没有桥，交通不便，河两岸靠摆渡船摆渡。1856 年，英国人在苏州河近外摆渡处建造木桥，为虹口地区开发、建造码头创造了条件。但是，往来上海港的船舶越来越多，黄浦江江面拥挤不堪。后来，快速帆船风光不再，轮船成为主力，港区向下游扩展，1862 年，英商汇源洋行买下靠近苏州河北岸的滩地，建造可以停靠轮船的码头，取名汇源码头。两年后，英商怡和洋行在汇源码头下游、靠近虹口港南岸的地方，建造怡和码头。汇源码头、怡和码头，水深条件远好于外滩和南市的浦西江段，可以停靠吃水较深的远洋和近洋轮船。1865年2月，美国国会批准建立太平洋邮船公司，又称花旗轮船公司、万昌轮船公司。两年后，太平洋邮船公司拟在上海开辟一条海上航线，从上海起航，经日本濑户，到达横滨，于是买下英商汇源码头，改名扬子江码头，太平洋邮船公司“科罗拉多”号邮轮，也开辟一条航线，由美国加利福尼亚通达中国香港，名为太平洋航线。到了1870年，太平洋邮船公司已有四艘海轮，它们是：“哥斯达黎加号”“俄勒冈号”“黄金时代号”“内华达号”，沟通了上海扬子江码头——日本长崎、横滨——美国航线，这是1887年以前横贯太平洋唯一的定期航线，垄断了当时日本和中国间的全部贸易运输。1872至1875年，清政府先后派出四批、一百二十名赴美留学生，他们就是从扬子江码头乘坐太平洋邮船公司的邮轮远航美国。

1872年，汇山码头（Wayside Whart）建成。二十年后，日本从英国麦边洋行买下汇山码头，将其扩建为新汇山码头：东起怡和路（现秦皇岛路附近），西至公平路，北至东大名路，全长1121米。到了1909年，以外虹桥为界，沿百老汇路一侧，建有许多码头、仓库和堆栈，如招商局第二码头、老船坞、马勒码头、顺泰码头、公和祥码头、招商局第一码头、华顺码头、汇山码头、杨树浦码头、黄浦码头等。至20世纪初，百老汇路已成为中国航运的重要枢纽。

这里是淞沪会战的主战场

公平路码头也是一个老码头，它的历史可以追溯到19世纪60年代。

1866年，美商在现公平路码头附近建造码头、船坞——它们，就是著名的耶松船厂码头和老船坞。1875年，招商局买下耶松船厂码头和老船坞，在原址建造七座栈房，取名招商局北栈。栈房，类似现在人们所说的仓库，那是用来堆放货物的。抗日战争时期，日军侵占耶松船厂码头，将它用作军事码头。抗战胜利以后，耶松船厂码头“物归原主”，招商局遂将其更名为招商局第一码头。上海解放后，招商局第一码头划归上海港务局第三装卸区，就在公平路尽头，因此也叫公平路码头。抗战前后，公平路码头隶属英商公和祥洋行，叫华顺码头，俗称老宁波码头。抗战期间，公平路码头被日寇占用，属汇山码头管辖。这里，也是1937年淞沪会战的主战场之一：8月13日，淞沪抗战第一枪在虹口“八字桥”打响，中国军队向盘踞在虹口的日军据点发动进攻。汇山码头仓库贮存有日军的大量枪炮弹药，是日军军火的重要装卸基地。国民政府军第三战区第九集团军第三十六师，奉张治中总司令命令，向汇山码头发起猛攻，以扼断日军在虹口登陆的增援部队。

张治中麾下的第三十六师，是中国军队中装备最精良的机械化部队，具有极强的战斗力。打开尘封的档案，可以读到如是记载：8月20日，以二一六团为主力打响战斗，团长胡家骥率领两千多名官兵在一线作战：一营，攻击兆丰路（今高阳路）；三营，攻击公平路。两路军队，齐头推进，向着日军阵地猛攻。主力之外，二营奉张治中将军命令，作为预备队策应一线部队。当天夜半，攻击战打响。日军占据路边高楼有利地形，对二一六团疯狂俯射。胡家骥带领一营官兵，冲过唐山路、东熙华德路（今东长治路）、东百老汇路（今东大名路）等日军防御工事，与日军展开巷战，战斗进行得异常激烈，日军败退，一线将士直逼汇山码头。在我军猛烈进攻下，日军仓皇鼠窜，逃向外白渡桥，向守卫在英租界的英国军队投降。一营官兵冲到汇山码头，因没有爆破设备，被码头大门的铁栅栏阻挡，日军居高临下，疯狂还击。我军缺少大口径武器，无法轰开汇山码头铁栅栏。这时，停泊在黄浦江的日军舰，以大口径火炮轰击，我军奋勇作战，血流成河，残破肢体重叠。张治中将军立即派坦克参战，鼓舞了士气，新一轮冲锋随之开始。由于

威赛公码头（公共码头）

队伍的进攻阵型太过混乱，加上轻型坦克经不起日军炮火轰击，毁于战火，步兵成群牺牲在坦克后。一直苦战到23日三时，经短暂休整的三十六师以三辆坦克、三个步兵营，再次向汇山码头发起攻击。二一二团沿公平路到东百老汇路，向东攻击与汇山码头相连的杨树浦码头，先头部队越过杨树浦路攻进了码头。此时，日军突然开来六辆坦克，将杨树浦路牢牢封锁住，割断了我军突击排与后续部队的联系，日军调配火焰喷射器，我军不敌，全体官兵壮烈牺牲在阵前。汇山码头一战，军事力量悬殊，我军功败垂成。作为淞沪会战主战场，气壮山河，中国军人在公平路等老码头与侵略者浴血奋战，映红了中国的抗战历史。

1937年"八一三"战争爆发，日军占领虹口，日邮三菱码头征为日本海军码头，改名为海军碇泊场栈桥。1945年8月，日军战败投降，江海关奉命接收日军海军碇泊场栈桥（三菱码头），3号泊位（浮码头为铁面铁壳）归属中国海军；1号、2号泊位（浮码头为木面铁壳）交给美国陆军使用。1946年12月，美军将两个泊位归还，江海关分配给招商局所有，改名为招商局第六码头。1949年5月，上海解放，三菱码头归属中国人民解放军华东军区海军，复名扬子江码头。

新歌剧《扬子江暴风雨》的创作和演出，在时间上虽然早于1937年淞沪会战，但是，公平路等老码头以壮骨挺立在黄浦江畔，一声声劳动号子，响彻浦江两岸。

历史，永不会断续。老码头，以威武不屈的精神，在抗日救亡运动中就已经开始"怒吼"，这也正是聂耳深入老码头，以热血沸腾的中国人的胸怀和激情创作《扬子江暴风雨》的基础。

"劳动号子"声震云天

站在福兴公寓晒台上，可以影影绰绰地看到停靠在码头上的货轮，还有码头工人搬运重物的忙碌状况。装卸机械少，码头工人用的是"三大件"：一根碗口粗毛竹做成的扛棒，用来扛抬重物，年长日久，扛棒已被码头工人的双肩磨得油光、滴滑；一根麻绳，粗粗的，绞成了麻花状；一块搭肩布，长约二三米，宽约一米多。装卸货物，除了用扛棒，更多的是用肩膀。一个“包子”，少说有二三百斤重，扛在肩上，“杭育杭育”，唱着劳动号子往前走。扛抬重物，有“双人扛”“四人扛”“八人扛”，还有由三十六个码头工杠抬的“十八扛”（一“扛”，即一根扛棒，由两个码头工扛抬）。扛抬重物，码头工人少不了要唱劳动号子，这是为了减轻劳动强度的缘故。

劳动号子，又叫扛棒号子，一人“领唱”，众人唱和。这里不妨以“八拼档”为例：将杠抬的重物大致分成九等份（“两人一扛”），用麻绳在重物上环绕九道，将“龙骨”穿过九道麻绳，八根扛棒与“龙骨”保持 90 度直角状。“后肩”（最后面一排码头工）开始“起号”，最后一排码头工齐声应和。最前面一排码头工唱和。号子声中，十六个码头工站起、开步走，一直唱到货物搬到目的地。

劳动号子分“快步号子”“慢步号子”“等步号子”等。将货船上的货物搬运上岸，如今用的是大吊车，轻轻一抓就起来。1930 年代的上海码头，跳板是少不了的装卸工具，将跳板一端搭在货船船舷，另一端架在高脚凳上，像一座“独木桥”，码头工人形象地称其为“过山跳”。过“桥”如过“山”，“过山跳”离地面足有三四米高，肩扛沉重的“包子”，行走在长长的跳板上，一步三晃，颤颤悠悠，危险之状，可想而知。货轮离堆场很远，一座“独木桥”不行，就将二座、三座，或更多的“独木桥”拼接起来，像一条很长很长的“通道”，窄窄的，码头工人对这样的“通道”，也有不一样的叫法：用三块跳板连成一线的，叫“三级跳”；五块跳板相连的，叫“五级跳”；十块跳板相连的，自然就叫“十级跳”了。装卸工扛着几百斤重的“包子”，“杭育杭育”，唱着劳动号子，恍如翻山越岭，长长的“通道”就成了“过山跳”。在“过山跳”扛“包子”

沉重的劳动号子给予聂耳创作灵感

或搬运重物，常常会发生意料不及的事故，更兼码头濒海临江，跳板被风一吹，晃晃悠悠，一不小心，就会从“过山跳”摔下。要是寒冬腊月，跳板结冰，更加危险。从跳板摔下，轻则残疾，重则送命。码头工人中流行一首歌：“过山跳，颤悠悠，前脚斜，后脚扭，一脚荡空便命休。”为了谋生，码头工还是必须唱起“嗨——嗖！大胆上去！嗨——嗖！别向下看！嗨——嗖！”的劳动号子，踏上“过山跳”，去换取几个血汗钱。

目睹此情此景，聂耳一直想要为码头工人作首曲子，在同春里居住期间，他就有这样的想法了。同春里离公平路码头很近，他常常去公平路码头，大多是为了将在上海采购的香烟邮寄或托运到昆明去，很熟悉码头工人的生活。读了田汉交给他的四首歌词，音符在他的胸中激荡，带着情感和创作冲动，他又多次去了码头。一声声沉重、粗犷的劳动号子，撞击着他的创作灵感，如火花飞溅，码头工人的劳作场景，“震荡着我的心灵，它是苦力们的呻吟、怒吼”！

“杭育杭育”的作业场景

过山跳啊，颤悠悠

两人抬

八人抬

扛“包子”

聂耳为《扬子江暴风雨》谱的曲子，准确地反映了码头工人的劳作场面：“从朝搬到夜，从夜搬到朝，眼睛都迷糊了，骨头架子都要散了。笨重的麻袋、钢条、铁板、木头箱，都往我们的身上压吧！为了两顿吃不饱的饭。”表达了他对码头工人悲惨命运和凄苦生活的同情。四首歌曲，融悲愤和抗争于一炉，回旋的音律，沉重的音节，再现了码头工人的劳作情景，还原了劳动号子特有的音乐节奏。他既是《扬子江暴风雨》的作曲者，又是直接参与演出的演员，精准地把握了角色需要，这不仅与他从小具有的超强“模仿能力”有关，更与他熟悉码头工人的生活有关。

第六章　麦伦中学，助演“新歌剧”

新歌剧《扬子江暴风雨》就要上演了。

孤岛时期的上海，白色恐怖日甚一日，左翼剧运屡遭迫害。反抗外侮侵略的《扬子江暴风雨》能冲破当局的严密监控吗?

有关这样的问题，我们从上海一所百年名校说起，它就是英国人创办的教会学校“麦伦中学”。

兆丰路有一座“民主堡垒”

兆丰路，南起大名路，北至海拉尔路，长约千余米，筑于清同治九年（1870），民国三十二年（1943）改名高阳路，沿用至今。兆丰路及其周边多为民房，1898 年，英国基督教伦敦教会在兆丰路北段创办麦伦书院，后改名麦伦中学（以下简称麦伦）。这所百年老校，虽为英国教会所办，但在民主革命党人主持下，成为兆丰路上的一座“民主堡垒”。

麦伦中学的革命活动轨迹，可追溯到辛亥革命时期。

1911 年，同盟会武昌起义成功。全国各地纷纷行动，清朝濒临崩塌，袁世凯乘机窃取革命成果，独揽军政大权。上海成立了军政府，督军陈其美、民政总长李平书等人筹议成立临时政府。各界群众要求成立光复军、北伐军和敢死队、铁血团，亟需助筹军饷，支持共和革命。12 月 3 日，麦伦基督教青年会发起节省日用开支，捐助军饷行动，得到了上海各大中学校响应。同日，南市广肇公所召开筹助军费大会。12 月 10 日，学生宣讲社成立，组成宣传队伍，劝助军饷。也是在这天，上海赴南洋募饷队出发，前往南洋募捐。1912 年 1 月 19 日，文人助饷团成立。军政府也采取措施，帮助解决经济困难问题。助饷活动，持续了好几个月。1911 年 12 月 18 日，南北议和，袁世凯表示接受就任临时大总统,1912年2月12日,清帝下诏退位,上海督军陈其美及上海县民政长吴馨分别下令,停止一切募劝军饷事宜。据麦伦校史《百年校园风云录》记载,麦伦中学是较早参与助筹军饷的一所学校。

蓬勃而起的上海学生运动,屡屡遭到了反动当局的弹压。麦伦中学是一所教会学校,自然也就有了一层教会关系,在这样的背景下,民主人士在校园内悄悄地撒下了革命种子。“一二·九”学生运动爆发后,大批麦伦学子走上街头,向反动当局抗议,学校成为上海学生运动的活动基地,以及培养革命青年的小熔炉,并和爱国女中、正风中学等,成为共产党领导下的上海中教联的核心。

抗战爆发前后,麦伦全校有二百多名高中和初中学生先后奔赴延安和敌后根据地,直接参加抗战的有十五人,在国民党统治区参加中国共产党的有十多人。

1935年12月,麦伦学生参加抗日救国示威游行

1936年,麦伦学生自治会干部

麦伦的国术拳操

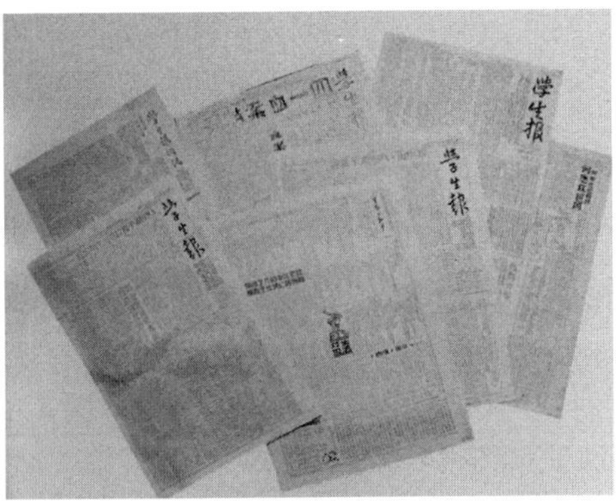

麦伦地下印刷所油印的《学生报》《学生呼声》

1937 年“八一三”事变，麦伦中学被日寇所毁，仅存“科学楼”（即今天的体兰馆）一栋楼，失去了办学能力，遂将学校出租给“国际委员会”，用作救治犹太难民的医院。麦伦在公共租界西区另觅洋房两幢，作为临时校舍，为因战争而失学的学生提供上学机会。

“民主斗士”沈体兰先生

1931 年 8 月，著名教育家、社会活动家沈体兰先生出任麦伦中学教务主任。沈体兰为人正直，思想进步，支持爱国运动，著有《中国教育之改造》等英文著作。他原来是中华基督教青年会全国协会校友组干事，出任麦伦校长以后，一改旧例，不要求同学做礼拜或参加其他宗教活动。

原中国人民外交学会副会长王楚良是麦伦中学1934届校友，回忆当年事，王楚良说："母校麦伦在她走过的历程中，最鼓舞人心的是她在三十年代民族危亡之际作出的重大贡献。沈体兰校长有其不可磨灭的功绩。沈校长是一位具有爱国、民主思想的著名教育家，早年参加过'五四运动'和'五卅运动'，并和中国共产党人有过交往，受到社会主义思想影响。他学识渊博，在宗教界和社会上都有一定的声望。"

从1931年9月起，沈体兰接替夏晋麟博士，出任麦伦中学校长，主持校政。沈体兰不负众望，对教学进行重大改革，采取一系列措施，如聘请曹亮先生等进步人士来校任教以加强教师队伍，联合和争取艾黎和白约翰等外籍教会的进步友好人士，得到他们的合作支持，调整课程设置以加强爱国主义和革命思想教育，培养爱国革命骨干力量，开办职工补校和民众夜校等，同时面向社会，开门办学。

麦伦中学走在了时代前列，成为民主教育的阵地，在当时上海如火如荼的学生救亡运动中，发挥了主力军作用。

1938年冬，沈体兰奉教会之命，代表中国出席在印度举行的世界基督教代表大会，受到印度总理、"圣雄"甘地接见。其后，他用一年时间游历欧美各国，考察教育。受宋庆龄委托，奔波于英、美诸国，宣传中国抗日斗争，扩大反日影响，获得多国经济和道义资助。

沈体兰和历任中共上海中央局翻译、中共临时上海局委员、宣传部长浦化人多有往来，受浦化人以及革命作家胡也频等人启发，他以"先进的教育思想培养进步青年"为

左：麦伦中学校长沈体兰
右：路易·艾黎（中）

已任，对原教学方针进行改革，将这所教会学校办成了民主革命的教育基地。

“九一八”事变发生以后，沈体兰积极投身抗日救亡运动，和爱国人士共同发起成立“时社”等爱国进步组织，邀请挚友、中国社会科学家联盟成员曹亮来校担任教务主任。1934 年，由著名剧作家田汉、阳翰笙介绍，曹亮加入共产党。他是麦伦中学的第一位共产党员，也是上海文化界救国会发起人和领导人之一、“苏联之友”和“上海救国会”发起人和领导人之一，曾协助美国进步作家在上海创办英文月刊《中国呼声》。

麦伦中学校歌是一首充满激情的歌曲，这首歌曲的歌词就是曹亮所写：“伟哉麦伦我校，时代之光耀，放射趁今朝，普照人类仗吾曹，年少英豪。必信，必忠，矢勤，矢勇，在吾曹，年少英豪。”这首歌，鼓舞了麦伦学子为光明而奋斗。沈体兰还聘请了大批爱国、正直、思想进步、学识渊博的教师到校任教，如魏金枝、赵朴初、吴上千等，其中有不少是共产党人。1938 年秋，林庚汉应聘到校，执教高中公民课和语文课。

林庚汉是中共江苏省委书记刘晓的化名（中华人民共和国第一任总理周恩来也用过林庚汉化名），是中共派驻上海党组织的最高领导人。林庚汉以教书为掩护，重建上海党组织，播撒革命火种。刘晓给学生上的公民课，是毛泽东写的《论持久战》。还有张天翼写的《华威先生》，以及抗击日寇的报告文学《夜袭阳明堡机场》。学生们没有想到，为他们介绍红军长征的这位林先生，说的就是他本人的亲身经历——他，就是斯诺在《西行漫记》中记录的红军政治部负责人之一！

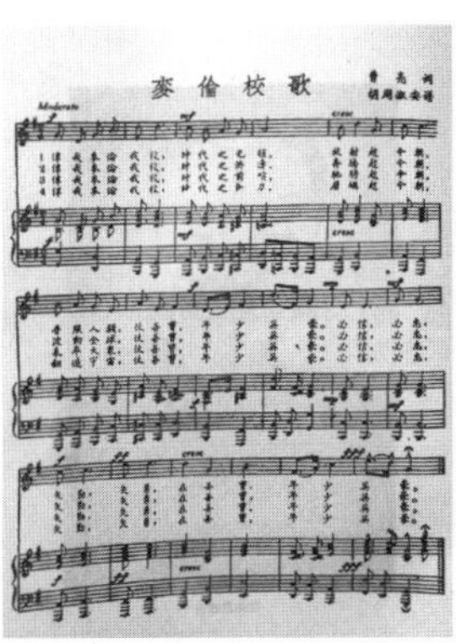

左：麦伦中学校歌
右：出席中国第一届新政协会议的上海代表团成员（前排右一为沈体兰、中为刘晓）

麦伦中学，上海“学运先锋”

1939年秋，刘晓奉中共党组织之命，离开了麦伦中学。临行，他将党中央江苏省委学委第一届委员关健夫介绍给沈体兰。关健夫到了麦伦中学，给学生上的语文课是抗战初期的优秀文学作品。他支持和鼓励学生在校园里办墙报，对学生的爱国热情起到了潜移默化的激励作用。沈体兰还邀请了不少共产党人来校执教，其中有中共文委负责人唐守愚，著名文学家、中共文委成员林淡秋，国际问题专家冯宾符，著名作家楼适夷，著名作家、中共文委成员王元化，以及朱泽甫、段力佩等。在爱国、进步思想熏陶下，学生们迅速成长，积极参加抗日救亡运动，原中国人民外交学会副会长王楚良、原《中国日报》副总编张则荪、原上海市人民对外友协副会长陈一心等人，都是从麦伦中学走出去的学生。高中毕业时，他们中有的人秘密参加中国共产主义青年团、左翼作家联盟，有的人秘密加入中华民族武装自卫队，有的人四处奔走联系，成立“上海市学生救国联合会”，组织请愿、游行、救亡宣传等一系列活动。校园里常常响起抗日救亡歌曲，最流行的是《义勇军进行曲》《毕业歌》《大路歌》《自由神》《救亡进行曲》《祖国进行曲》《保卫马德里》《五月的鲜花》等。

国民党当局借准备抗战之名，派军训教官进驻麦伦中学，对学生进行军训，实际上是行法西斯奴化教育之实，妄图通过发展特务组织，镇压学生进步运动。有一个教官，脚蹬高统马靴，锃亮锃亮，神气活现地自称是丰悌（国民党十三太保之一）学生，声称：“上海有几个中学情况‘特殊’，我就是为解决特殊情况’奉命来麦伦的。我

前排左起：冯宾符、沈体兰、严家书、段力佩、李仲融；后排左起：胡赞平、盛雨辰、陈思聪、黄九如、白约翰、陈维尧

是代表政府的，学校大事要通过我。”沈体兰当场顶了回去：“根据学校行政系统，教官在训导处领导之下！”此人找同学谈话，追查谁是共产党员，也碰了钉子。一次，学生列队，他说他要训话。沈体兰说：“我是军训大队的领导，理应由我讲话。”说完，立即宣布队伍解散，根本不给此人训话的余地。第二天，同学们在食堂吃早饭，他大模大样地走到台上，双手叉腰说：“昨天……”刚吐出两个字，饭堂里响起了一片“叮叮当当”的敲碗声，在一片嘘声中，灰溜溜地抱头鼠窜而去。

麦伦中学的公民课，教材用的是《政治经济学》《社会发展史》和毛泽东的《新民主主义论》。沈体兰亲自讲授《新民主主义论》，学生人手一册。这在当时，是需要有极大勇气的。而学校每星期举行一次的学术讲座，沈体兰向李公朴、章乃器、王造时、沈钧儒、陶行知、沈兹九、陈望道、陈鹤琴、田汉、陈波儿、安娥、刘良模等著名学者和爱国人士发出邀请，请他们到校为学生们演讲。那个国民党军事教官也在场，沈体兰视若不见，大声揭露日寇侵华行径，抨击蒋介石不抵抗主义和内战政策，同时为中国工农红军立言，宣传红军北上抗日、抵达陕北。

麦伦中学离日本宪兵司令部不远，又处在国民党反动当局的监视“风口”，随时都有危险发生，沈体兰说：“有我们这边的麦伦，就没有那边的日本司令部；有那边的日本司令部，就没有我们这边的麦伦！”1941 年 5 月 5 日，麦伦举行校庆，他在大会上说：“5 月 5 日是伟大的思想家、革命家马克思的诞生日，麦伦以这天作为校庆，是极有意义的，也是很光荣的，大家要把麦伦办成马克思主义的教育阵地。”在“科学、民主、进步”的旗帜下，他和法学家张志让等人组织上海各大学民主教授联谊会，开展争民主、反内战斗争。

在白色恐怖笼罩下的上海，站在“风口”中的麦伦中学，被学界喻为是一座“民主堡垒”和走在学生运动前列的“学运先锋”。

以募捐的名义

抗战前，麦伦中学是上海学生进步戏剧运动的主力之一。麦伦中学的演出活动，深受张庚、崔嵬、姚时晓等左翼人士赞赏，因而将麦伦中学作为剧联活动的阵地之一。1934 年，学生们成立了“白光剧社”，后改名“未名剧社”，陈芝祥任社长，干学伟任副社长。剧社吸引了大批爱好戏剧的学生加入，田汉之子田海男（学名陈维楚）就是其中之一。

未名剧社从成立到1937年抗战全面爆发，演出了三十多部剧作，主要是田汉、熊佛西、陈白尘、楼适夷、于伶等人的剧本。在抗日救亡运动中，未名剧社得到了田汉、张庚、丁星、崔嵬，以及麦伦教师魏金枝、黄九如、茹枚、吴上千等人的指导，剧社创作的剧本揭露了民族危机和社会黑暗。从1934年结社，到1937年抗战全面爆发（因有的成员奔赴延安，剧社自动解散），未名剧社演出的进步话剧有：《乱钟》《压迫》《一只马蜂》《江村小景》《走私》《平步青云》《颓废圈》《酒后觉悟》《国王与乞丐》《复活》《末路》《一致》《往哪儿去》《顾正红之死》《放下你的鞭子》《第五号病室》《谁是朋友》《扬子江暴风雨》《江畔》《转变》《炸弹》《母亲的梦》《王三》《酸枣》《明月东升》《忍受》《最后一课》《土龙山》等，社会影响甚广。

麦伦剧社，前排左七吴仞之，左八魏金枝

《扬子江暴风雨》公演前，恰逢麦伦中学建校四十周年，剧联以麦伦中学四十周年校庆和筹建体育馆为名，公开进行募捐演出。

干学伟，原北京电影制片厂导演，当年未名剧社副社长（在《扬子江暴风雨》中扮演工头）。据他回忆，由聂耳担任主演的《扬子江暴风雨》，“反映了帝国主义和军阀相互勾结的罪恶和人民的苦难”。他说：“《扬子江暴风雨》排演了几次，我都不清楚这位导演兼演员的人是谁。一天，在八仙桥青年会的过道里，我问了他，他笑着说‘聂耳’，又补充说‘四个耳朵’。那真是个多才多艺又十分和蔼质朴的青年，当时他大约只有二十二三岁。”该剧的公演，引起了社会强烈反响，一些知名报刊相继报道。

1935 年 7 月，聂耳在日本不幸溺亡的消息传到麦伦中学，同学们深感悲痛，黄君夔等同学参加了上海文艺界联合举行的聂耳追悼纪念会。

1953 年，为纪念用胸膛挡住敌人机枪扫射的抗美援朝英雄黄继光烈士，麦伦中学改名为继光中学。

第七章　为影片《大路》谱曲

1934 年，联华影业公司筹拍录音版电影《大路》，由著名影人孙瑜导演。所谓录音版，也是默片的一种，但录音版电影与默片的观赏性不同，默片是无声电影，通过镜头语言和电影画面，使观众进入故事。录音版影片有字幕（间有录音），还有配乐，音响效果好，制作上也较默片繁复得多。录音版影片的先期录音，是将影片中的主题歌用录音机录好，在影片拍摄现场播放，演员们在主题歌引领下进入角色。孙瑜巧妙地运用录音版技巧，完成了《大路》这部影片的制作。此时，中国电影正由“默片时代”向“有声时代”转轨，孙瑜的“跨界”探索，使中国银幕逐步走出了“无声时代”。

《开路先锋》和《大路歌》

影片《大路》的故事梗概为——

一群年轻人，在烈日下流着汗，挽着绳，一边高唱《大路歌》，一边筑路。他们是在为抗日修筑军事公路。沿途，荆棘丛生、悬崖峭壁、流沙急湍，他们全然不顾诸如此类的路障，合力拉着大铁磙，将路障碾碎、压平。他们是一群开路先锋，又像一群火线

《大路》剧照

作战的勇士。在艰难险阻面前，他们毫不怯弱，不后退，永远向前。

侵略者在不断蚕食中国，民众在发出自救呼号。在金哥等人领导下，筑路工和中国军队昼夜奋战，赶筑一条军用公路。敌人妄图阻碍，利用汉奸对筑路工威胁利诱，将金哥等人囚禁、严刑拷打。他们毫不畏惧，微笑着、抗争着，直到倒下。

军用公路筑完了，敌人的飞机又来了，筑路工人有的被飞机上扔下的炸弹炸伤，有的被炸弹当场炸死。当中国军队飞驰前方，加入民族的求生之战，幸存下来的丁香，好像在梦中一样，眼前闪现出一幕：金哥等人合力同心，拉着铁磙前进，他们又唱起了："压平路上的崎岖，碾碎前面的艰难！"

歌声，隐约响起在天空中。

抗日，是影片《大路》的主题思想。拍摄这部影片的时间是在 1934 年，正是中国共产党组织遭到破坏，进步电影拍摄进入低潮的时候。在联华影业公司，党的左翼文化人士采取隐蔽、灵活的斗争策略，利用影片公司内部矛盾，团结、争取有进步倾向的电影工作者，先后拍摄了一批进步电影，如《渔光曲》《大路》《新女性》等。

《大路》是中国第一部由工人饰演主角的电影。影片开拍前，孙瑜邀请聂耳为《大路》的两首歌词谱曲：一首是他自己写的主题歌《大路歌》：

哼呀咳嗬，咳嗬咳／哼呀咳嗬吭，嗬咳吭／大家一齐流血汗，嗬嗬咳／为了活命，哪管日晒筋骨酸，嗬咳吭／合力拉绳莫偷懒，嗬嗬咳／团结一心，不怕铁磙重如山，嗬咳吭／大家努力，一齐向前，大家努力，一齐向前／压平路上的崎岖，碾碎前面的艰难／我们好比上火线，没有退后只向前／大家努力，一齐作战／大家努力，一齐作战／背起重担朝前走，自由大路快筑完／哼呀咳嗬咳，咳嗬咳！哼呀嗬咳吭，嗬咳吭／哼呀咳嗬咳，咳嗬咳！哼呀嗬咳吭！

还有一首，是孙师毅写的《开路先锋》：

轰，轰，轰，哈哈哈哈轰，我们是开路的先锋 / 轰，轰，轰，哈哈哈哈轰，我们是开路的先锋 / 不怕你关山千万重，几千年的化石，积成了地面的山峰 / 前途没有路，人类不相同，是谁障碍了我们的进路 / 障碍重重，大家莫叹行路难，叹息无用 / 我们，我们要，要引发地下埋藏的炸药 / 对准了它轰，轰轰轰，看岭塌山崩，天翻地动，炸倒了山峰，大路好开工 / 挺起了心胸，团结不要松 / 我们，我们是开路的先锋，轰轰轰，哈哈哈哈轰。

孙瑜说，《大路歌》是一部悲剧电影，但悲中有雄风，悲中见壮烈。它的主题歌也要悲壮，让人看了激动。他还说，影片在序曲《开路先锋》开始，营造气氛，主题歌《大路歌》的曲调应该像俄国《伏尔加船夫曲》，深沉、悲壮、有力，表现中国筑路工人的家国情怀。

《大路》特刊封面

《开路先锋》中的三个“轰”

伏尔加河，俄罗斯的母亲河，养育了数千万俄罗斯人民。浑厚、有力的《伏尔加船夫曲》，表现了俄罗斯船夫坚强、不畏艰难险阻的性格。他们迈着沉重的步伐，在伏尔加河边拉纤，与河中的船一起前进。沉重的叹息声中，蕴涵着船夫们的力量，步伐一致，动作协调，一声声号子，犹如豪迈的劳动号子，寄托了向往光明、自由生活的希望。这首曲子，以高八度音画上句号，高昂、雄壮，给人以信心和力量。

聂耳认为，《大路歌》也要有俄国《伏尔加船夫曲》那样的深沉和悲壮，还要有中国筑路工的激情和豪迈。为了体验筑路工的生活，他去了上海江湾，那里有个筑路工地，与筑路工们交谈，体验他们的内心感受，和他们一起筑路。他的想法，得到了孙瑜的赞同。孙瑜说，影片《大路》，充满了悲剧色彩，但它不是消沉的，主基调是昂扬的，《大路歌》应该有中国筑路工人的情怀，他们是乐观的，也是豪迈的，沉重的铁磙，压碎的不是他们的情感，而是困难，这是对于国家的爱、对于侵略者的恨！

一个多月后，聂耳兴冲冲去了孙瑜家，他像个筑路工人似的，弯着腰，拉着铁磙，边走边唱。他那低沉、雄浑、豪放的曲调，吸引了孙瑜。等他唱完，孙瑜连连说：“好！好！”拉着聂耳就直奔金焰家。到了金焰家，聂耳坐在钢琴旁，一边弹，一边唱，大家跟着他的节奏也唱了起来：“哼呀咳嗬，咳嗬咳 / 哼呀咳嗬吭，嗬咳吭……团结一心，不怕铁磙重如山，嗬咳吭 / 大家努力，一齐向前，大家努力，一齐向前 / 压平路上的崎岖，碾碎前面的艰难！”

“太好了！”“太好了！”聂耳的曲子，赢得了大家称赞。

孙瑜、金焰对曲子提了一点修改意见。来自筑路工地的感受，以及对于筑路工的深厚情感，使聂耳出色地完成了这首洋溢着乐观主义和革命浪漫主义的《大路歌》。

聂耳为影片《大路》谱的曲子，真实地表现了中国筑路工人筑路的场景，刻画了中国劳苦大众为争取民主而战，为争取自由而拼搏的不屈不挠精神。歌曲中那一声声浑厚有力的劳动号子，将筑路工的阳刚、豪迈尽情挥洒，凸显了筑路工们抗击侵略者的傲岸形象。

聂耳在消化、吸收劳动号子的基础上进行再创作，其音乐作品并非《码头工人歌》《大路歌》《开路先锋》，才有劳动号子的旋律，《卖报歌》中的“啦啦啦，啦啦啦”，也带有劳动号子的节奏感。他在《大路歌》中也运用了劳动号子的节奏：“哼呀咳嗬，咳嗬咳！哼呀咳嗬吭，嗬咳吭！”但他刚拿到《开路先锋》的歌词，对孙师毅为什么连用三个“轰”字并不理解。孙师毅一解释，他恍然大悟了。三个“轰”字，原来是孙师毅另有寓意：“轰倒”压在中国人民头上的帝国主义、封建主义和官僚资本主义“三座大山”啊！“轰轰轰”的后面，为什么又有“哈哈哈哈”四个字呢？孙师毅解释说，这是为了表现劳苦大众的必胜信念和乐观情怀。

第四次失业

经过几个月紧张拍摄，影片《大路》封镜了。

1935年新年第一天，《大路》在金城大戏院首映。这家“大戏院”专门首映左翼电影，其他如《马路天使》《新女性》《桃李劫》《风云儿女》等一批优秀的中国影片，也是在这里首映。

聂耳为影片《大路》所作的《大路歌》《开路先锋》曲子，使歌声插上了翅膀，飞出影院，在上海滩迅速传开。罗明佑高兴极了，真是没有想到啊，《大路》的成功，使联华影业公司名声大振，每天都会收到来自全国各地的大量信函，都是索要《大路歌》《开路先锋》曲谱！然而，成功背后，也伏下了隐忧：聂耳为《大路》所谱的曲子，早于影片上映而灌成唱片，他被再次失业的阴云悄悄地笼罩了。

1934年10月，《大路》还在拍摄中，应任光和聂耳要求，百代唱片公司举办唱片音乐会，现场播放了近三十首京昆名曲、中外歌曲和电影音乐作品，其中包括聂耳创作的《大路歌》《开路先锋》《毕业歌》等。“百代”同意举办唱片音乐会，实际上也是意在竞争。上海滩上的唱片公司，此时已经不再是百代公司一家了。聂耳的又一次失业，恰恰正是由“百代”和“胜利”两家唱片公司的竞争引发。就在百代唱片公司举办的这场唱片音乐会过后不久，蔡楚生到“百代”找聂耳，邀请他为影片《飞花村》主题歌《飞花歌》谱曲。聂耳愉快地接受了邀请。《飞花村》由孙师毅编剧，孙师毅为《飞花村》

主题歌作词。聂耳和孙师毅已经不是第一次合作了。他接受了蔡楚生邀请，为《飞花村》谱了两首曲子，一首是主题歌《飞花歌》，还有一首是插曲《牧羊女》（儿童歌曲）。完成后，他将两首曲子交给了蔡楚生。《飞花村》这部影片，由郑应时执导，艺华影业公司拍摄，公司将聂耳谱曲的两首歌交给了美国胜利唱片公司灌注唱片发行。百代公司老板知道了，勃然大怒，认为聂耳是在帮助自己的竞争对手。在公司老板的压力下，聂耳不得已只能辞职，离开了百代公司。

这是聂耳在上海的第四次失业。对于这次失业，聂耳反倒表现得十分平静。比起前三次失业，他已经没有什么生活之忧了。为影片作曲，写文章，都为他带来了足可维持生活的收入。他写信给母亲，说自己已经离开"百代"，并且在信中安慰母亲："我并不会因此而发生生活上的问题，因为我现在可以靠自己的本事吃饭，想来随便怎样总不致挨饿的。"他甚至产生了一个念头：回昆明去，看看母亲，看看家。当然，因为手头还有很多事要做，《大路》和另一部影片《新女性》的配乐、作曲还没有最后完成，他想回昆明看看的念头最终还是作罢了。

聂耳的这一次失业，反倒使蔡楚生不安了。他说，事情因他而起，聂耳被"百代"解雇，他有推卸不了的干系，一定要想办法补偿。果然，蔡楚生说到做到，在他的斡旋下，一个月后，联华影业公司向聂耳伸出了橄榄枝，请他回"联华"任职。

峰回路转，聂耳又要回联华影业公司了。

罗明佑先前既然辞退聂耳，为什么又要一改初衷，再次聘用聂耳，希望他回到"联华"？说来，其中也是有原因的。这时的聂耳，已经不是一年前被他解雇的聂耳了，而是显露了才华，为影片谱的曲子在上海滩引起反响的聂耳。面对激烈的竞争，罗明佑焉能不"思贤若渴"？"联华"太需要音乐人才，罗明佑不会不知道，《大路》的成功，聂耳为之谱曲的主题歌，不能不说是一个重要因素！

罗明佑这回表现得分外"大方"，许诺聂耳的月薪是五十元，并聘请他担任"联华二厂"音乐部主任。罗明佑如此转变，是基于早就有了请回聂耳的想法。聂耳没有离开百代公司前，罗明佑就已经认可了聂耳的音乐才华。那时，《渔光曲》还在拍摄中，罗明佑约请聂耳为《渔光曲》作曲、配乐。聂耳虽然不再在"联华一厂"任职，但在罗明佑要求下，还是答应了他的请求，完成了《渔光曲》配乐。

第八章　“左翼”电通影片公司

1934 年 4 月，电通影片公司在上海成立。电通影片公司是一家受中共电影小组直接领导、冲破国民党反动派“文化围剿”的影片公司。它的成立，标志了中共领导下的左翼电影反“围剿”取得的胜利。

“连睡觉的时间都没有”

如前文所述，经过二三十年发展，1930 年代的上海滩，电影业已经发展到了相当繁荣的程度，其标志是，二十多家电影制片公司相继成立。拍摄、制作电影的公司多，影片生产也多，其中有不少影片极具观赏性，足可长留中国电影史册。与此同时，上海左翼文化运动风起云涌，其标志是，左翼文化团体如雨后春笋破土而出。

在中国共产党领导下，左翼文化团体、左翼文化人士，以各种文化形态，与当局“文化围剿”开展反“围剿”斗争，涌现了一批反映现实、具有时代气息的优秀作品。

1932 年 6 月，夏衍、郑伯奇、沈西苓、洪深、柯灵等人，在上海《晨报》副刊《每日电影》发表《我们的陈述》，标志着党领导下的左翼电影评论队伍已然成形。应田汉之约，聂耳接连发表《黎锦晖的〈芭蕉叶上诗〉》《中国歌舞短论》等评论文章，引发“黑天使风波”，也正是在这个时期。夏衍等人联名发表《我们的陈述》一个月后，剧联影评小组成立。小组成员在各地报刊开辟专栏，撰写影评，以鲜明的左翼文化个性占领当局的宣传舆论阵地。左翼剧联旗下的音乐小组，也是在这个时期成立。上海左翼文化的兴起，使上海电影从迷糊、昏睡中渐渐觉醒。1932 年到 1934 年底，是上海电影业的繁荣期，各电影制片厂开足马力，生产了大量电影，其中不乏进步的、暴露社会黑暗面、反映民众心声的进步电影。

1933 年 2 月 9 日，中国电影文化协会（简称影协）在上海成立，夏衍、田汉、洪深、聂耳、蔡楚生、孙瑜、卜万苍等人担任影协执行委员，夏衍负责文学部，聂耳负责组织部，沈西苓负责宣传部。聂耳在影协充分展示了他的音乐天赋。同年，由联华公司拍摄的故事片《除夕》开机，其中有个情节是：影片中的女主角，迫于生活压力，投江自杀。但是，饰演女主角的女演员，调动不起情绪，导演很不满意，要求女演员赶紧进入角色。

随着导演的一声“停！”摄影机停止了转动，等那个女演员“情绪苏醒”。聂耳是这部电影的场记，眼看影片拍摄因女演员情绪不佳，不能入戏，聂耳也着急了。他想，该用什么办法让女演员“情绪苏醒”而“投江”自尽呢？他想了想，有了主意。他拿起小提琴，走到女演员身边，即兴拉了一段曲子，音符飘荡，悲凉、凄婉。女演员被聂耳的曲子感染了，很快进入角色，动情地将一段悲情戏演绎得催人泪下。

导演又是一声喊：“停！”摄影机完成了拍摄。女演员呢，还没有走出角色，还在流泪。

聂耳越来越忙了，写文章、为影片作曲，负责影协组织部，担任电影界游艺会筹备委员、中国新兴音乐研究会发起人，在联华影业公司拍摄的《城市之光》《小玩意》《体育皇后》《渔光曲》等影片中，他还扮演了不同的角色，如账房先生、小提琴手等，正如他所说，忙得简直“连睡觉的时间都没有了”。

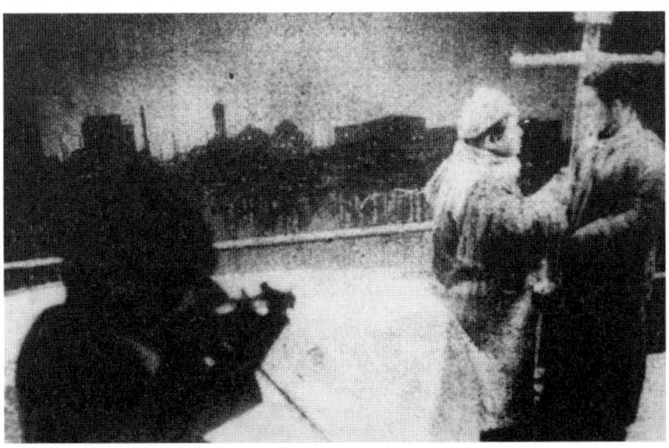

聂耳（左拉琴者）帮助《除夕》演员进入角色

但是，虽忙犹乐，聂耳沉浸在成功的喜悦中，他的心，还是放不下乐队，放不下音乐研究会，他说：“乐队、音乐研究会，未尝不是我时刻在心的事。”

上海电影，从“繁荣期”到“间歇期”

左翼电影和新兴电影的兴起，使得反动当局如坐针毡，深感不安，不断出台打压政策，对于左翼电影的监管审查制度也越来越严苛。1934 年 11 月到 1935 年 3 月，短短五个月，未予当局通过的电影剧本就有八十三部！除了严加审查，当局还成立了所谓的“中国青年铲共大同盟”，屡屡约谈各电影公司，严禁生产“赤色”或暴露社会黑暗面的电影。

《电声》是一份有影响的电影杂志，1932 年 5 月 1 日创刊，由梁心玺、范寄病主编。创刊不久，在上海滩发起评选电影皇帝，金焰就是在评选活动中登上台基，“黄袍加身”，成为大众瞩目的“电影皇帝”。

1934 年 1 月，《电声》改为《电声周刊》。1935 年，这份在上海滩颇有影响的电影杂志，第三期赫然刊登当局一份“宣言”：

一、各电影公司以后绝不得再摄制宣传赤化、危害国家、描写阶级斗争，尤绝不得以“普难”意识电影混为“民族”意识电影，对于社会变态的黑暗面的描写，亦应竭力避免，以附和教育社会的旨趣。

二、凡正在摄制，或已摄制而未公映的影片，如明星之《上海二十四小时》、联华之《风》、艺华之《黄金时代》《烈焰》《肉搏》《民族生存》《中国海的怒潮》等应自动删改，方可出租放映，如万一不能删改者，应即停止摄制。

三、凡已放映过的鼓吹共产的影片，如《三个摩登女郎》《狂流》《母性之光》《盐潮》《压迫》《香草美人》《天明》《女性的呐喊》《城市之夜》，须一律自删剪，凡有危害民族统一、挑拨阶级对立、宣传共产思想的描写者，须彻底剪除之。

四、田汉、沈端先、钱杏邨、茅盾、沈西苓、娄建南、许幸之等均属赤色作家，各公司对彼等所编剧本，绝对不得采用，并须迅即解除其雇佣合同。

五、从今年起，二三两款所列各片，如各制片公司无修改表示，并正式在各报刊修正情形，国内各地，无论任何电影院不得租映，倘故抗违，定以炸弹轰炸各该放映之影院。

六、各电影刊物及各大报之电影副刊，亦应特别自动警悟，勿再刊载鼓吹赤化之影评，否则亦当以炸弹奉餐。

这份“宣言”，措辞之严厉，口气之蛮横，甚至使用了“炸弹轰炸”等威胁性词语，简直到了疯狂打压、欲置左翼电影于死地的程度！那些带有进步倾向的电影公司，及其生产的电影，如联华影业公司生产、反映“生活贫苦”“不幸婚姻”等社会问题的《母性之光》，以及《风》，也都在“严令不许”之列。

当局认为，“明星”“艺华”“联华”等电影公司，都成了共产党左翼文化人士的阵地，“联华”主创人员田汉、沈西苓、许幸之等人，也都是“赤色作家”，而屡加弹压。外侮加剧，民族危机日深，当局疯狂打压，左翼文化阵容结构变化，短暂繁荣了三年的上海电影，由“热”转“冷”，渐渐沉寂，进入了“间歇期”。

“电通公司”在阵痛中成立

艺华影业公司遭到“蓝衣社”捣毁，党的电影小组清醒地认识到，“围剿”和反“围剿”进入了“胶着状态”，形势将变得越来越复杂，必须采取措施，克服困难，冲破黑暗，继续斗争。经研究，党的电影小组提出：尽一切可能，最大限度地坚守原左翼电影阵地；另辟蹊径，开拓新的阵地。一家由党的电影小组直接领导的电影公司呼之欲出。它，就是饮誉 30 年代上海滩电影界的电通影片公司。

电通影片公司，是一家“借壳”、整合和重组的电影生产公司。它的前身是电通电影器材制造公司。如前所述，1905 年，北京丰泰照相馆摄制的戏剧纪录片《定军山》，是中国电影的滥觞之作，开创了中国电影时代。由京剧演员谭鑫培主演的《定军山》是中国第一部无声电影（没有任何配音、配乐或与画面协调声音的电影）。其后，中国默片电影进入“黄金时期”，时间长达二十多年。1931 年，由胡蝶主演的《歌女红牡丹》在上海拍摄完成，这是中国的第一部有声电影。它的推出，终结了中国电影的“默片时代”，开启了中国电影的新时代，也就是电影的“有声时代”。这是一次划时代的变革，毫无疑问，《歌女红牡丹》是一部具有里程碑意义的电影作品。在从“无声”到“有声”的历史性跨越中，银幕上仍然还在放映“默片”，且其中不乏优秀的“默片”，如由“联华”拍摄于1934年的《女神》。《歌女红牡丹》的上映，是中国有声电影的开端。与此同时，中国有声电影的生产也暴露了它的“先天不足”：生产有声电影的影业公司，采用外国公司生产的录音器材，不仅要花费大量钱财，而且，录音质量也不理想，银幕上出现“声音瑕疵”。这种状况，引起了有志于电影艺术的有识之士关注。司徒逸民、龚毓珂和马建德三人是最具代表性的人物，他们都是热爱祖国的知识分子。

司徒逸民、龚毓珂从美国哈佛大学留学归来，马建德曾留学美国华盛顿大学，这三人，攻读和研究的专业不一样，有的攻读无线电机工程专业，有的攻读机械工程专业，但是，他们对有声电影的录音技术，都深感兴趣，认为中国生产的有声电影，理应有中国生产的录音器材。由于志气相同，兴趣相同，三人“殊途同归”，走到了一起。

1931年，司徒逸民等合资成立电通电影器材制造公司，研究有声电影录音技术。他们的研究，对于中国有声电影采用中国制造的录音器材，堪称是“拓荒之举”，其间也遇到过不少困难，光研究场所就换了好几次，先是选址上海枫林桥电台附近，后来在司徒逸民家中，再后来在虹口设立研究室。此时，司徒逸民堂弟司徒慧敏也加入了研究行列。大家矢志不移，要生产出优良的录音器材，为中国银幕添彩。经过两年多奋战，1933年9月，录音机终于研发成功，取名“三友式”电影录音机。冠名“三友”，不言自明，正是司徒逸民、龚毓珂、马建德三人。

在上海法租界蒲田路（今长乐路）一条简巷，一家专门经营中国制造的“三友式”

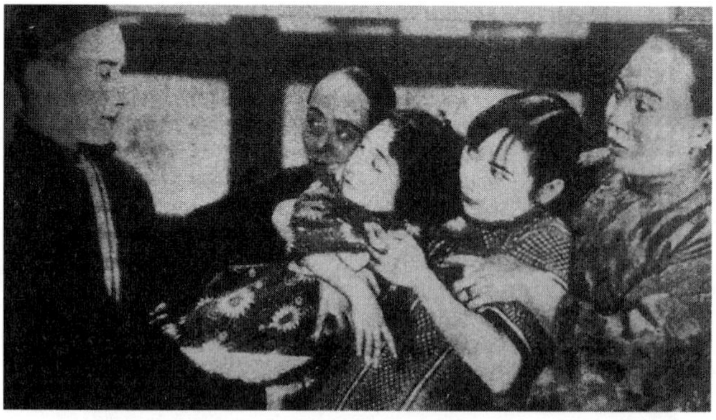

中国第一部有声电影《歌女红牡丹》剧照

有声电影录音放音设备的公司——电通电影器材制造公司成立了。

电通电影器材制造公司有研发、制造能力，也有“先天”不足，司徒逸民、龚毓珂、马建德三人，都是技术型人才，公司在整体上缺乏文化艺术人才，特别是缺乏电影创作人才。在充分估计了对敌斗争的形势后，中共电影领导小组决定与电通电影器材制造公司合作，司徒慧敏受电影小组委派，向其堂兄司徒逸民表达了电影小组的意见，得到了司徒逸民、龚毓珂、马建德赞同：将“电通公司”由制造录音器材改为电影制片，沈端先（即夏衍）、田汉负责电影创作，司徒慧敏担任摄影场主任。公司旗下，迅速聚集了一批左翼和进步电影人才，公司根据实际情况，分门别类，对人员进行合理安排：袁牧之、应云卫、许幸之、孙师毅为编剧、导演；陈波儿、唐槐秋、王人美、施超、周伯勋、王莹、蔡若虹、吴湄为演员；吴印咸、吴蔚云、杨霁明、冯四知为摄影；万籁鸣、万古蟾、万超尘为动画制作；聂耳、吕骥、贺绿汀为音乐制作；张云乔为美工。

电通影片公司是中国早期的一家民营左翼电影公司。在上海滩二十多家影片公司中，电通影片公司的规模不大，但在中国电影史上，这家电影公司，犹如银幕上的一支劲旅，旗帜鲜明地贯彻左翼电影反帝反封建的制片方针，和其他左翼电影公司一起，积极配合中共党组织领导下的对敌斗争，取得了反“围剿”重要成果。公司成立后的第二年夏天，创办《电通半月画报》，配合影片发行。该画报由孙师毅、袁牧之、许幸之、司徒慧敏等编剧、导演轮流编辑。画报与电通影片公司主旨一致，也带有鲜明的左翼色彩，1935年田汉被当局以“宣传赤化”为名而逮捕，《电通》不惧风险，以特辑形式全文刊登田汉创作的长达两万字的《风云儿女》文学故事，为中国电影史留下了珍贵文献。

电通影片公司四大导演
从左到右：孙师毅、司徒慧敏、许幸之、袁牧之

中国银幕四部“绝版之作”

从 1934 年夏天开业，到 1935 年年底歇业，电通影片公司的生命周期不到两年。就在两年不到的“存续期”内，公司生产了足可长久“存续”于中国银幕的四部电影，无论思想性、艺术性，还是可看性和观赏性，都称得上是“经典之作”。这四部影片是：《桃李劫》《风云儿女》《自由神》《都市风光》。

电通影片公司的生命周期为什么如此短促？电影史专家、学者给出了大致相同的说法。研究学者黄玲在《电通影片公司夭折原因探析》一文中，披览历史，条分缕析，从内外因两个方面，对“电通”的“英年早逝”进行了深层剖析——

司徒逸民、龚毓珂、马建德研发成功的“三友式”录音机，使中国影业“脱胎换骨”，有了中国的电影录音设备，这是“三友”对于中国影业的贡献，由此也加快了中国电影从“默片时代”走向“有声时代”。“三友式”录音机的问世，不仅广受好评，而且也惊动了“社会上层”以及显赫一时的人物，中国教育电影协会为之颁发奖状，以表彰司徒逸民、龚毓珂、马建德对中国电影做出的贡献，甚至，连“蒋主席”（蒋介石）也给予他们一万元奖金。既然如此，电通影片公司何以会成为一家“短命”公司？

抗战爆发前，民族危机加剧，经济严重衰退，中国电影度过了 1932 到 1934 年短暂的“黄金期”，开始渐渐冷寂。在当局疯狂打压、封杀下，左翼电影的生存空间越来越小，电通电影器材制造公司改组为电通影片公司，立即受到当局“关注”，说电通影片公司是“赤色大本营”，是“共产党公司”“左翼公司”“危险人物公司”，除了对电通影片公司实施严密监控，还进行封杀：“电通”影片还没有生产，当局就威胁各电影院，倘若放映“电通”影片，“就会受到租界当局歧视，有可能遭到禁映”，决意将新生的电通影片公司以及“电通”影片扼杀于摇篮之中。上海市社会局炮制了一份十六人名单（《抄共党在电影界活动情况》），“电通”有八人列入其中，他们是：许幸之、袁牧之、王人美、王莹、陈波儿、孙师毅、左明、丁丁。这份十六人名单，被上海市社会局认定为“左倾电影从业人员”而上报“上海市长”吴铁城，要求“严加取缔”。随着监管加剧，“电通”周围，出现了国民党特务、密探监视。

“电通”影片《桃李劫》上映，引起社会强烈反响，使得反动当局对电通公司的迫害更加变本加厉，王莹、周伯勋等人先后被捕。接着，田汉、阳翰笙也被捕，移送南京监狱。更加毒辣的是，当局使出了釜底抽薪一招：对“电通”的资金、生产资料进行封杀。为了筹措运转资金，“电通”以录音机、摄影机等作为抵押，向银行贷款。当局得知，威逼银行停止向电影公司放贷。“电通”在银行的抵押物，也悉数由当局赎回，随后搬走了“电通”的录音机、摄影机等，导致“电通”无法生产。

在当局的高压政策下，电通公司内部出现了不和谐声音，原来团结一致的合作者，有的动摇了，有的分裂了，公司生产经营不善，以及继田汉、阳翰笙等人被捕入狱（夏衍于 1935 年秋被迫暂时退出影坛），公司正常生产活动秩序受到扰动，无法坚持下去。拍完《都市风光》，原本计划拍摄第五部影片《街头巷尾》，接下来再陆续拍摄《压岁钱》《燕赵悲歌》《沙漠天堂》《皆大欢喜》等，终因“内外交困”，经济难以为继，就在夏衍退出影坛三个多月后，“电通”不得不宣布歇业关门。

在中共党组织安排下，公司主创人员，有的去了明星公司，有的去了联华公司，继续与当局的“文化围剿”进行斗争。

“电通”的生命短促如是，它的历史功绩，随着它的四部影片而闪烁在中国银幕。中国电影走过了一个多世纪，道路曲折，银幕上留下了“电通”的足迹，反映了中国共产党在这一历史时期反“围剿”取得的重大胜利。“电通”的成就，不仅表现在特定历史时期，以优秀的电影作品配合中国共产党的对敌斗争，而且，就影片的艺术探索，也取得了丰硕成果，如公司最后一部影片《都市风光》作为中国第一部音乐喜剧片，音乐制作可谓尽善尽美，表现了当时中国的最高电影音乐水平。《都市风光》与公司生产的

《都市风光》剧照

另外三部影片，成为中国电影史上的“绝版”之作。

为了配合公司的电影宣传发行，“电通”创办的画报类杂志《电通半月画报》，随着公司关闭歇业也停刊了，前后共出版十三期（最后一期，即第十三期，由唐纳主编）。《电通半月画报》总期发数虽然只有寥寥十三期，却反映了那个时代的上海电影，是研究上海 30 年代电影不可多得的“影海一叶”。

左：《电通》所刊《都市风光》工作照
右：《都市风光》封镜后的集体照（第三排左一为聂耳）

第九章　音符永存时光档案

由应云卫导演的《桃李劫》是电通影片公司的第一部电影作品。作为一部“处女作”，能不能叫响上海滩，对于成立不久的电通公司来说，是至关重要的一件事情。公司上下，分外重视，以极大的热忱，花费了大量精力投入拍摄。公司改组成立于 1934 年夏天，同年 12 月封镜，从夏天到冬天，不过几个月时间，公司就完成了拍摄，在上海滩推出了这部“叫响”银幕的杰作。

影片《桃李劫》主题歌

《桃李劫》是中国第一部真正意义上的有声影片，是中国电影由“默片”走向“有声电影”的“开山之作”，开创了有音响的电影“新时代”。

《桃李劫》将音响第一次推上银幕，使之成为中国电影的艺术元素。到了 1936 年，有声电影将默片逐出了银幕，完全的、真正意义上的有声影片也逐渐取代了配音片。

《桃李劫》的上映，意义非同寻常。

《桃李劫》的故事梗概是——

建筑工艺学校刘校长，从报上看到一条惊人消息，学校高才生陶建平盗窃拒捕，枪杀公务人员被判死刑。刘校长到监狱看望陶建平，陶建平向刘校长讲述，毕业后他和深爱的表妹黎丽琳抱着“为母校争光荣，为社会谋福利”的理想踏上社会。婚后，陶建平去轮船公司工作，他反对老板不顾乘客安全，超重运载货物，和老板发生冲突而辞职。黎丽琳出去找工作，被贸易公司录用，陶建平也找到了营造厂工作。不久，陶建平不肯偷工减料，再次辞职。黎丽琳因不堪经理污辱，愤而离开贸易公司。为了生活，陶建平去造船厂做苦工，黎丽琳产后身体虚弱，晕倒跌伤。为了救治重伤妻子，陶建平恳求工头借一笔钱，工头不肯，被逼无奈的陶建平偷了工头抽屉里的钱。当他拿着钱去请医生时，黎丽琳因伤势过重死去了。当承受亡妻离子的巨大悲痛的陶建平回到家，工头带着巡捕来逮捕他了。刘校长听完，万分惋惜。

编剧袁牧之，原名袁家莱，中国人民电影事业最早的组织者和领导者之一。1909 年 3 月 3 日，袁牧之出生在浙江宁波。受新戏剧运动影响，他在童年时代就开始学习演戏，最喜欢学演文明戏。十三岁那年，袁牧之到了上海，在洪深组织的“戏剧协社”演戏。《桃李劫》是他创作的第一部电影剧本。

袁牧之也是一位多才多艺的文化人士，不仅编写了《桃李劫》电影剧本，而且还在这部“处女作”电影中，和陈波儿联手，担任主演。

田汉是主题歌《毕业歌》的歌词作者，聂耳为之谱曲。电通公司出品的四部影片，由聂耳为主题歌谱曲的有两部，一部是《桃李劫》，另一部是《风云儿女》，占了公司生产的影片“半壁江山”。

在选择影片主题歌《毕业歌》作者的时候，编剧和导演经过斟酌，最后确定田汉作词，聂耳谱曲。袁牧之向聂耳说“戏”，介绍剧本，以及故事发生的背景。袁牧之解释说，影片采取倒叙手法，以主人公在狱中回忆学校时代的刘校长开始，而将校长安排在电影最后一个镜头，即陶建平被押赴刑场时再次出场，这时响起当年陶建平毕业时和同学们一起唱的《毕业歌》。影片到此结束。袁牧之别出心裁的构思，得到了应云卫、夏衍、田汉等人的认同。大家认为，这部影片的结构，一改过去中国电影常用的平铺直叙手法，由于采用倒叙的手法，前推后进，增强了艺术效果。袁牧之对聂耳说，主题歌歌词已经约请田汉撰写，谱曲的事情就交给你了，他对聂耳说了自己的想法：“聂子，我想请你

《桃李劫》剧照

为这首歌谱曲，希望能够表现出充满爱国热情、愿为理想奋斗的年轻人的朝气。”

接到田汉写的歌词，聂耳激情难抑，以饱满、昂扬的激情完成了谱曲。

1934 年 12 月 6 日，《桃李劫》在金城大戏院首映，银幕上响起了——

同学们，大家起来，
担负起天下的兴亡！
听吧，满耳是大众的嗟伤！
看吧，一年年国土的沦丧！
我们是要选择“战”还是“降”？
我们要做主人去拼死在疆场，
我们不愿做奴隶而青云直上！
我们今天是桃李芬芳，
明天是社会的栋梁；
我们今天弦歌在一堂，
明天要掀起民族自救的巨浪！
巨浪，巨浪，不断地增长！
同学们！同学们！
快拿出力量，
担负起天下的兴亡！

金城大戏院内，出现了亢奋、激动人心的一幕：银幕上的演员在高歌，银幕下的观众齐声唱和，久久不愿散去。

电通公司第一部电影《桃李劫》成功了！

《桃李劫》之所以成功，很大程度上是因为有感人肺腑的故事情节，深刻地揭露了国民党反动派统治下的社会：黑暗、腐朽和恶势力的嚣张。影片以抗争的姿态发出呐喊，控诉黑暗社会的罪恶！

一曲主题歌，慷慨激扬，激荡人心。天下兴亡，匹夫有责。影片中的《毕业歌》深深地感染了成千上万的热血青年，鼓舞着他们，高唱《毕业歌》，投身抗日救亡运动，奔赴抗日前线。

有专家说，《桃李劫》是中国第一部以有声电影手法创作的影片，虽然在有的情节上存在“音画不同步”、演员对话“听不清楚”“念腔好像是在表演话剧”等瑕疵，但成功地使用了有声电影的创作技巧，改变了中国有声电影机械地使用声音配合电影画面的模式，第一次让音响成为一种艺术表现手段，逼真地“再现”了工厂的汽笛声、婴儿的啼哭声和枪声等，因而增强了影片的现场感。聂耳以进行曲形式为《桃李劫》谱写的曲子，通过音响传播，将《桃李劫》推向了一个精神高度。

《毕业歌》的成功，标志了聂耳音乐创作的成熟。从1930年7月来到上海，到1932年11月从北平回到上海，这两年多时间，是他“厚积薄发”的阶段，学习、练琴、习艺，寻求光明，接触社会，为后来的创作拓展了视野，积累了丰富的生活素材。他的创作天赋，一经点燃，便喷薄而出。1933到1935年，这是他在上海从事音乐创作的鼎盛阶段，特别是1934年，那是他的“创作丰收年”！

聂耳还写有《无题》（手稿）、《小工人》（手稿），以及《伤兵歌》《白雪歌》《春日谣》《采茶歌》《茶山情歌》等，这些作品的创作时间不详，有待专家、学者进一步考证。

随着歌曲在上海滩不断传唱，聂耳的名字被越来越多的上海人知晓和熟悉。危险，在一步步向着他逼近。1935年，田汉、阳翰笙等人被捕，聂耳的处境更加危险了。

1933年，聂耳（右一）在复兴公园

《风云儿女》冲破“风云”

《桃李劫》首战告捷，创下不菲的票房收入，鼓舞了编创人员。公司当即决定，一鼓作气，拍摄第二部影片。一部好的电影，剧本是关键。《桃李劫》之所以取得成功，是因为有了好本子。这年年底，孙师毅找田汉商量，要他为公司再写一个本子。孙师毅开门见山地对田汉说：“公司对题材没有要求，由你决定。”孙师毅希望，田汉早点完成剧本写作，“尽量快，越快越好”。

孙师毅说的“越快越好”，反映了电通公司计划投入第二部影片生产的迫切心情。

田汉早就有心写一个抗日题材的电影剧本了。孙师毅的邀请，正合他的心意。他以敏捷的才思完成了剧本创作。剧本名《凤凰的再生》，又名《凤凰涅槃图》。不料，剧本完成不久，田汉与阳翰笙等人被反动当局以“宣传赤化”罪名逮捕，投进南京监狱。夏衍幸而及时转移，没遭毒手。

电通公司将田汉完成的剧本转交夏衍，请他看看，提提意见。夏衍读了田汉的初稿，进一步完善，改编为电影剧本，定名《风云儿女》。

《风云儿女》故事梗概——

青年诗人辛白华（袁牧之饰）和大学生梁质甫（顾梦鹤饰）都是东北人。他们是非常要好的朋友。“九一八”后，他们从东北流亡到上海，生活虽然很贫困，但他们以天下为己任，关心着国家和民族的危亡。二楼住着阿凤（王人美饰）和她的母亲，他们从华北流落到上海，生活艰辛，辛白华和梁质甫时时给予她们帮助。不久，梁质甫一个朋友，参加革命被捕，他也遭到连累入狱。辛白华仓促逃离，和一个富有的寡妇（谈瑛饰）同居。阿凤在母亲死后参加了歌舞班。梁质甫释放出狱，华北风云骤变，热河失守，日寇铁蹄蹂躏长城。梁质甫北上抗敌。辛白华避暑青岛，陶醉儿女私情，远离现实生活。歌舞班来青岛演出，辛白华看了阿凤演出的《铁蹄下的歌女》，动了爱国感情，却未能跳出私情羁绊。梁质甫在古北口英勇牺牲的消息传来，震动了辛白华，毅然舍弃逸乐，走上抗敌前线，出现在华北民族解放战争的炮火中。

这部影片，通过梁质甫抗日和辛白华转变，反映了国难当头，知识青年的觉醒。在国民党反动派“不抵抗主义”，以及封杀一切抗日题材影片的环境下，影片虽然未能对抗日主线进一步拓展和延伸，但曲折地反映了民众一致要求抗日的愿望。由田汉作词、聂耳作曲的影片主题歌《义勇军进行曲》，以豪迈的革命热情，激昂的旋律，振聋发聩，震撼人心，唱出了黄河的咆哮，长江的怒吼，反映了民族危机下中华民族的心声。

刊于《电通半月画报》的《风云儿女》电影文学剧本

《风云儿女》中的王人美

《风云儿女》中的袁牧之、谈瑛

“东方《马赛曲》”破晓而出

霞飞路（今淮海中路）1258号，一幢小楼房，三上三下。经过几十年风雨侵蚀，这幢小楼房已经略显沧桑。可是在1930年代，这幢小楼却是有点身价的。

1935年3月，一天夜里，三楼的灯还亮着。夜深了，传出了钢琴声，奇怪的是，过了一会，钢琴声没有了，响起了唱歌声，侧耳细听，好像有人还在用脚有节奏地蹬着地板打拍子！

房东太太感到非常奇怪，急忙上楼，敲开三楼房门。开门的是一位二十多岁的年轻人，见房东太太“兴师问罪”来了，赶紧打招呼：“哦，对不起，对不起，惊扰你了！”

这位年轻人，正是借住在这里的聂耳。此刻，聂耳还没有睡，正在潜心创作，一首振奋民族之心的曲子，很快就要在他的构思中呼啸而出。之前，聂耳获悉田汉被投进南京大牢消息，心急如焚，立刻去找夏衍，希望为《风云儿女》主题歌作曲。他觉得，自己和田汉合作得很好，田汉一定会同意自己为他的歌词谱曲。征得夏衍同意，聂耳将歌词带回了淮海路上的这幢小楼。经过两天创作，完成了初稿。第三天一早，他拿着刚完成的曲谱初稿，敲开了许幸之（左联发起人之一、左联“美联”主席，后从事电影导演）家的门。许幸之也是熬了一个通宵，潜心写作，此时还没有休息，见聂耳来了，连忙招

左：霞飞路（今淮海中路）1258号三楼，聂耳在此完成《义勇军进行曲》初稿
右：聂耳淮海中路1258号寓所

呼他坐下。

聂耳拿出曲谱初稿，试唱给许幸之听。许幸之听完后说，自己对音乐是外行，建议将“冒着敌人的飞机大炮”改为“冒着敌人的炮火”，将“前进、前进、前进”改为“前进、前进、进”，这样一改，节奏感更强。聂耳当即作了修改，但没有形成最终稿。

“起来，不愿做奴隶的人们，把我们的血肉筑成我们新的长城。”聂耳和许幸之一起击节而唱。唱着唱着，许幸之热泪滚滚，忍不住连声赞叹：“好，好极了！”

唱罢《义勇军进行曲》，聂耳对许幸之说起了自己创作这首曲子的过程，说到房东太太“兴师问罪”，许幸之打趣地说：“聂子，你只是被房东太太‘兴师问罪’，没有被抓走，这还算幸运的啊！”说完，两人不由哈哈大笑。

聂耳在上海创作的所有音乐作品中，《毕业歌》和《义勇军进行曲》是最具代表性的两首歌曲，《义勇军进行曲》更是他的巅峰之作。甚至可以说，这首充满战斗激情的歌曲，乃是他人生二十四个春秋的生命“绝唱”！

写到这，需要说一下，斜土路 2567 号，曾经的上海科学教育电影制片厂，里面有个摄影棚，电通公司第一部影片《桃李劫》就在这里开拍。继《桃李劫》之后，电通公司继续租用摄影棚，开拍《风云儿女》。岂料，开拍后，新华影片公司以更高价租用摄影棚，拍摄《红羊豪侠传》，电通公司不得不暂停《风云儿女》拍摄，摄制组迁往荆州路 405 号岭南中学，租借该校室内篮球房，直至拍摄完成。

左：淮海路聂耳旧居门面
右：淮海路聂耳旧居后门

1935 年 5 月 24 日，《风云儿女》在金城大戏院首映。爱国青年在沉沦中觉醒，前赴后继奔赴抗日一线，影片中的场景一幕幕展现在观众面前，银幕前的观众被深深打动了。当银幕上响起《义勇军进行曲》的时候，观众们含着热泪，齐声高唱：“起来，不愿做奴隶的人们……”歌声，不胫而走，从金城大戏院内传向戏院外，从北京路传向上海滩，又从上海滩传向全国各地。大河上下，长城内外，响起了中华民族的怒吼：“起来，起来，起来！”慷慨激越的歌声，不屈不挠的中华民族精神，鼓舞着、激励着中华儿女，奋勇前进！

遗憾的是，聂耳未能参加《风云儿女》的首映式，此时的他，正在日本东京，不久葬身大海了。

《风云儿女》海报

热血凝成激荡音符

聂耳创作《义勇军进行曲》，有着深厚的生活积累。日寇悍然发动“九一八”事变，妄图吞并东三省，进而鲸吞全中国，激起了中国人民的愤怒，中华大地，遍燃抗日烽火。国民党反动派对日寇实施“不抵抗”政策，蒋介石嚷嚷“攘外必先安内”。但，各地民众高举义旗，浴血抗战。在东北，有三十多万人参加抗日义勇军，与侵略者展开不屈不挠的斗争。

据中国锦州东北抗日义勇军研究会官方网站推出的研究学者刘生林文章披露：“1933年9月27日，聂耳随上海辽吉黑热后援会负责人朱庆澜、东北民众抗日救国会军事部长王化一、政治部副部长杜重远等人，赴热河抗日前线慰问、采访时，在四家子听到刘凤梧指挥士兵高唱《义勇军誓词歌》。这首歌用的是《满江红》曲调。”

> 起来！起来！不愿当亡国奴的人／家园毁，山河破碎，民族危亡／留着头颅有何用？拿起刀枪向前冲／冒着敌人枪林弹雨向前冲／携起手，肩并肩／豁出命，向前冲／运用我们身体筑起长城／前进啊！前进！前进！豁出命来向前冲／前进啊！前进！向前进！杀！杀！杀！

抗日救亡运动，在中华大地风起云涌，东北一带出现了很多像刘生林披露的《义勇军誓词歌》等抗日救亡歌曲，如孙铭武等人创作的《血盟救国军歌》——

《义勇军进行曲》最初的手稿

起来，不愿当亡国奴的人们／运用我们的血肉唤起全国民众／我们不能坐以待毙，必须奋起杀敌／中华民族到了最危险的时候／起来！起来／全国人民团结一致／战斗！战斗！战斗！

上海《民国日报》也发表了许多檄文般的诗作，如《义勇军歌》等，这都为田汉和聂耳合作创作《义勇军进行曲》积蓄了诸多艺术养料。

也有不少人听了田汉和聂耳合作创作的《义勇军进行曲》，认为是一首“东方《马赛曲》”。就连许幸之那天听完聂耳试唱，也深为震撼，问聂耳是不是受了《国际歌》和《马赛曲》的影响？聂耳作了肯定的回答。当年，他两次到达越南海防。那时，越南是法国殖民地，聂耳在那里多次听到过《马赛曲》，这首歌在一定程度上影响了他，他将自己的一腔热血融化在了音符中。

聂耳为《风云儿女》谱了两首曲子，除了影片主题曲《义勇军进行曲》，还有一首广为人知的插曲《铁蹄下的歌女》：

我们到处卖唱
我们到处献舞
谁不知道国家将亡
为什么被人当做商女

左：海报上的《义勇军进行曲》
右：顾梦鹤为《义勇军进行曲》录制唱片

为了饥寒交迫
我们到处哀歌
尝尽了人生的滋味
舞女是永远地漂流
谁甘心做人的奴隶
谁愿意让乡土沦丧
可怜是铁蹄下的歌女
被鞭打得遍体鳞伤

这首曲子，凄婉悲凉，催人泪下。

聂耳熟悉社会底层生活，在明月歌剧社时，接触了不少以卖唱为生、处于社会最底层的歌女，对于她们的凄楚悲惨生活寄予深刻同情。正因为怀着悲悯之心，在为许幸之写的这首《铁蹄下的歌女》歌词谱曲时，他将自己对于敌寇入侵和对黑暗社会的愤慨，以及为了生活而卖唱的歌女的同情，融化在音符和旋律之中，恰如其分地表现了弱女子不平的呐喊和她们备受摧残的心灵深处跃动的爱国热情。这首歌曲，如泣如诉，一唱三叹，蕴含着悲剧力量，是我国近代音乐史上抒情歌曲的典范之作，有东方“咏叹调”之誉。聂耳完成谱曲，也当面试唱给许幸之听，许幸之为他的曲调而感伤，又一次流下了滚滚热泪。

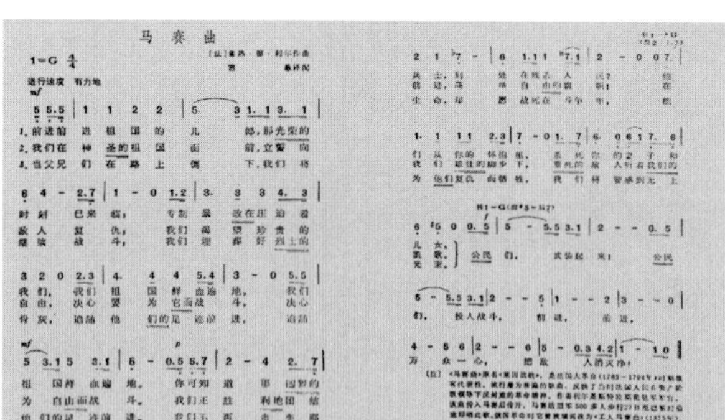

聂耳曾演奏过的法国《马赛曲》歌谱(之一)　聂耳曾演奏过的法国《马赛曲》歌谱(之二)

《马赛曲》

《铁蹄下的歌女》手稿

一曲“战歌”声震寰宇

《义勇军进行曲》的创作背后，还留有一些细节，几十年来，一直成为学者和专家的研究课题。

田汉是在写完《义勇军进行曲》歌词后被当局投入大牢，还是未及写完就遭敌手逮捕，在牢狱中将歌词写完?

一种说法是，田汉没有写完就被反动当局逮捕，押往南京大牢了。有一天，田汉在牢房墙角处，看到有一个香烟壳，将其捡起，在它反面的空白处将《义勇军进行曲》歌词写完，辗转送出监狱，转交夏衍，然后由夏衍转交聂耳谱曲。田汉写的歌词题目是《军歌》。经夏衍等人研究商量，改为《义勇军进行曲》。持有这种观点的学者还举证说，香烟壳子上留有茶渍，是被丢弃的。还有一种说法是，田汉被捕前就完成了剧本《凤凰的再生》和主题歌。他的剧本，以长城古北口保卫战为背景，这在影片中已有场景表现。

孟波，1939 年加入中国共产党。解放前历任新四军抗敌剧团团长、延安鲁艺教员等。解放后任中国音协秘书长，中国音协第一、三届理事和第二届常务理事，音协上海分会副主席。参与于伶主创的电影文学剧本《聂耳》。孟波回忆，田汉将《凤凰的再生》故事梗概写在了稿纸上，那是一种旧式稿纸，红格，每页十行，共写了十多页，十五个章节，一万八千字左右。据国家博物馆赵东《〈电通半月画报〉及〈义勇军进行曲〉的发表》一文转引高小健之《田汉的剧本〈风云儿女〉与影片》："田汉写的主题歌《军歌》就附在最后一页。田汉的文学故事最初发表在电通影片公司创办的《电通半月画报》第二期 (1935 年 6 月 1 日出版)。该剧本是以小说的形式写成，或者说是一个小说型的电影文学剧本。如果以电影剧本形式要求的话，这个剧本似乎过于简略，更像是一个剧本大纲，但它主题明确，结构紧凑合理，风格也是统一的。大概是因为写作时间比较仓促，故事梗概漏掉了其中一个小结题号和一些小结的题目，后来田汉在 1958 年为《中国电影》杂志写作《影事追怀录》的时候将《电通半月画报》所载剧本的缺少处全都补齐了。"

白色恐怖越来越严重，魔爪正在向着聂耳一步步逼近。他随时都有被抓捕的危险。中共党组织指示聂耳，赶紧转移，离开上海。按照党组织指示，聂耳将绕道欧洲，前往苏联，研习音乐。他花了十多天时间作了准备，放出风声说，自己是去日本，看望做皮货生意的三哥。实际上，他的三哥早在几年前就已回到昆明，不在日本了。聂耳之所以说去日本看望三哥，是因为不致被当局发现他离开上海的真正原因。

深情回望同春里

1935 年 4 月 15 日，清晨。

上海汇山码头，一艘日本邮轮停泊着。邮轮名"长崎丸"。

聂耳提着皮箱匆匆来到码头，看了看四周，登上了"长崎丸"。安顿好行李，他走出船舱，伫立着，听江水哗哗，拍打着脚下的日本邮轮，极目望去，公平路、同春里、福兴公寓，影像般，浮现眼前，刹那间，离别之情涌上了他的心头。在上海五年了，青春年华期的聂耳，音乐创作处在巅峰期，却不料，此刻就要离开上海去日本了。何时才能踏上回归之路呢？他不知道。为了安全，他没有让朋友们前来送行。但是，郑君里、袁牧之、赵丹等演艺界朋友，还是悄悄来到了汇山码头，远远地站着，目送着"聂子"登上了"长崎丸"。

临行前，聂耳给母亲写了一封信，信中也没有告诉母亲自己离开上海去日本的原因。

聂耳在信中安慰母亲 ——

亲爱的妈妈，生活变迁之快，实在给人想不到，我将在最近两三天内要动身到日本去。

因为我有一个很好的机会，可以到欧洲去游历。但是先要到日本考察一次，视成绩的优劣再定，所以我这次非努力一下不可了！

所考察的是电影与音乐、舞台戏与音乐、歌舞剧等，一切旅费及在日的生活费当然是由公家担任，自己不化（应为“花”——作者注，下同）一个钱的，大概在日本有四五个月的耽搁。

从上海到日本不过两天功（工）夫。旅费只消十几块，又不要什么护照，日金仅值国币七八毛，这样看来简直是再便当没有了。

妈妈：您别以为我现在是到外国去，更远的离开您了，实际上等于到南京、北平一样。何况这是一种千载难逢的机会。

许多手续事没做了，这几天真忙得要死！各影片公司都还欠我钱，收起来约有一二百元。家里若需什么用费（费用），可寄航信（航空信）给我，这钱我预备存起来的。到日本再寄信来！

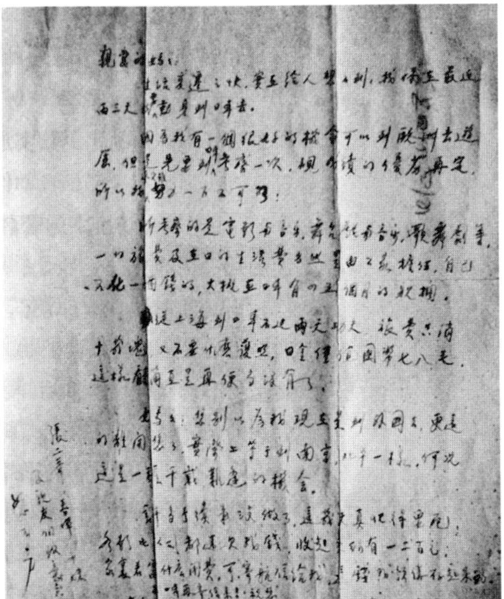

聂耳赴日前写给母亲的信

八点，“长崎丸”准时起航，缓缓驶离了汇山码头。“别了，上海！”聂耳凝视着江两岸的景色，心头涌起了难以割舍的离别情。毕竟，在上海生活五年了啊，虽然有彷徨，但也有呐喊；虽然有失落，但更多的是奋起，上海给他的印象实在太深、太深了。一会，船上的检察官来检查了。从上海去日本长崎，按照日方规定无须签证，船上检查是“例行”公事。检查官检查了旅客的行李物品，聂耳出示了在昆明读书的有关证件，轻轻松松地过了关。谁也不知道，在他的皮箱里，有衣服，有日常用品，还藏有一份《义勇军进行曲》初稿，到了日本，他要进一步修改，最终完成《义勇军进行曲》的曲子。

聂耳，共和国国歌之父，就像一片彩云，在赵丹等人依依惜别的目光里飘走了，永远飘走了。三个月后，当赵丹等人再次看见“聂子”的时候，已经是一个深色的骨灰盒了——里面装着的，正是聂耳的精魂。

在日本东京，聂耳完成了《义勇军进行曲》最终稿，将它寄回国内。

1935 年 5 月 24 日，《风云儿女》在金城大戏院首映。银幕上，爱国青年前赴后继、舍生忘死、抵抗外侮的镜头一一闪过，慷慨激越的主题歌《义勇军进行曲》，声震银幕，观众又一次被“电通”出品的影片感染了。然而，他们不会预料到，写下这首中华民族“战歌”的聂耳，不久就魂归大海了。

日本邮船“长崎丸”号

第十章　从上海到日本

东京行踪

“长崎丸”航行了整整一天一夜，第二天进了长崎港。聂耳上岸，吃了一碗中国馄饨，接着上了另一艘船，又是一天一夜，客轮到达神户。他在神户逗留了几个小时，当天夜里换乘快车前往东京。18 日上午，东京到了。他叫了一辆出租车，直奔神田区神保町，他的好朋友张天虚就住在神保町的一幢三层楼房。

人世间真是有太多、太多的巧合了，张天虚和聂耳是同乡，又是同龄人，而且又都是左翼作家联盟的成员。更巧的是，张天虚和聂耳是同一年离开昆明到了上海，同一年去了日本。甚至，张天虚和聂耳同一天从日本回国，但两位青年才俊的归宿就不一样了，张天虚是活着回来的，聂耳呢，却永不生还了——他的骨灰盒，由张天虚等朋友从日本护送回了上海。

“每天的时间总是在音乐会中”

张天虚早于聂耳一个月从上海到达东京。聂耳到了神田区神保町，找到张天虚寓所，房东太太将他引上二楼一个房间，面积六七个平方，这里就是聂耳在东京的寓所了。两个好朋友重逢在异国他乡，简直高兴坏了，说不完的家乡话，道不尽的上海情。聂耳在日本的朋友不多，中国著名作家，戏剧、戏曲、电影艺术家欧阳予倩在上海向他介绍了东京的情况，在人脉关系上给予了帮助。

到达东京的第二天，聂耳就忙开了，在上海，他为自己订了四个“三月计划”，要求第一个“三月计划”多学习日文、提高读写能力、突破语言关、广泛接触日本社会、结识日本文化界人士、参加社会活动、提高音乐素养。可惜的是，生命的脚步何其匆匆，他在日本只生活了九十天就溘然离世了。短促的九十天东京行旅，也是聂耳生命中最后的九十天，在这些日子里，不坐车，逛街、逛夜市，听音乐会、看电影、观摩歌剧、看戏剧，考察日本社会，读书、写作，每一天都是充实的，东京很多地方留下了他的足迹。短短九十天，每天的日程安排得满满的——

4 月 21 日：到日比谷公会堂赴陆军户山学校军乐队演奏会。

4 月 22 日：在日比谷公会堂听新交响乐团演奏。

4 月 23 日：中午，东京市内游览。夜晚在东宝剧场看“宝塚”少女歌剧。

4 月 24 日：与张鹤、杨式谷到新宿第一剧场看“松竹”少女歌剧。

4 月 27 日：与张鹤、杨式谷游览明治神宫外苑。

4 月 28 日：与房东家表妹渡边妙子、友人张鹤、杨式谷、台湾人小郭一起赴浅草寺及墨田公园游览。其后在一桥讲堂看曹禺编剧的中国话剧《雷雨》。

5 月 2、3 日：于日比谷公会堂听全日本新人演奏会。

5 月 4 日：与老侯、吴琼英（东亚同学）在银座吃大虾饭。其后上吃茶店和跳舞场。

5 月 12 日：至九段军人会馆看岛田儿童舞蹈研究所主办的儿童舞蹈会。

5 月 14 日：赴明治神宫外苑日本青年馆举办的“全日本电影竞映会”，观看《若旦那春烂漫》（松竹公司出品，清水宏导演）、《里街之交响乐》（日活公司出品，渡边邦男导演）。

5 月 19 日：东亚学校组织到羽田海岸赶海捡海货。

5 月 24 日：至日比谷公会堂听小提琴巨匠埃弗伦 · 津巴利斯特 (Efrem Zimbalist) 及新交响乐团的定期演奏。

5 月 26 日：与杨式谷，李相南参观东京工业大学。

5 月 28 日：于筑地剧场看新筑地剧团的《坂本龙马》。

6 月 2 日：与李相南及一位新女友三人一起到调布的日活摄影所参观，到多摩川划船。与李相南在新宿武藏馆看电影《复活》（吉操导演）。

…………

聂耳所写的日程安排，其中屡屡提到的张鹤，就是张天虚；而李相南是朝鲜人，陪同聂耳去鹄沼海滨游泳的，正是他在东京相识的这位朝鲜朋友。

从4月18到达东京，到上面摘录的日记，时间只不过一个多月，聂耳几乎天天在奔忙，而其中的大部分时间，他都花费在音乐等艺术上了。

写给艾思奇和孙师毅的信

初到日本的聂耳，对什么都感到新鲜，他顾不上旅途劳累，第二天就忙着探访东京，他要了解、熟悉日本社会，在日本继续从事自己的音乐创作。他要求自己多学习日文，提高读写能力，突破语言关，为深入日本社会、结识日本文化界人士，参加社会活动扫除障碍。短短九十天，读书、写作，成了他日常生活的内容，他看外国电影，研究外国电影，写外国电影评论，如《日本影坛一角》《法国影坛》《苏联影坛》等。

5月11日，聂耳致信艾思奇，他在信中对艾思奇讲了自己近一个月在日本的大致情况——

> 到此将近一月，每天大部分的时间总是在音乐会中。日本乐坛的活跃真是有些惊人（当然是比较中国而言），尤其是在这春天，几乎无日没有演奏会，有时每日竟有两三个以上。最近比较值得注目的是"全日本新人演奏会"，这是由读卖新闻社主催（主办），集合全日本十个音乐专校的毕业生举行的盛大的演奏会，出席新人有五十三人，节目两天奏完。（附上节目单）在"东亚"（东京专门为中国留学生开办的学校，全称是"东亚日语补习学校"）上课，每日四小时，因为我是在住贷间（即聂耳住的租屋），练习会话的机会也比较多。一间装置很精致漂亮的五叠间（一叠为中国计量单位三尺 × 六尺），每月租金十一元，房东曾留美十一年，所以我英语会话也不致忘记。

7月7日，聂耳在写给孙师毅的信中，也讲了自己在东京为音乐艺术而不停奔忙的情况：

> 近一月来忙于“艺术座谈会”的事，我是负音乐方面的责任，此外还参加戏剧和诗歌座谈。……本来我是预备三个月的计划将日本普通话学个大概，结果，仅仅两月功（工）夫便全部实现。……看了几次日本话剧，“新协”和“新筑地”是比较有劲的。……参观了“日活”（日本活动电影制作所）的东京摄影所。

聂耳的这两封信，反映了初到日本的他，为了音乐创作，一刻也没有停止奔走，正如他在日记中所说，“仅仅两个月就将日本普通话学了个大概”“每天大部分的时间总是在音乐会中”。

研究音乐创作，提高音乐艺术修养，成了聂耳在日本期间的主要内容。离开上海前，他完成的《义勇军进行曲》曲子，只是初稿，到了东京，修改定稿，将曲谱寄回上海。

冈崎雄儿告诉了我们什么？

读冈崎雄儿著、李玲译《不愿作奴隶的人——聂耳传》一书，聂耳在东京之忙碌影像，更是历历在目——

> 聂耳就读的东亚高等预备学校位于东京市神田区中猿乐町六番地（现在的千代田区神保町四丁目），就在聂耳寄宿地（梶原胜次家宅）的旁边……当时日本各地均有接收中国留学生的学校和大学，东亚高等预备学校是打基础的语言学校，大多数学生在这里学好日语，再进一步升入大学。聂耳踏入日本的 1935 年，适逢留学日本热潮的更迭期。在大正末期，东亚高等预备学校的留学生数量最多时达到 800 名，经过 1931 年的“九一八”事变、1932 年上海“一·二八”事变后，人数迅速减少为 45 名。1933 年左右留学生人数又重新上升，1935 年达到 2000 名。聂耳就在学员人数猛增的时期入学，与同窗学友们一起度过了短暂的学习时光。

冈崎雄儿在他的书中转引了与聂耳同住的冯绍京的一篇回忆文章。冯绍京的这篇文章，是了解聂耳在东京的重要参考文献，冯绍京在文章中这样说——

1935 年的一个星期天，声声动人的琴音引起了我的好奇——这是哪来的提琴声？我追音寻人，当我走到三楼一个多边形的亭子间，终于找到了：他是个个子不高的青年，虽然身着日本大学生制服，但不是金（铜）扣，在日本人眼里，就是一个普通人。他见我进来，放下了手中的琴。我们攀谈了起来，知道他是云南人，刚到日本不久，名叫聂守信，也在东亚学校学习。他当时告诉我，想取道日本去意大利学音乐。今天看，显然没有告诉我真意……

一天从报上看到，日本新交响乐团要演出贝多芬第六（田园）交响乐。他就跟我说，交响乐是音乐艺术的最高形式，在中国目前是看不到的，只有上海工部局有个交响乐队，成员也大都是外国人。他拿出了袖珍总谱，给我讲这部交响乐的主题、每个乐章的内容。尽管当时我是第一次听到交响乐这个名称，更是第一次知道这么多音乐知识，但他那认真而又深入浅出的讲解，一下子使我着了迷，并跟他一块买票看了这场演出。由于事先给我作了讲解，听完后大开眼界，进一步懂得了音乐的价值，并从此开始向他学习小提琴。他教我是非常严格的，一切都是正规的……

当时，他的生活很困难，月底经常连吃饭的钱都没有，只能借钱度日。他的屋子里只有一个木头桌子，一把椅子，一个小行李，最珍贵的财产要算他手中的那把提琴和二尺来厚的一垛乐谱，无疑，这是他的心爱物。日子久了，我发现他宁可不吃饭，也要买书、听音乐会。为了他的健康，一到月底，我就主动帮他付饭钱，但他手里有钱，就立即还我。

他桌子上还有几本相册，里面贴的大都是明星的照片。像王人美、黎莉莉的，还有明月歌舞剧社跳舞的。聂守信告诉我，他曾待过的这个团的老板（即指黎锦晖先生）经营的歌曲多是靡靡之音，也曾登报批评老板，但那里的孩子们是好的，纯洁的，只是老板不好。当我翻到阮玲玉的照片时，他心情非常沉重地说："她死了，她是个难得的好演员，太可惜了，是中国的社会把她杀死了！"

在同一个楼里还住着一位姓李的朝鲜人，聂守信对他比我还亲。我当时很不理解，我们是同宗同祖生，可聂守信却说：人家亡国了！后来我参加革命才懂得，这是国际主义精神啊！

我在自己的屋子里，几乎天天可以听到聂守信的琴声。开头经常是练习曲，有时也拉拉流行歌曲。他拉得最多的是舒曼的《梦》和德尔德拉的《回忆》……

一晃暑期到了，他邀我假期去洗海澡，由于我思家心切，一放假我就回国了。当我在开学前返回东京时，一进门，渡边幸子（房东夫人）就沉痛地告诉我："聂先生淹死了！"我听了这个消息，简直惊呆了。急步跑到三楼上，人去楼空，只有他用过的小提琴和他读过百遍的乐谱，还守护着主人的房间。我久久地望着它发呆，我失去一位兄长，一位乐友，一位老师！我回到自己的住室，很长时间都有孤寂感……

大概是1936年春，我在东京街头的书摊上，见到一本聂耳纪念册，当我翻阅时，才知道聂守信就是聂耳，是位了不起的音乐家……

我归国后，五箱子书全部丢失了，唯有这本《霍曼》我还保存着……他还代我买过一把"铃木"小提琴。

冯绍京的这段话，真实地披露了聂耳在东京的生活轨迹，几乎涵盖了聂耳在东京的生活和学习情况。

与吕骥"手谈"《新女性》

影片《新女性》是蔡楚生继《渔光曲》后的又一部力作。1935年农历新年，《新女性》在上海金城大戏院首映，也引起了轰动。之前，聂耳为《大路》谱写的曲子，引起社会反响，得到了联华公司的认可。蔡楚生接到孙师毅写的《新女性》，准备开拍，特意向"联华"建议，此片最好约请聂耳作曲，并由他负责音乐制作。"联华"遂向聂耳发出邀请，聘约他担任公司音乐部主任（股长）。于是，聂耳重回"联华"，开始投入创作。这时候的他，已是拓宽了音乐创作领域，乐曲创作道路越走越宽了。但是，为《新女性》作曲，他却是大费周折。

《新女性》讲述的是一位知识女性的失败婚姻，她希望靠自身力量和女儿生活下去，却在感情波折、生活苦难和流言蜚语的双重打击下，以自杀结束生命。影片控诉了男权社会对女性迫害的罪恶，为女性解放、争取婚姻自由、独立生活而呼喊。孙师毅构思创作，跳出了俗套，给故事留下了一个光明的尾巴：青年女教师带领一群纺织女工，昂首阔步向前走去。

不料，悲惨的故事竟然成为影片女主角阮玲玉的生活“翻版”，就在这部优秀影片上映不久，流言四起，人言可畏，阮玲玉也以自杀的方式结束了年轻的生命。以死相争，这也正是一代名伶对于纷繁人生和社会的最后抗议。

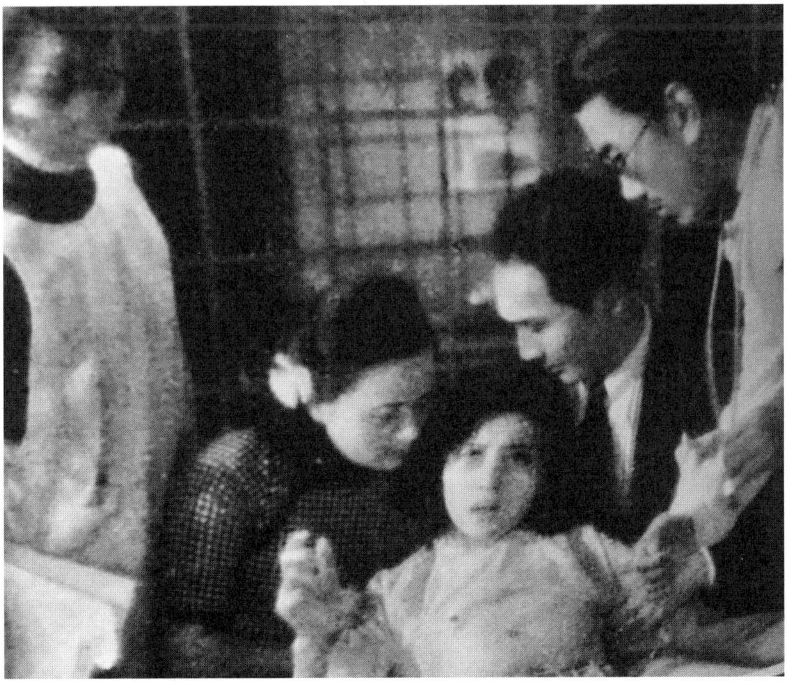

《新女性》剧照

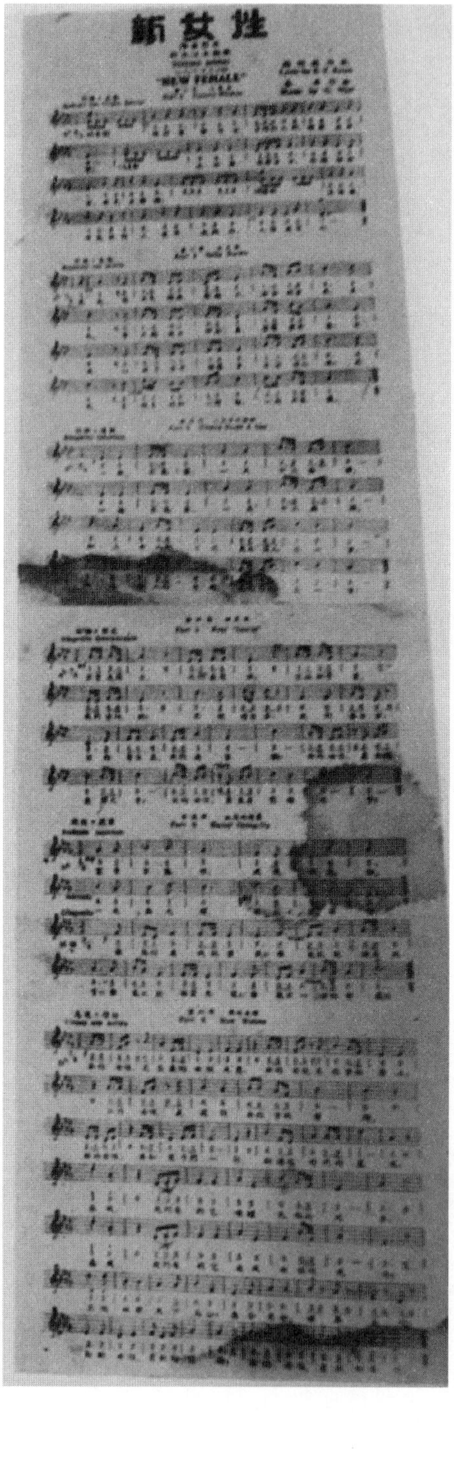

《新女性》音乐

孙师毅是一位有思想深度的影人，剧本写得悲情而不伤情，奋起而不沉沦。然而，读了他写的歌词，聂耳犯难了：有意境，足可回味。可是，歌词太长了，不易谱曲。他想，歌曲是用来唱的，应该易唱，易懂，有节奏感。经孙师毅同意，他将歌词“切割”成六部分，独立成章，用一条主线将它们串列，成为一组“组歌”：《回声歌》《天天歌》《一天十二点钟》《四不歌》《奴隶的起来》《新的女性》。沪东和沪西地区，纱厂星罗棋布，为了体验纺织女工的生活，他多次去了沪东和沪西地区，接触纺织女工，和她们交谈，了解她们的疾苦。一个星期后，他将“组歌”交给了孙师毅和蔡楚生，又以整整三天的时间，完成了影片的音乐制作。

前已叙述，聂耳在上海，担任中国左翼戏剧家联盟音乐小组组长，到了日本，由吕骥接任音乐小组组长。吕骥就《新女性》音乐制作，致信聂耳，对其中《新的女性》一节提出两点修改意见，聂耳很快回信，从他的信中可以看出他创作“组歌”的用心程度。聂耳研究学者崎松主编的《聂耳与日本》收录有《聂耳致友人吕骥》一文，详细披露了聂耳写给吕骥的回信——

> 《新女性》的轻重小节问题和“更比男人甚一重”的节奏问题，这里，我可以大致谈一点我自己对这歌的意见和在写作时所遇到的难关。当师毅将《新女性》歌词拿给我的时候，我马上便觉到这个歌的作曲是非常艰苦的工作。第一，歌词太长；第二，情绪的表现相当复杂且深沉。因为对象是女工，当然要极力求其大众化，所以首先要解决的问题是如何将歌词弄短。我们商量的结果，只有把它分成六个小歌，分开唱时各歌有它的独立性；同时，连起来唱也能成为一个整个的东西，于是才产生了六个标题。经过了一个多礼拜的思索，连夜的记录，修改，结果也算在短时期中完成了这样一个东西。因了种种条件限制，当然也曾遇到了不少难关，你所提到的两点也是其中之二，现在我告诉你我为什么要如此写。所写第六节《新的女性》时，就是为了几个“新的女性”的轻重节奏的布置不知花了多少时间，搬来搬去，最后的决定，不能这样。当我决定了整个的节奏以后，我觉得这样写也可以顾及到两个要点（所谓两个要点者：“新的女性”及“生产的女性大众”、“社会的劳工”、“建设新社会的前锋”

是也）。这两个要点的比重便相距太远了。请你仔细研究下面的两种形式你便知道哪个是对的！

鹄沼海滨遇难

在日本的三个月中，聂耳广泛地接触社会，频频参加社会活动，结交了不少朋友。其中，有两个朋友，对于他来说，也许是重要的，是他们陪伴他走完了二十四年的最后人生。

这两个朋友，一个是朝鲜人李相南，一个是日本人滨田实弘。聂耳和李相南认识后，两人频繁交往，聂耳还与李相南相约，去欧洲前，与他一起到朝鲜去。聂耳和滨田情谊也很深，去了藤泽，他就借宿在滨田家。李相南陪同聂耳去了藤泽，又陪同他去了鹄沼，和他一起洗海水浴。不料，李相南和滨田竟成了他们的好友——聂耳——的最后送别人！

日本神奈中部的藤泽，是著名的旅游城市，享有“东方迈阿密海滩”之誉。长长的鹄沼海岸线，画出了一条美丽的弧线。海岸线上，那些花布伞、花布棚，还有那蓝天碧海，吸引了聂耳。几乎隔三差五，他都要去海滨，或漫步，或在大海冲浪、游泳。1935年7月10日，他与朋友相约来到鹄沼，跳入大海游泳。这是他第一次亲吻日本海水，正如他所说：这是“第一次尝到日本海水”。7月13日、14日，他又去了海滨，自感“跳浪运动”比较进步，竟然接连“下水三次”！

按照原来的行程计划，聂耳7月16日返回东京。在日本逗留期间，他有许多事情要做，16日是他第二个“三月计划”的开始，他要“培养读书能力”“加紧音乐技术修养”。做完这些事情，他再去意大利、法国、苏联等国家。第一个“三月计划”结束，他的日语会话进步了，能看日文书籍了。接下来，他要学习俄文，为欧洲和苏联之行做准备。7月15日，他收拾了行李，第二天就要离开藤泽了。朋友热情地挽留他，碍于情面，他改变了行程，决定在藤泽再耽搁一天。不料，天不假年，意想不到的事情发生了。

滨田写有《聂耳遭难时之情形》，披露了事情的经过。

17日下午二时半左右，聂耳又一次来到鹄沼海滨。天气不错，蓝天、碧海、阳光。

然而，宁静的大海，却是波涛涌动，似乎在叹息。聂耳兴致很高，就要离开藤泽了，他要再洗一次海水浴。和他一起来到海滨的有三个人：一个是滨田实弘的姐姐，一个是滨田实弘的九岁外孙，还有一个，就是他的朝鲜朋友李相南。

李相南先于聂耳下海，向着前方游去。随后，聂耳等人也下海了。滨田实弘的姐姐和她的孩子在浅水区，聂耳单独一人，向着齐胸深的海水游了过去。游了一会，除了聂耳，李相南等三人都上岸了。李相南要回滨田家去，想对聂耳打个招呼。但是岸上不见聂耳。李相南想，聂耳还在海水中吧，于是下海找他，不见聂耳。起风了，波涛汹涌，海水漫上了岸。大家急了，分头寻找，仍然不见聂耳踪影。此时，已经是傍晚六点钟了。寻找的范围扩大到江之岛附近，还是没有找到聂耳。继续寻找，一直寻找到夜里十一点，始终不见聂耳。第二天一早，再去寻找，没有结果。回到滨田家，大家接到了警察报告：聂耳的尸体已经打捞上来了，嘴里有血，头上也有血。他的尸体，沉在了离下水处大约三十米开外的海底。聂耳后事，涉及外国人，比较麻烦，滨田不敢做主，提请警察厅和中国领事馆交涉。但，聂耳日本之行，并没有在中国领事馆登记，领馆拒不领尸。冀君是滨田的朋友，也是聂耳的朋友。大家一边为聂耳清洗尸体，穿上和服，装入棺材；一边等候冀君，等他到了以后商量善后的事情。

乌云低垂，大海呜咽，茫茫寰宇，有一个声音在呼喊：“聂子，回来吧！”海滩，还是那片海滩；海岸线上，花布伞、花布棚还是那些花布伞、花布棚，可是，聂耳不会回来了。

1935 年 7 月 17 日，离开家乡近五年，聂耳——中国乐坛的精魂，就这样走了，永远走了。

附记：有关聂耳鹄沼海滨遇难一事，有过诸多猜疑，聂耳会游泳，水性不错，学生时代曾跳入河水，救起落水孩子。鹄沼海滨，入海水中游泳，按常理不太可能溺毙身亡。尸体打捞上岸，人们发现他的头部和口中都有流过血的痕迹，这是为什么？猜疑，像个谜团，几十年过去，已经少有人提起了。

并非尾声

上海记忆，穿越天穹的音符

聂耳是一座丰碑，高耸在民族之林，也高耸在我们的精神世界。不论是老是少，不论是男是女，也不论走到哪里，每当听见《义勇军进行曲》响起，我们就会心潮澎湃，就会万众一心，向着远方，坚定前行。

第一章　天际欲泣

聂耳火化后，张天虚等人通过日本东京中华留日基督教青年会，将聂耳的骨灰送回上海，寄存在南市郑易里处。聂耳罹难后，聂叙伦在报上读到消息，起初他还不敢确信，真的是守信吗？为了证实消息的真假，聂叙伦立刻给郑易里发了一封电报，询问有没有这回事。不久，郑易里复电告诉他，是守信。他在日本罹难，已经火化了。很快，昆明的亲友也知道聂耳不幸遇难的消息了，大家无不沉浸在悲痛之中。

两年后，聂叙伦从昆明来到上海，从郑易里处接回聂耳骨灰盒，将它安葬在昆明西山的一个小山坡。西山，是聂耳生前最喜欢的昆明景区之一，读书时就曾经有过隐居在这里的念头，想不到，冥冥之中，他真的回到这里，静静地、永久地、“隐居”在这里了。

聂耳生前对彭寂宽说过：“妈妈，我要服侍你一辈子！”如今，回来了，聂耳回来了。但是，他无法兑现对母亲的诺言了。

青草青青，河水长流，聂耳安卧在西山的一个山坡上。

文朋诗友洒泪写祭文

聂耳在鹄沼溺水而亡的消息在东京传开，朋友们深为震惊。张天虚、林蒂等一批旅日文化人士纷纷写文章，对于聂耳的英年早逝表示沉痛哀悼：“他的死，是象征我们东方乐坛的一线新的曙光的隐晦，是我们东方——尤其是中国劳苦大众的损失！一想起他的死，只要是了解他的伟大的人们，都不禁怆然欲泣！”“天才损失年，一个天才的音乐界的明星，在岛国陨落了！”“聂耳是大众的呼号者，他的名字将被写在新的历史的序幕上。”“在这狂飙席卷的时代，聂耳是充分的应用了自己。即使是在新兴的乐坛上，他以不断的努力，继续的奋斗，而终于开辟了一条康庄的‘大路’，建起了牢固的根基，这一个不可比拟的功勋——把这时代的花冠配合在聂耳的身上，没有一点感觉到不适当的。”一篇篇悼文，表达了人们对于聂耳的热爱，对于他的骤然离去深深惋惜。这些文章，既是对聂耳的深沉怀念，也是充满激情、对于未来的希望，“他所代表的新兴音乐是不死的，它在不断地向前跃进，第二，第三，第……无数的比聂君更伟大的革命音乐家会诞生在今日或是明天！”“死了一个聂耳，我们是要产生出无数的聂耳来的。看在聂耳所给予我们的这一点意义上，我们应该要怎样的努力，把聂耳尚未完工的‘大路’筑完。”

人们在对聂耳的音乐创作，以及对于新兴音乐的贡献作出评价，对黎锦晖等人的《妹妹我爱你》《毛毛雨》等靡靡之音、亡国调也作了无情批判，认为聂耳的出现，是“前夜中报晓的喇叭手！他的豪壮雄伟的歌曲，在每一个角落被大众歌唱着，激起了大众的热血，震醒了被麻醉着的民众的脑筋”。

张天虚是聂耳生前的挚友，对于聂耳的骤然离去万分悲伤。他们，一位是以笔刺穿黑暗的作家，一位是以音符轰击黑暗的音乐家，虽然从事的专业不一，但他们属于同一营垒、在同一战壕，在暗幕下发出呐喊。他们的心是相通的。张天虚在文章中赞扬聂耳以新艺术形式，将《码头工人歌》《打砖歌》等搬上乐坛，马上受到大众欢迎，并被大众接受。《大路歌》《开路先锋》《毕业歌》等，调子更是一个比一个有力！对于黎锦晖的“毛毛雨派”，以及萧友梅的“学院派”，张天虚在文章中也给予了批判，为中国新兴音乐叫好，断言聂耳的曲子之所以受到大众欢迎，并非偶然。张天虚肯定，“像他（聂耳）一天天的进步样，一天天地流行起来，由都会到乡村，大学堂到幼稚园，终于代替了萧、黎，而确立了新兴音乐的基础，打开新兴音乐的途径”。

1935 年 8 月 4 日。日本千叶县北条町。

由数十位中国留日学生发起，聂耳追悼会大会在此间举行。会上决定，捐款集资出版《聂耳纪念集》。同年，郭沫若为纪念聂耳逝世，写下《悼聂耳》，这首诗被收入《聂耳纪念集》——

雪莱昔溺死于南欧
聂耳今溺死于东岛
同一是民众的天才
让我辈在天涯同吊

大众都爱尔的新声
大众正赖尔去唤醒
问海神尔如何不淑
为我辈夺去了斯人

聂耳啊我们的乐手
尔永在大众中高奏
我们在战取着明天
作为尔音乐的报酬

上海金城大戏院内外

1935 年 8 月 16 日，上海金城大戏院。

上海社会各界追悼聂耳大会在这里举行。影片《桃李劫》《风云儿女》《新女性》《渔光曲》相继在这里首映，《毕业歌》《义勇军进行曲》也是在这里最先唱响。可是今天，聂耳不会来了，永远、永远不会来了——他的精魂，正静静地躺在上海南市的一角。

聂耳追悼大会定在当天上午九点三十分举行。人们从四面八方赶来，追悼会还没有开始，金城大戏院门口就挤得水泄不通了，仍然还有人在往这里赶来。追悼会举办者，不得不在戏院门口高挂“客满请回”。前来参加聂耳追悼会的人，神情肃穆。有的人好不容易挤进戏院，脸带悲伤之情，静静地站着。楼上楼下，都是自发前来悼念聂耳的市民，连每个角落都站满了人。

音乐家吕骥在聂耳追悼大会上发表演讲，追念聂耳的音乐创作。还没有等吕骥说完，台上台下，已经是一片抽泣之声！

戏院门外，拥挤不堪，未能挤进戏院的，还在拼命往里挤，想要送聂耳最后一程。

小明星陈娟娟唱起了《飞花歌》。此刻，她要用自己的歌声，寄托对“耳朵叔叔”的哀念。一个挎着竹篮子，正在沿街叫卖五香花生米的小贩，路过戏院门口，听说里面在开聂耳追悼会，那是为“小毛头”写《卖报歌》的聂耳叔叔啊，他赶紧停止叫卖，肃立着，表示对聂耳的哀悼。

追悼大会结束，人们的脸上，挂着泪痕，带着沉痛的心情走出金城大戏院，叹息，复又叹息：聂耳远行了。他，不会回来了！

第二章 北京的声音

东方，曙色微露。

宝塔山下，延河水畔，响起了《义勇军进行曲》，这是革命圣地延安的一天——1946 年 7 月 19 日。

为纪念聂耳逝世十一周年，中共中央办公厅集会，并举行延安中央管弦乐团成立典礼。文化音乐界八十多人到会。朱德总司令致开幕词。

朱德在开幕词中说："音乐要表达社会的现实，我们的音乐工作者应贯彻群众路线，把我们的歌声能够为广大人民所赏识。"徐特立与会，号召大家学习聂耳。会后，乐团演唱聂耳遗作《大路歌》《码头工人歌》《铁蹄下的歌女》及《义勇军进行曲》等八首歌曲。新成立的延安中央管弦乐团由邓洁、李伯钊、刘仰侨担任行政委员会正副主任，贺绿汀、张贞黻、金紫宇担任正副团长。乐团设弦乐、管乐、合唱三队。同日，延安《解放日报》出纪念特刊，介绍聂耳生平及遗作。

追念人民的歌手

1949 年。在中国共产党领导下，千百万中华好儿女前赴后继，高唱《义勇军进行曲》，浴血奋战，赶走了侵略者，推翻了蒋家王朝，迎来了血色黎明。

1949 年 6 月 15 日，新政治协商会议筹备会在北平（北京）开幕。田汉是"新政协"筹备会第六小组成员，在讨论中华人民共和国国歌方案的时候，他向所在小组递交了一份关于《义勇军进行曲》的说明。

1949 年 7 月 17 日，聂耳逝世十四周年。全国文代会全体音乐工作者代表及北平市联合举行盛大纪念晚会。文代会音乐工作者代表周巍峙在会上报告聂耳生平及对中国革命事业的贡献，以及聂耳的歌曲创作和特色。东北文教队在纪念会上演唱、演出《义勇军进行曲》《中国共产党颂》以及歌剧《立功》等。9 月 27 日，全国政协第一届会议通过决议，在中华人民共和国国歌尚未正式制定前，将《义勇军进行曲》作为代国歌。

1950 年 7 月 17 日，北京市文联、北京团市委、北京市总工会、北京市音教联，以及北京人民艺术剧院等机关团体联合在北京中山公园音乐堂举行星海大合唱团成立大会暨“纪念中国人民的伟大歌手聂耳逝世十五周年”，演出冼星海及聂耳遗作。节目有军乐，冼星海的《生产大歌舞》（根据《生产大合唱》改编），聂耳的《告别南洋》《铁蹄下的歌女》《采茶》（三首歌均为独唱），以及女生齐唱《新女性》，大合唱《大路》《开路先锋》等。文教委员会主任郭沫若出席大会并讲话。（后因当天下雨，大会改在 7 月 21 日举行。）

1951 年 7 月 17 日，聂耳逝世十六周年，各地举行纪念大会，并演唱、演奏聂耳遗作。

1952 年 7 月 25 日，聂耳逝世十七周年，中华全国音乐工作者协会、北京市文联音乐工作委员会，在北京联合主办聂耳逝世十七周年纪念晚会。参加纪念晚会的除首都音乐工作者、专业乐队队员外，还有工厂、学校和机关中爱好音乐的积极分子约五千多人。中央人民政府文化部艺术事业管理局局长田汉在纪念会上介绍人民音乐家聂耳生平及其创作。他说，人民音乐工作者必须以聂耳为榜样，把艺术和政治结合得更紧，才能使自己的作品更富有生命。随后，作词家安娥在会上朗诵了她为纪念聂耳逝世十七周年而写的歌词：《追念人民的歌手》——

我们的耳朵里，永远听见你雄壮的歌声；
你的歌声，永远鼓舞着我们的战斗热情。

纪念会结束后，举行音乐晚会。演唱的节目有聂耳创作的《开路先锋》等歌曲和我国民间著名音乐多种。

同月 16 日，上海文艺界为纪念聂耳逝世十七周年举行集会。会上，由中央音乐学院上海分院院长贺绿汀报告聂耳对中国革命和对新中国音乐运动的影响。

1953 年 7 月 17 日，聂耳逝世十八周年。中华全国音乐工作者协会、北京市人民政府文化事业管理处在首都中山公园音乐堂联合举办纪念聂耳逝世十八周年音乐晚会。参加演出的单位有：中央人民政府人民革命军事委员会总政治部文工团、军乐团、中央实验歌剧院、中央歌舞团、广播民族管弦乐团、北京电影制片厂管弦乐队等专业艺术团体，并邀请业余文娱组织北京市工人业余歌舞团歌队、北京市新歌合唱团等。中华全国音乐工作者协会主席吕骥在会上讲话，号召音乐工作者和音乐爱好者学习聂耳伟大的现实主义和爱国主义精神，歌唱抗美援朝的伟人斗争和祖国经济建设，各演出单位演唱和演奏了聂耳的作品《码头工人歌》《前进歌》《打长江》等。

第三章 《聂耳》：新中国十周年献礼片

1959 年，为了向新中国国庆十周年大庆献礼，中央要求“至少生产七部无论思想和艺术方面都赶上世界先进水平的彩色艺术片”。经评审，从大量上报的候审选题中，文化部最终确定十八部影片。上海入选两部：一部是《林则徐》，另一部是《聂耳》。

摄制任务下达后，上海电影部门组成了阵容强大的摄制组，大部分成员是 20 世纪三四十年代的从影人员，其中有著名摄影师黄绍芬、副导演钱千里、制片主任周伯勋，以及著名演员赵丹、张瑞芳、高博、夏天、黄宗英、韩非、江俊、关宏达等，他们都是聂耳的同时代人，不少人还是聂耳的生前好友。

火红的年代催生优秀的影片，新中国第一部音乐家传纪影片呼之欲出。好电影要有好剧本。那么，谁来执笔“一剧之本”呢？

于伶抱病写剧本

1959 年 3 月，上海华东医院病房。

一抹金色的阳光，从窗外射进病房，照见一张带有病容的脸——于伶。

这天，病房里的于伶正在捧读一叠油印的《聂耳》剧本稿。就在半年前，他又一次住进了病房。

这已经是于伶第五次进医院接受治疗了。此刻，他轻轻地放下手中的打样稿，缓缓站起身，在病房内来回踱步，思绪又回到了 1949 年 7 月的一天：上海人民集会纪念聂耳逝世十四周年。会场上，万众高歌《义勇军进行曲》等聂耳创作的歌曲。这是上海解放后第一次在公众场合大规模演唱聂耳的革命歌曲。

面对聂耳的大幅画像，于伶心潮滚滚。他想：上海是聂耳生活和工作过的地方，短短五年他写了那么多优秀作品，用昂扬的歌曲鼓舞民众“起来”，勇往直前。他想写一个作品纪念聂耳，反映中国共产党在白区文化战线领导的群众运动。会后，他将自己的想法告诉了夏衍和田汉。写剧本，以电影样式纪念聂耳，这也正是夏衍和田汉的共同心愿。20 世纪 30 年代，他们都和聂耳共事过。那时，于伶在北京，也和聂耳一起工作过。他和聂耳的心是相通的。因此，于伶写聂耳，可以说是“熟人写熟人”“挚友写挚友”了。但是，他的身体一直不太好，因此迟迟没有动笔。

1955 年 1 月，经组织批准，于伶半天工作，半天写作。他想：这下好了，终于有时间可以一遂心愿了。不料，还没动笔，他肝炎发作，再次住进华东医院。直到三年后的春天，他打算完成酝酿已久的剧本，并将它列入三年创作规划。偏偏好事多磨，他又因肝炎发作而再次搁笔。

就在这一年 10 月，中共上海市委宣传部召开创作座谈会。为了迎接中华人民共和国国庆十周年，按照中央“至少生产七部无论思想和艺术方面都赶上世界先进水平的彩色艺术片”要求，上海首先从剧本抓起，专门成立十多个电影剧本创作小组，病体尚未完全康复的于伶，又一次萌发写作激情，向组织上请战，并希望孟波和郑君里与他一起合作。

经研究，组织上批准了于伶的请求。孟波、郑君里迅速到位，在他们的合作下，于伶完成了电影剧本《聂耳》初稿。在广泛听取意见的基础上，对剧本进行了修改、润色。1959 年初，剧本在《电影艺术》发表，在读者中引起了反响。有的读者说：“在（新中国）建国十周年大庆前夕，我喜悦地捧读了这个剧本。”“《聂耳》剧本的巨大鼓舞力量，在于着力地写出了当时在国民党统治区内党的艰苦斗争。”

赵丹请缨演聂耳

著名导演郑君里，1930 年代是上海联华影业公司演员，聂耳和他是好朋友，也是合作者。郑君里参加拍摄的影片有《大路》《新女性》等，这些影片的作曲者都是聂耳。

郑君里说：“我和影片中的部分创作者一样，跟聂耳一起生活过，工作过，熟悉他的为人、性格和乐观的天性、战斗精神，以及他的不朽作品对革命的贡献。”

剧本有了，导演也有了，谁来扮演聂耳？这可是一个颇费心思的问题。有一天，于伶、孟波、郑君里正“关门”讨论《聂耳》的拍摄问题，门“砰”的一声被推开了。

三人抬头一看：“阿丹，你来了？”

于伶等人口称的“阿丹”，是赵丹的昵称。没等于伶等人开口，赵丹就说开了：“我熟悉聂耳、了解聂耳，我和聂耳的性格相似，我们是好朋友。让我来演聂耳，我觉得是最合适的！”

原来，赵丹是来请缨演聂耳的！

赵丹“毛遂自荐”是有道理的。1930 年代，他和聂耳建立的友谊，是在聂耳音乐创作最活跃，也最丰收的时候。赵丹在回忆录里说，他们虽然只认识了两三年，但一起演歌剧，拍电影，一起挨饿受冻，一起“谈抱负，谈革命的向往，谈艺术，谈人生，谈各自的爱情……无所不谈，而且常常争得面红耳赤”。他们的友谊日益加深，在艺术上相互启发，相互帮助。赵丹拍《女儿经》，扮演一个患了肺病的失业青年，生活非常凄苦，妻子天天埋怨。一天早晨，他离家出走，自尽了。但在离家之前，他不舍地亲了亲女儿。赵丹觉得，自己缺乏激情，总是进不了角色。导演沈西苓不得不耐心地等他“培养”感情，尽快进入角色。

聂耳和作曲家任光正好来到拍摄现场。聂耳见状，拿起小提琴拉起了曲子。他拉的曲子，是随着戏的情节发展而即兴创作的。赵丹跟着他的演奏，来了灵感，情绪饱满地很快进入角色，完成了这场戏。赵丹说，就凭这份朋友之情，让他扮演聂耳，也是合乎常情的啊！

聂耳（右）和郑君里在上海南国剧社门口

屋子里顿时热闹起来。大家说，对呀，阿丹是一位优秀演员，由他扮演聂耳是合适的。于伶、孟波、郑君里达成了共识。他们向上级部门作了汇报，领导立刻表态，赵丹演聂耳，行！

可是，赵丹虽然是名演员，由他主演的影片虽然很受观众欢迎，但真要让他演聂耳，困难却不少。比如，聂耳是单眼皮、狮形鼻，赵丹的脸部特征和聂耳有很大差异。而最大的困难还不在此，年龄上的巨大落差才是个很大的问题。聂耳来到上海那年才十八岁，去世那年也才二十四岁。赵丹已经四十五岁了。中年人演青年人，能行吗？

化妆师采用塑形化妆，可以使人的脸部特征显得年轻化，但真要跨越心理年龄落差，光靠塑形化妆是远远不够的，赵丹也觉得，扮演聂耳，不仅要形似，更要神似。

赵丹说："创造聂耳形象的第一个问题，是如何克服演员与角色之间年龄的距离问题。我已经是四十几的人了，要扮演一个从十九岁到二十四岁的青年角色，如何冲破年龄这一关，自然使我颇费踌躇。最初我们曾用塑形化妆，按照聂耳本人的面部特征如单眼皮、狮形鼻进行化妆，从外形着手。但是不久就发现方法上有问题。过分在形似上下功夫，非但不可能做到逼肖，更重要的在于从创作方法上来说，一味追求外形的相似，还会在表演上束缚住演员的手脚，带来模拟的危险。因此，我决定从角色的精神状态，从'朝气'这个环节来着手解决问题。""后来索性丢掉'年轻'这个概念，尽量使自己在生活中朴实一些，单纯一些，用聂耳的思想感情，而不带杂念地去感染生活，培养自信，一步步去找角色的具体规定情绪。着重'神似'，觉得自如多了，这样就解决了我与角色之间年龄上的距离这一关。"

为了演好聂耳这个银幕形象，赵丹"豁"出去了。果然如赵丹所说，年龄上的距离克服后，赵丹更多追求的是"神似"，于是，聂耳形象在他的心中矗立起来，高大、鲜明、饱满。

聂耳在银幕上"再生"

这天，上海音乐学院来了三位年龄不小的"插班生"。然而，学生们谁也没有感到奇怪，反而和他们做起了同学，并且热心地教起了他们如何拉小提琴。这三个“插班生”，学得十分用功，甚至还观察起了老师和同学们的音容笑貌、生活细节，认真地加以模仿。几天后，他们“毕业”了。

原来，这三位“插班生”都是电影演员，一位是《常青树》中扮演车间主任的高正，一位是仲星火，还有一位就是扮演聂耳的赵丹。为了更好地掌握影片角色的职业特点，他们是来“下生活”，向音乐学院的师生们学习和取经的。

赵丹不愧是一位“演谁像谁”的优秀电影表演艺术家。电影开拍前，他多次深入公平路、常德路，以及码头、港口等聂耳生前工作和生活过的地方，他的眼前不断活跃着30年代的聂耳形象，将一位年轻音乐家朝气蓬勃、活泼开朗，甚至天生具有的一份憨态，融化在自己的情感世界和艺术血液里，将他的表演天赋发挥到了极致！

仲星火后来回忆赵丹如何扮演聂耳时说：“穿着工人装，手里搭着一件黄色旧外套，喘着气跑到化妆台前坐下……这是歌舞班吴老板要聂耳临时垫演滑稽节目‘黑人舞’一场戏的镜头。聂耳从昆明来到上海，失了业，为了生活和喜爱音乐，入世未深的聂耳，考进了‘五花歌舞班’当提琴手。但他不满这种醉生梦死的生活，感到苦恼和彷徨。他十分不得已地往脸上涂着油彩，化妆成了黑人模样。前台传来了‘桃花江’等节目的黄色音乐，聂耳紧锁双眉，心里感到十分厌恶。他实在忍不住了，蓦地站了起来，非常严肃地对歌舞班主任赵梅农说：‘赵先生，我说这些节目应该换一换，排几个合乎时代的……’然而，这话换来的却是对方一笑置之的回答。”“这时，催场的人在喊他了：‘聂守信（聂耳本名），快点！’”郑君里一声喊：“好，开始！”摄影机转动了起来，

电影《聂耳》剧照

赵丹完全进入了角色。难怪，《聂耳》公映后，观众们惊呼：“聂耳在银幕上再生了！”

周总理说，“按规律拍电影”

在共和国历史上，1958 年是一个重要年头。“大跃进”的浪潮滚滚而来，各行各业无不都在“争创高指标”。到了 1959 年春天，百花齐放的上海影坛也开始了“大跃进”。在中央精神鼓舞下，各地电影部门组织力量，都将反映经过十年成长的新中国电影取得的成就，作为光荣使命，各电影制片厂在 1959 年大干快上，在预计生产的一百二十部左右的艺术片中，挑选二十五部列为重点片，投入人力物力，以期达到较高的艺术水平。中央文化部还要求摄制一批其他片种的影片，包括大型纪录片二部、短纪录片十五部、科教片十部、美术片五部。上海电影局所属各制片厂，也是一派活跃景象，“海燕”“天马”和美术电影制片厂，陆续开拍一批电影。有描写医务人员发扬共产主义思想，抢救灼伤钢铁工人的彩色故事片《春满人间》（柯灵、谢俊峰、桑弧编剧，桑弧导演，白杨、

《聂耳》电影海报

白穆、卫禹平、王丹凤等为主要演员），有反映近百年来上海造船工业变化的彩色故事片《黄浦江的故事》（艾明之、陈西禾编剧，黄佐临导演，魏鹤龄、张伐等为主要演员），还有《绿洲凯歌》《香飘万里》《沙漠追匪记》等，《聂耳》是其中的一部。据赵丹回忆：“《聂耳》影片的创作，自始至终是在一片蓬蓬勃勃的火热气氛里，人人意气风发，各尽其能……大跃进给我们带来了勇气、信心和智慧。”然而，电影毕竟是一门比较特殊的艺术，从构思到剧本创作，从选景拍摄到后期剪辑制作，这是一个漫长过程。要完成一部电影，大约需要半年、一年，甚至更长时间。《聂耳》是一部向新中国国庆十周年献礼的影片，就当时的电影摄制生产能力和拍摄技术，没有几个月时间是难以完成拍摄和制作的。由于受“大干快上”的影响，影片在拍摄过程中出现了两种不同的声音。一种声音是，一天至少要拍六十个镜头。如果按照这样的速度，从开拍到封镜，只需要十多天时间。如此高速度，在当时的电影界是难以想象的。郑君里和剧组多数成员代表了另一种声音：拍电影必须严谨，绝不可粗制滥造。他们认为：“《聂耳》是一部献礼片，要保证影片质量，必须按照创作规律拍摄。”郑君里甚至坚持，“要拍好《聂耳》，就必须拒绝计件制的做法！”

周恩来总理有一天来上海，在影片《林则徐》拍摄现场视察。这部影片，也是由郑君里导演、赵丹主演，在听取了郑君里和剧组人员的意见后，周总理明确表示：“要鼓足干劲，但也要留有余地，也要心情舒畅。”“精神产品不能放‘卫星’，要按照规律办事。”

周总理的话，为正处在两难境地的拍摄组解了围。《林则徐》《聂耳》的拍摄回到了正常轨道。制片厂一位领导也是“规律派”，但迫于形势，不便表态，听了周总理的指示，立刻为《林则徐》《聂耳》两个摄制组大开绿灯：“不要一天拍六十个镜头，要按照周总理的讲话精神，按规律拍摄。”演职人员在周总理视察讲话精神鼓舞下，争分夺秒，终于赶在新中国国庆十周年前完成了《聂耳》的摄制。

影片《聂耳》隆重上映了，为新中国成立十周年大庆添上了一道“文化大餐”。这一年，各地电影制片厂向北京报送了二十二部献礼影片，最终确定十八部。上海报送的有《林则徐》《聂耳》《春满人间》《万紫千红总是春》《老兵新传》《宝莲灯》等，《林则徐》和《聂耳》受到了中央领导高度赞誉。

《聂耳》获国际影坛大奖

在我国电影界，上海出品的《林则徐》《聂耳》两部影片，被喻为“红烧头尾”。红烧头尾，是一道以青鱼头尾为主要食材烹饪的菜肴，味道鲜美，独具特色。

为什么《林则徐》《聂耳》两部电影成了“红烧头尾”？原来，在庆祝新中国国庆十周年的大喜日子里，红色影片《林则徐》公映于1959年年初，《聂耳》公映于同年年尾，这两部电影又都是红色电影，因此就有了“红烧头尾”的美誉。

《聂耳》是新中国成立后制作的第一部音乐家传记片，公映不久，好评如潮，观众反应热烈。1959年11月12日，《文汇报》以“音乐家的革命道路”为题召开座谈会，上海文化界人士纷纷畅谈感想：“影片整个是很好的，很容易使人想起过去的时代，那是一个斗争尖锐的时代，给我的印象很深。这个影片让现在的年轻人了解一下那个时代是很有意义的。”（贺绿汀）“这是部成功的电影，很感动人。”（夏白）“看了影片《聂耳》，我感到获得极大的教育。”（丁善德）“《聂耳》这部影片是成功的作品，具有广泛的教育意义。影片已看了十多次，每次看影片时回忆过去的斗争，重温过去聂耳所创作的时代的呼声，自己还会禁不住掉眼泪。”（王云阶）（据1959年11月20日《文汇报》）

被文化部评为新中国国庆十周年最佳献礼影片之一的《聂耳》，不仅在国内享有良好的口碑，在国际上也有相当影响。卡罗维发利国际电影节是国际电影界的重要电影节之一，它的宗旨是为和平、为人类幸福、为各国自由而斗争，同不道德的影片作斗争。1960年，第12届卡罗维发利国际电影节在著名的疗养胜地捷克卡罗维发利举行。《聂耳》因再现了人民音乐家聂耳短暂而又辉煌的一生，艺术地概括反映了“九一八”事变到全面抗战前这一历史阶段的时代精神，以及达到了“以一个人表现了一个时代”的深刻效果，荣获第十二届卡罗维发利国际电影节传记片奖。

第四章　上海，以这样的方式叙述历史

一座城市，不论行走的脚步有多么匆忙，总是会留下一些行走的痕迹。一个人，不论生命的长度几何，总是会有精神的闪光。它们不只是一种符号，也不仅仅表示曾经的“存在”，更多的是一种情感的积淀和精神的升华。上海是一座有温度、有情怀、有记忆的城市。在千百万市民的心中，田汉和聂耳是两座铭刻时代印迹的高峰，他们用文字和音符记录下了历史前行的脚步，用战斗的激情表达中华民族的精神高度。如今，聂耳和田汉已经远行，但两座高峰仍然耸立在城市的天际线——

上海，以这样的方式记忆历史、叙述历史：国歌纪念广场、国歌展示馆；还有，挺拔向上的两座雕像：田汉、聂耳。

上海“国歌广场”建造记

上海杨浦区长阳路大连路口，有一块面积 2.7 万平方米的大型公共绿地。这里，就是国歌纪念广场。广场北侧是一个下沉式广场，国内唯一的国歌展示馆就坐落在下沉式广场内。

国歌纪念广场由著名建筑设计师邢同和担纲设计，落成于 2009 年 9 月。其规划建设，源于一篇文章，一份提案——

1998 年，在中共杨浦区委党史办工作的席与齐，接到上海社会科学院吴晓江来电。吴晓江在电话中说：《义勇军进行曲》的诞生地在杨浦区。1930 年代，电通影片公司在荆州路 405 号拍摄《风云儿女》，影片中的主题歌就是《义勇军进行曲》。席与齐来了兴趣，此后多次去上海电影制片厂档案室查找资料，结果证实，电通影片公司当年确实在荆州路 405 号拍摄过《风云儿女》。席与齐非常兴奋，写文章披露了这件事。事有凑巧，时任区影院剧场管理所所长钱峻崖，2001 年读到席与齐文章，也产生了浓厚兴趣：荆州路 405 号，不就是岭南中学的旧址吗？

钱峻崖连夜写了一份《关于设立〈国歌〉诞生地纪念馆的建议》提案，递交当年召开的杨浦区政协十届三次会议。由于一些客观原因，他的提案没有得到落实，但引起了与会者的共鸣。杨浦区政协和区党史办多次组织相关专家进行考证，向上级部门提出可行性建议。2005 年，已调任上海电影家协会工作的钱峻崖，第三次向“两会”提出“建立国歌纪念馆的建议”。由他主笔，写了一份集体提案，引用时任上海市委副书记殷一璀在法国马赛演讲中的一段话：“马赛是法国国歌《马赛曲》的诞生地，上海是中华人民共和国国歌的诞生地。”提案被杨浦区政协作为社情民意送达市政协，引起了中共上海市委的高度重视，市委宣传部迅速组织市文管会、档案局等专家开展考察论证，认为这是一份弘扬海派红色文化资源的好建议。杨浦区委、区政府正式立项，规划建设上海国歌广场。2006 年 11 月 30 日，在当年电通公司拍摄《风云儿女》的旧址举行了隆重的奠基仪式。杨浦区文化局组织力量分赴北京、云南等地，拜访田汉、聂耳亲属，以及聂耳的后人，征集相关文物。经过近三年建设，国歌纪念广场、国歌展示馆于 2009 年新中国成立六十周年前夕竣工。落成典礼那天，田汉、聂耳亲属风尘仆仆赶来，许多当年左翼电影界著名导演、演员的后人也参加了落成典礼。

国歌纪念广场、国歌展示馆内，收藏有大量有关聂耳的材料及其遗物，这些丰富的史料，在向来自全国各地的参观者讲述着昨天的故事，让人们铭记历史。2019 年 9 月 29 日上午，广场上响起了庄严雄壮的《义勇军进行曲》，经过半年时间改扩建，国歌展示馆在中华人民共和国成立七十周年前夕崭新亮相。国歌展示馆是全国首家以国歌为主

荆州路 405 号《风云儿女》外景地

题的展示馆，通过实物陈列、场景再现、多媒体互动，生动地演绎了《义勇军进行曲》从电影《风云儿女》主题曲到成为中华人民共和国国歌的历程。经过改扩建，展厅面积2000 平方米，除了展出首版《义勇军进行曲》唱片、词作者田汉遗物的复制品等，新增1949 年全国政协第一届全体会议通过的关于国歌等决议案的珍贵影像资料和百代公司出品的进口留声机等展品。

春风吹拂，太阳升了起来。树青，草绿，有小鸟在枝头歌唱。国歌纪念广场附近，学校在举行升旗仪式，学生们高唱《义勇军进行曲》：“起来，起来，起来！”雄壮、激昂的歌声，直冲云霄，鼓舞着共和国青少年学子，奋发、向上！

街心花园，那两座高耸的雕像

上海是一座有温度、有情怀的海派城市，以自己的叙事风格追忆远去的历史，追寻聂耳在上海的足迹——

上海繁华地段，东湖路、富民路、长乐路，这三条马路相交成了一个小小的街心花园。四周，有高大的树，青青的枝条，春天在用绿色的语言讲述一个远去的故事。小草、鲜花，簇拥着一座古铜色雕像：田汉。

田汉雕像为坐像，目光凝视，神态自若。几十年来，这位《义勇军进行曲》的歌词创作者，仍然在思考吗？是的，一位用文字记录历史的思考者，不会因为躯体静化成了一座古铜色坐像，而将自己的思维凝固在时光长廊的某一刻。他——田汉，此刻安详地坐着，看着远方。一件灰色大衣，从肩膀垂到基座，衬托了魁梧的身体。坐像高 4.6 米，基座用红色大理石筑就。一块石碑，安放在铜像的前面，是杜宣写的碑文，简单扼要，介绍了田汉的一生，以及他的业绩。

田汉是中国革命戏剧运动的奠基人、戏曲改革的先驱者，中国早期革命音乐、电影的组织者和领导人，为了缅怀和纪念这位当年为了推进“左翼文化”而不息奋斗的革命先驱者，由上海市剧协主席杜宣发起，上海政协委员、上海剧协秘书长刘安古等八位政协委员于 1993 年联名向市政协提交为田汉等文化名人塑像的提案。在上海市委、市政府的支持、帮助下，刘安古等八位政协委员的提案得到了落实。上海市剧协积极筹办，将提案转化为现实：1995 年 12 月 28 日，田汉铜像落成。东湖路、富民路、长乐路相交的街心花园，行走的历史在这里暂且留步，凝思隆重而情思的一刻：人们怀着敬仰的心情，为古铜色田汉坐像揭幕，向田汉铜像致敬！

沿长乐路西行至乌鲁木齐路，向南继续行走，就到了淮海中路、复兴西路、乌鲁木齐中路三岔路口。这段路，大约有一公里。这里也有一个街心花园。迎面所见，一座雕像高高耸立，一张年轻的脸，在阳光下显得分外的朝气蓬勃。他的目光，也是向着远方。他的双手，齐胸举起，作指挥状。音符，从他的指缝间流泻而出，和着一位天才的音乐家的乐思，在四周响起，传向远方。他的前方，长江在奔腾，黄河在咆哮，那是中华民族的血脉；他的前方，长城在蜿蜒，高山在耸立，那是中华民族的筋骨。忽而有歌声唱响："起来，起来，起来""我们万众一心，冒着敌人的炮火，前进"！歌声穿云裂帛，气冲霄汉，回荡在中华大地，化作亿万人齐声呐喊："团结一心，不怕铁磙重如山！""大家努力，一齐向前！""压平路上的崎岖，碾碎前面的艰难！"

这座雕像，就是聂耳。

1992 年 10 月 28 日，正是聂耳诞生八十周年的纪念日。由原上海油画雕塑院院长、一级美术师张充仁设计和命名"起来"，江西铸造厂铸造的聂耳雕像落成，就安置在淮海中路、复兴西路、乌鲁木齐中路相交的这个街心花园。

这里是一块绿地，草儿青青，有鲜花盛开，陪伴着一位年轻的音乐家。这里，也是上海徐汇历史风貌区的核心地带，周围有美术馆、多国领事馆和上海图书馆等诸多地标性建筑。沿淮海西路西行，不远处就是小红楼，那是聂耳曾经担任音乐部主任，将《义勇军进行曲》灌成唱片的百代唱片公司。

聂耳绿地是纪念聂耳的地方，也是市民休闲的地方。聂耳铜像落成后，市民络绎不绝，每当在这里驻足，凝思铜像，耳边总会响起一支熟悉的歌：《义勇军进行曲》。

为迎接中国共产党建党百年，上海有关部门对聂耳绿地进行了整体改建，保留了大树，去除了中层植物，新增了北美海棠、红枫、白玉兰等新优和色叶品种，还增加了杜鹃、八仙花、黄金菊、玉簪等开花绿篱和花镜植物。改建后，绿地更加美观，更加大气，也更加通透、通达了。那一块块发光地砖，用诗化的语言，导引游客，从这里出发，前往东湖路、富民路、长乐路相交的街心花园，两座雕像，相聚不过千米。

1930 年代，聂耳和田汉在上海滩肩并肩，合作创作。几十年过去，他们在相距不远的两个街心花园又会面了。

参考文献

1.《聂耳全集》编辑委员会编：《聂耳全集》，文化艺术出版社 2011 年出版

2. 昆明市文史研究馆编：《聂耳，从昆明走向世界》，人民出版社 2019 年出版

3. 崎松著：《国魂聂耳》，远方出版社 2003 年出版

4. 云南聂耳音乐基金会编、崎松主编：《聂耳与日本》，云南人民出版社 2010 年出版

5. 王人美口述、解波整理：《我的成名与不幸》，江苏文艺出版社 2011 年出版

6. 孙继南著：《黎锦晖与黎派音乐》，上海音乐学院出版社 2007 年出版

7. 陈一心、傅家驹主编：《百年校园风云录》，上海继光中学（原麦伦中学）内部资料

8. 崔明海著：《近代国语运动研究》，安徽师范大学出版社 2018 年出版

9. 刘娟娟著：《云南洞经音乐文化》，中国书籍出版社 2017 年出版

10.[法]皮埃尔·伊勃著，许涛、刘春艳译：《滇越铁路：来自法国的解密文件》，云南人民出版社 2013 年出版

11. 谭其运编著：《云南讲武堂将帅风云》，云南人民出版社 2011 年出版

12. 上海市文化广播影视管理局编：《上海港码头号子》，上海文化出版社 2014 年出版

卷后语

写完这本书，意犹未尽。我觉得还有些话要说。聂耳是一位出类拔萃的音乐家，更是一座时代的丰碑。读这座丰碑，我用的是眼睛；听他的曲子，我用的是心。早晨，天亮了，打开电视，看新闻，第一个声音，第一支曲子，就是我熟悉的《义勇军进行曲》，顿时，精神振奋，推开窗户，遥看一轮红日升起——新的一天开始了。

聂耳出生在云南，那是他的衣胞之地。上海呢，开启了他的音乐之旅，他的音乐人生，始于这座城市；他的最后一支曲子，终于这座城市。从这层意义上说，云南是他的第一故乡，上海则是他的第二故乡。这样说，我并不觉得牵强。上海和云南，本就血脉相系，情义相牵，聂耳属于云南，属于上海，更属于中国。

为了写好这本书，我去云南采风，在上海追寻聂耳的足迹，总觉得，真要写好这本书，不仅劳力，更得劳心。在云南，我去了聂耳的故乡，在玉溪老街，在昆明甬道街，在西山聂耳墓地，在聂耳音乐广场，缅怀一位杰出的音乐家。在上海，我去了国歌纪念广场，去了淮海中路、复兴西路和乌鲁木齐中路相交的街心花园，仰望矗立在街心花园的聂耳铜像，我在追思一位优秀的华夏儿女，是他，用充满激情的音符，唤醒民众“起来”，在暗夜中，“冒着敌人的炮火前进”！

我在聂耳出生的老屋，以及他在上海居住过的石库门前，静静地站着，眼前，如浮雕般，出现了一张年轻人的脸庞：他只活了二十四年，却将生命中最具华彩的最后五年留在了上海。我读聂耳的生平，但我的重点是追寻聂耳在上海的脚步。这，正是我写作这本书的立足点。写作这本书，我去昆明聂耳故居纪念馆，与解说员交谈；去玉溪图书馆，寻求管理员帮助；去上海国歌纪念广场，希望获得更多能够解读往事的资料。他们都为我提供了方便。当然，我还去了不少地方，读了不少文献，查找了不少资料。我发现，对于有些史实，有的书，有的文章，说法不一：聂耳为田汉创作的《义勇军进行曲》谱曲，究竟是在淮海中路 1258 号三楼，还是在 1518 号曹家弄弄口三层阁？田汉写作《义勇军进行曲》，究竟是写完后被国民党反动派投入大牢，还是在南京监狱将歌词写完？聂耳在上海期间，报考了国立音专，抑或没有去报考？还有，孙师毅约请田汉写一个本子（即田汉创作的《凤凰的再生》，也就是后来定名为《风云儿女》的电影剧本），有文章说，写作的时间是在 1934 年底，但又有说是在当年秋末冬初，等等。厘清历史的陈迹，确实颇费周章，亟待专家、学者考证。崎松（刘本学）先生是一位聂耳研究学者，1978 年就开始致力于聂耳资料收集和研究，写有大量文章，专著甚丰，在研读大量文献资料的基础上，经过比对、分析，我以为，崎松先生对于史实的考证，更加准确，更具说服力。我在写作中，参考并引用了崎松先生的一些研究成果，也参考和引用了其他一些文献、学术资料，谨向上述作品的著者和出版单位，以及相关单位致以热诚的谢意。

《聂耳·上海记忆》中有些文章，曾在《新民晚报》《劳动报》《档案春秋》《上海外滩》等报刊相继发表，有的被《作家文摘》多次转载，感谢编发文章的资深编辑的不吝指正和帮助。这里，我要特别感谢上海文化出版社和资深编辑黄慧鸣，他们以出版家的睿智，接纳了我的这本书。一位优秀的编辑，是暗夜中的一盏灯，能敏锐地发现书稿中的错误，并帮助修改，默默为他人作嫁衣裳，这种精神是十分难能可贵的。以前我在上海文化出版社出版过两本书，责任编辑也都是黄慧鸣老师，对于她的严谨求实，我深有体会。再次感谢上海文化出版社和黄慧鸣老师的辛勤付出。

聂耳其实离我们并不遥远。写完这本书，我的眼前矗立着一座共和国的历史丰碑，上面刻录着许多与世长存的名字，聂耳是其中之一。现在的这本书，尽管我带着情感，带着思考，投入了写作，但并不完善，敬希专家、学者和读者指正。我将继续努力，去追寻聂耳曾经在上海留下的足迹，虽然需要时间，需要付出大量的心血，但我觉得，这是一件非常有意义的事情，我将为之奔走。

作 者

2022 年 3 月

上海文化发展基金会资助项目

图书在版编目（CIP）数据

聂耳 · 上海记忆 / 陆林森著. -- 上海：上海文化出版社, 2022.9

ISBN 978-7-5535-2578-5

Ⅰ. ①聂… Ⅱ. ①陆… Ⅲ. ①聂耳（1912-1935）-传记 Ⅳ. ①K825.76

中国版本图书馆CIP数据核字(2022)第153275号

出 版 人：姜逸青

责任编辑：黄慧鸣

装帧设计：王　伟

书　　名：聂耳 · 上海记忆

作　　者：陆林森

出　　版：上海世纪出版集团 上海文化出版社

地　　址：上海市闵行区号景路159弄A座3楼 201101

发　　行：上海文艺出版社发行中心

上海市闵行区号景路159弄A座2楼206室 201101 www.ewen.co

印　　刷：苏州市越洋印刷有限公司

开　　本：710 ×1000 1/16

印　　张：20

印　　次：2022年9月第一版 2022年9月第一次印刷

书　　号：ISBN978-7-5535-2578-5/K.289

定　　价：68.00 元

告 读 者：如发现本书有质量问题请与印刷厂质量科联系 T：0512-68180628